面向总体运能提升的
区域多制式轨道交通系统
协同运输方法研究

李文新 刘 静 郭经纬 刘 杰 熊 晏 ◎ 著

西南交通大学出版社
·成 都·

图书在版编目（CIP）数据

面向总体运能提升的区域多制式轨道交通系统协同运输方法研究 / 李文新等著. -- 成都：西南交通大学出版社，2024.8. -- ISBN 978-7-5774-0053-2

Ⅰ.U239.5

中国国家版本馆 CIP 数据核字第 20247QK546 号

Mianxiang Zongti Yunneng Tisheng de Quyu Duozhishi Guidao Jiaotong Xitong Xietong Yunshu Fangfa Yanjiu
面向总体运能提升的区域多制式轨道交通系统协同运输方法研究

李文新　刘　静　郭经纬　刘　杰　熊　晏　著

策 划 编 辑	周　杨	
责 任 编 辑	王　旻	
助 理 编 辑	赵思琪	
封 面 设 计	原谋书装	
出 版 发 行	西南交通大学出版社	
	（四川省成都市金牛区二环路北一段 111 号 西南交通大学创新大厦 21 楼）	
营销部电话	028-87600564　028-87600533	
邮 政 编 码	610031	
网　　　址	http://www.xnjdcbs.com	
印　　　刷	成都蜀通印务有限责任公司	
成 品 尺 寸	170 mm × 230 mm	
印　　　张	13.25	
字　　　数	200 千	
版　　　次	2024 年 8 月第 1 版	
印　　　次	2024 年 8 月第 1 次	
书　　　号	ISBN 978-7-5774-0053-2	
定　　　价	53.00 元	

图书如有印装质量问题　本社负责退换
版权所有　盗版必究　举报电话：028-87600562

前 言
PREFACE

  区域轨道交通一体化协同运输组织是我国铁路行业未来发展的热点和趋势，多制式列车一体化运行调整和时刻表协同编制是区域轨道交通一体化协同运输组织的核心。如何在干线铁路、城际铁路、市域（郊）铁路、城市轨道交通等多制式轨道交通制式构成的复合轨道交通路网内充分发挥各种制式轨道交通的优势，以及如何提升轨道交通总体运输能力和旅客运输服务质量，成为轨道交通行业未来高质量发展的关键问题，也是阻碍我国由"交通大国"向"交通强国"迈进的技术问题。本书以典型区域的多制式轨道交通复合网络系统为研究对象，综合运用大数据挖掘技术、数据分析处理、数学优化和协同优化等研究方法，在铁路运输组织理论的指引下，研究多制式轨道交通协同运输组织方法对系统总体运输能力的影响，重点研究面向总体运输能力提升的多制式列车一体化运行调整与时刻表协同编制关键理论及应用问题，以期构建安全、畅通、便捷、合理和适应我国国情的区域轨道交通协同运输组织理论与方法，实现旅客运输需求与铁路运输供给的动态耦合，支撑轨道交通复合网络高效运输、便捷服务、绿色运营。

  协同运输组织是系统内各制式轨道交通列车开行和旅客运输组织的关键，对提升区域轨道交通系统旅客运输服务质量、跨制式旅客运输组织效率、系统总体运能至关重要。随着区域内轨道交通制式种类的不断增加和路网规模的不断扩大，区域内旅客的出行数量也随之增长，旅客的出行环境也在不断发生变化，出现一系列旅客出行问题，尤其对旅客的跨制式中转换乘组织造成极大影响。跨制式出行的旅客作为轨道交通旅客运输的重要组成部分，一旦其运输过程受到影响，系统总体运能也随之受到影响。因此，本书研究协同运输组织对系统总体运能提升的影响，旨在解决区域多制式轨道交通系统旅客运输组织问题。本书的研究工作如下：

（1）针对我国区域轨道交通运输组织实际背景，指出现有运输组织方法存在的问题，提出本书的研究方向和意义。对既有文献研究进行系统梳理，从系统总体运能、运输组织、运输信息服务相关方面进行阐述，分析现有文献研究的不足和缺陷，提出协同运输组织方法作用下的系统总体运能计算模型和提升方法。

（2）从提高旅客运输服务质量和旅客运输组织效率的角度出发，对影响系统总体运能提升的因素进行分析，包括：线网规划布局、单制式旅客候车等待时间、跨制式旅客换乘等待时间、旅客全出行链时间、旅客运输信息服务与共享和企业运营成本。围绕列车时刻表协同编制和列车协同开行方案的制定，分析协同运输组织方法对系统动态总体运能影响因素的影响，包括：协同运输组织方法对旅客运输服务质量的影响和协同运输组织方法对企业运营成本的影响。基于以上分析，研究协同运输组织方法对系统动态总体运能的影响，进而发现协同运输组织方法与系统动态总体运能间的内在联系。

（3）系统总体运能是反映各制式轨道交通设施设备协同组织程度、旅客协同运输效率和旅客运输服务质量的重要指标，因此，其计算方法和数学模型应体现出协同运输组织方法作用下的系统总体运能动态变化过程和结果。本书提出的区域轨道交通系统总体运输能力静态和动态计算模型从旅客站间出行 OD（起点到终点的交通出行量）、车站到车站的研究入手，不仅克服了传统系统总体运能计算模型中旅客出行数据为"点"数据的缺陷，还能够将协同运输组织方法对系统总体运能的影响转化为定量计算。随后，运用数学推导证明协同运输组织优化能够实现系统总体运输能力的提升。综上，构建了区域轨道交通系统旅客运输服务质量、线网运输能力和企业运营成本综合影响下的系统动态总体运能计算模型，并基于实地调研数据，利用数据拟合函数模型对该模型的主要参数进行确定。

（4）基于国家交通发展战略目标和轨道交通行业发展趋势，从实际运输需求出发，通过调研获取多制式路网客流出行信息和列车运行信息，利用大数据挖掘和数据分析处理技术揭示这些信息所蕴藏的内在规律和联系。研究多制式列车一体化运行调整和时刻表协同编制理论，利用数学优化方法构建不同需求导向下的多制式列车一体化运行调整和时刻表协同编制优化模型，设计一种权重系数选取算法、改进的智能优化算法和两阶段优化方法进行求解，得到满足多制式路网不同运营时期和运输需求下的各类优化编制方案。构建一个理论体系、两组数学优化模型和三种有效求解算法，可提高多制式列车一体化运行调整和时刻表协同编制效率，有效提升总体运输能力，满足我国多制式轨道交通一体化协同运输组织的迫切需求。

（5）基于多模式路网静态不确定客票数据和列车实际运行图数据，设计不同出行场景下不确定客流需求数据库抽样的智能优化算法，以获取不确定客流需求的近似真实分布情况，以此构建适应任意场景的多模式旅客出行路径选择模型。本书通过研究多模式列车运行图协同编制优化机理，确定了多模式列车运行图协同编制优化方式，根据抽样平均近似方法选取的静态不确定客流需求场景数据库，设置列车时空路径选择 0-1 变量和旅客出行路径选择非负整数变量，构建多模式不确定客流需求下列车运行图编制优化模型。充分考虑旅客出行相关和列车运行图编制相关两类约束，借助列生成算法求解思想，以得到旅客出行需求导向的多模式路网列车时刻表编制优化方案。引入铁路运营费用和旅客总旅行费用相关优化目标和约束条件，构建多模式耦合需求驱动的列车运行图编制优化模型，并进一步设置不同备选停站方案集合，以提高列车运行线编制的灵活性。设计拉格朗日松弛算法对模型进行高效求解，得到满足铁路运输企业和旅客耦合需求的列车运行图编制方案，并基于 AnyLogic 仿真软件对不同需求导向的多模式列车运行图编制方案执行效果进行可视化展示，得到的优化方案可有效提升多模式轨道交通路网的总体运输能力。

（6）由于区域轨道交通系统内各制式轨道交通系统运营管理、信息传递相对独立，导致轨道交通系统间的列车运营时刻表衔接性较差，从而出现诸多旅客跨制式运输问题，对系统运输效率和系统总体运能造成了严重的影响。本书以城市轨道交通线路换乘铁路线路为例，通过构建单制式旅客站台候车等待时间优化模型、跨制式旅客换乘等待时间优化模型和计划时段内企业运营成本优化模型，优化城市轨道交通系统与铁路系统的时刻表编制，减少单制式旅客候车等待时间、跨制式旅客换乘等待时间和企业运营成本。为研究不同优化目标下的时刻表协同编制对系统动态总体运能的影响程度，本书根据已有文献的研究成果，对这三个优化目标的权重系数进行取值。模型求解方面，考虑该问题是一种典型的 NP-hard 问题，因此采用一种有效的启发式算法进行求解。为验证本文构建模型的实用性和算法的有效性，本书以实际案例进行分析，比较了不同测试场景下所有优化结果的箱线图和标准差系数，对本书采用的启发式算法稳定性进行测试，分析时刻表协同编制对三个优化目标的影响和时刻表协同编制对系统动态总体运能的影响，并进行系统动态总体运能的灵敏度分析，以研究时刻表协同编制对系统动态总体运能的综合影响。研究成果可用于指导系统多制式轨道交通列车运营时刻表编制和有效提升系统动态总体运能。

本书的研究得到以下项目的支持：中国工程院院地合作重点咨询项目"襄阳都市圈打造以综合运输为支撑的协同物流体系研究"（HB2024B07）；湖北省教育厅哲学社会科学研究项目（23Q171）；湖北省省级优势特色学科群；纯电动汽车动力系统设计与测试湖北省重点实验室开放基金项目（ZDSYS202408）。

在未来研究展望中，研究团队将扩大案例研究的线网规模以及收集更多的旅客时空运输需求数据，进一步优化本文的模型和算法，使之能够更有效地运用，以解决实际问题。

作 者

2024 年 7 月

目录
PREFACE

1 绪 论··001
   1.1 研究背景及意义···002
   1.2 区域轨道交通定义及其功能定位····································005
   1.3 区域轨道交通总体运能及其影响因素分析······················009
   1.4 国内外研究现状··013
   1.5 研究内容···026
   1.6 本章小结···026

2 协同运输组织方法与系统总体运输能力提升关系分析·············028
   2.1 系统总体运输能力的影响因素分析································029
   2.2 协同运输组织方法对旅客运输服务质量与企业运营成本的
       影响分析··038
   2.3 协同运输组织方法对系统总体运输能力的影响分析········041
   2.4 区域轨道交通系统总体运能提升阶段····························042
   2.5 区域轨道交通系统总体运能提升策略····························047
   2.6 本章小结···050

3 区域多制式轨道交通系统总体运输能力计算模型研究·············051
   3.1 问题描述···052

  3.2 符号与变量定义 ···053
  3.3 系统静态总体运输能力计算模型 ······························056
  3.4 系统动态总体运输能力计算模型 ······························060
  3.5 本章小结 ···068

4 面向运输效率和服务提升的多制式列车一体化运行调整与时刻表
 协同编制方法研究···070
  4.1 研究概述 ···071
  4.2 研究背景与意义 ···072
  4.3 国内外研究现状及分析 ·····································075
  4.4 主要研究内容 ···081
  4.5 主要研究方法 ···089
  4.6 案例分析 ···090
  4.7 本章小结 ···099

5 不确定客流需求下面向总体运能提升的多模式列车运行图一体化
 协同编制方法研究···101
  5.1 研究概述 ···102
  5.2 研究背景与意义 ···103
  5.3 国内外研究现状及分析 ·····································105
  5.4 主要研究内容 ···109
  5.5 主要研究方法 ···120
  5.6 本章小结 ···121

6 面向总体运输能力提升的多制式列车时刻表协同编制模型与算法研究····123
  6.1 问题描述与假设 ···124
  6.2 符号与变量定义 ···128

  6.3 基于时刻表协同编制的系统动态总体运能优化模型……131
  6.4 模型求解步骤与逻辑流程……156
  6.5 案例分析……159
  6.6 本章小结……181

7 研究总结及展望……183
  7.1 本书主要创新点……184
  7.2 研究工作展望……185

参考文献……187

1 绪 论

1.1 研究背景及意义

随着国民经济的发展、城乡一体化以及城市间的不断融合，城市间和城市内部旅客出行日益增多，给公共交通体系造成巨大负担，因此，发展以轨道交通为骨干的城市公交系统，形成多层次、一体化的综合交通体系已成为共识。轨道交通作为我国广大人民群众中短距离内最基本和最主要的出行方式，一直是国家运输任务中最为繁忙和最为重要的交通基础设施，是经济发展、交通体系建设的中枢和骨干。但也由于运输任务繁重，在很长一段时间里，轨道交通运输量与人们与日俱增的交通运输需求量之间的矛盾一直难以调和，快捷、安全、舒适的出行无法实现，给广大旅客的出行带来了极大的不便。尤其是区域内的跨制式出行旅客，他们的出行往往需要换乘多种轨道交通制式才能到达目的地，但由于区域内的轨道交通制式众多，有高速铁路、普速铁路、地铁、轻轨、APM（Automated People Mover System，自动旅客捷运系统）、有轨电车等，各轨道交通制式的运营主体不一，管理相对独立，导致轨道交通系统间的协同运输组织水平较差，因此难以为跨制式出行的旅客提供一个高效、优质、便捷的协同运输服务。一旦旅客出行过程受阻或运输服务质量有所下降，就会降低旅客选择轨道交通方式出行的概率，旅客会减少或避免乘坐轨道交通，从而降低系统的旅客运输能力。

协同运输组织作为系统内各制式轨道交通列车开行和旅客运输组织的重要关键，对提升区域轨道交通系统旅客运输服务质量、跨制式旅客运输组织效率、系统总体运能至关重要。但考虑到目前阶段下的各制式轨道交通系统运营管理、信息传递较为独立，各制式轨道交通运输资源信息和旅客运输需求信息获取难度较大，使得现有的协同组织运输方法主要集中在单一轨道交通制式方面的研究，其研究成果无法直接应用于多制式轨道交通系统列车协同开行方案、协同运行图和协同时刻表编制等方面的研究上，导致多制式轨道交通系统协同运输组织方法研究的推进受阻。此外，现有的单一轨道交通制式下的运输组织方法研究只建立在考虑单一制式的旅客运输需求的前提下，而多制式轨道交通系统下的协同运输组织方法研究则要充分考虑单一制式出行旅客和跨制式换乘旅客运输需求对路网运力资源调配和各制式间时刻表接续的综合影响。而作为系统总体运能的重要组成成分，单一制式出行旅客和跨制式换乘旅客在多制式轨道交通系统协同运输组织优化过程中将对系统总体运能产生怎样的影响，不同运营场景下哪种类型的旅客输送又将成为制约系统总体运能提升的关键因素，均是研究多制式轨道交通系统协同运输组织方法对系统总体运能提升的难点。

为保证城际、市域和城市内部各类型旅客的高效、便捷出行，提高系统运输效率和总体运输能力，铁路"十四五"发展规划（以下简称"规划"）提出要建设城市群、都市圈多层次轨道交通网，因此对区域轨道交通系统一体规划建设和协同运输组织提出更高要求。"规划"还强调要整体推进重点城市群轨道建设，加快构建多网融合体系，统筹既有线利用和新线建设，完善区域内轨道交通线网的协同布局，实现旅客运输"零距离"换乘的目标，以减少旅客换乘等待时间，提高旅客运输中转效率。同时，应发展区域轨道交通一体化，实现各制式轨道交通系统设施设备协同配置与运用、多种轨道交通制式线网的有机衔接和列车运营时刻表的有效接续，以充分发挥系统内轨道交通制式各项设施设备能力，提高跨制式出行旅客在中转换乘车站的运输组织效率，从而减少旅客全出行链时间和跨制式旅客换乘等待时间，保证旅客跨制式出行便捷和运输服务质量。不仅如此，还应当对系统内旅客运输服务功能进行融合以及各轨道交通制式旅客出行信息进行共享，为不同制式轨道交通运输组织工作的提前安排和良好组织提供保障，做到有的放矢，以提升旅客的出行效率和出行服务体验。此外，将系统总体运能作为衡量区域内各制式轨道交通设施设备协同组织水平、旅客协同运输效率和旅客运输服务质量高低的重要指标，其计算方法应体现出协同运输组织方法作用下的系统总体运能动态变化过程和结果。而现有的系统总体运能计算方法简单、形式单一，难以反映出协同运输组织对系统总体运能产生的动态影响。综上所述，面向系统总体运能提升的协同运输方法研究和协同运输组织作用下的系统总体运能计算方法研究已经迫在眉睫。

协同运输组织作为轨道交通运输企业指导列车有序运行和旅客高效运输

的重要手段，其主要通过制定列车协同开行方案、编制列车协同运营时刻表和组织跨制式出行旅客中转换乘来提升旅客运输服务质量、系统运输效率和总体运能。由此，研究协同运输组织对区域轨道交通系统的影响具有以下意义：

（1）解决旅客出行需求与运能供给之间的矛盾，保证区域内旅客出行需求得到充分满足。通过优化各制式列车运营时刻表，充分考虑复合路网客流与列车流、设施设备能力的匹配关系，提高运力资源的使用及工作效率，实现区域路网的均衡运输，提高区域轨道交通系统的服务水平。

（2）虽然国内部分轨道交通客运枢纽已逐步开始实行电子客票、一站式客票和制式间安检互认，通过减少跨制式换乘旅客全出行链环节数和压缩出行环节时间，达到提高区域轨道交通系统内旅客跨制式出行效率。但是现有改进措施均流于表面，虽一定程度提高了旅客跨制式换乘效率，但难以从根本上解决此类问题。本书研究系统协同运输组织方法对旅客跨制式出行效率和旅客运输服务的影响，旨在实现各制式轨道交通列车运营时刻表协同编制，以从运输组织层面上根本解决因各制式轨道交通运营管理独立、信息闭塞给旅客带来的一系列跨制式出行问题，达到系统总体运能提升的目的。

（3）区域轨道交通系统总体运能是体现系统效能和反映系统内旅客运输组织工作完成度的直观表现。现有的系统总体运能计算模型方法简单、形式单一，难以与协同运输方法相联系，无法反映出协同运输组织方法作用下系统总体运能动态变化过程，亟需一种能够体现出系统总体运能与协同运输组织方法相互作用关系的有效计算模型。而本书构建的协同运输组织作用下的系统总体运能静态和动态计算模型，从客流站间出行 OD 研究入手，不仅克服了传统系统总体运能计算模型中车站旅客发送量和中转量为"点"数据的缺陷，还能够将协同运输组织方法对系统总体运能的影响转化为定量计算。其中，系统动态总体运能计算模型还能够根据现有的系统总体运输能力预测未来短期内的旅客出行量以及对该区域轨道交通系统总体运输能力弹性进行测定。

（4）本书通过优化系统内各制式轨道列车的时刻表编制和列车接续开行方案，以最小化系统动态总体运能影响因素（单制式旅客候车等待时间、跨制式旅客换乘等待时间和企业运营成本)为优化目标,构建了基于时刻表协同编制下的区域多制式轨道交通系统动态总体运能优化模型,为时刻表协同编制对系统动态总体运能的定量影响研究奠定基础。

1.2 区域轨道交通定义及其功能定位

随着轨道交通的快速发展和同城化程度的加大,城市群内经济社会结构、城镇空间结构、人民生活方式及思想观念正在发生一系列深刻变革,特别是人们逐渐开始接受跨城市居住工作和生活休闲的出行方式,出现越来越多跨城市的"通勤族",城际间的旅游客流和探亲客流也随之增加,城市群内客运需求多样、出行频繁、公交化特征明显。我国的轨道交通也从单一制式、独立线路逐渐发展为多层次、多制式的复合网络,一次跨城市出行通常涉及区域内多种制式的轨道交通系统。

本书所关注的区域轨道交通系统指的是在一个城市群或都市圈区域内,由多种制式轨道交通组合而成的复合网络系统。从系统构成上看,包含国家铁路干线、城际铁路、市域(郊)铁路、城市轨道交通等多种制式的轨道交通子系统,各子系统功能互补,构成多元化的复合网络结构。从服务范围上看,城市轨道交通、市域(郊)铁路覆盖区域内中心城市主城区及周边,城际铁路、国家铁路干线覆盖区域城市间的客流走廊及区域对外通道,共同服务区域对内、对外交流。大致可分为三个具有明显同城效应的服务圈层:第一圈层是特大城市内城区与城区间形成以城市轨道交通为主导的半小时城区生活圈;第二圈层是城市群(都市圈)内中心城市与周边城市、卫星城镇及小城镇间形成以市域(郊)铁路为主导的半小时到一小时城郊通勤圈;第三圈层是城市群内部中心城市与群内其他主要城市间形成以高速铁路、城际铁路为主导的 1~2 h 的城际交通圈。从网络形态上看,区域内中心城市间轨道交通成网并向外辐射,客流走廊上的城市以轨道交通相互连通,部分城镇间辅以轨道交通支线作补充,共同形成一个层次分明、相互衔接的开放型轨道交通复合网络。

面向总体运能提升的区域多制式轨道交通系统协同运输方法研究

本书旨在通过研究区域内各制式轨道交通系统协同运输组织理论与方法，有效缩减跨城市、跨制式轨道交通出行的时间和环节，提升区域轨道交通复合网络的整体运能和服务水平，满足轨道交通全出行链旅客出行需求。区域轨道交通复合网络的服务时空范围因不同城市群的发展水平及形态不同、修建运营的轨道交通线路技术标准不同也存在差异。但在多制式轨道交通实现协同运输组织的背景下，随着出行流程简化和旅行时间压缩，势必吸引更多、更大范围、更长距离的旅客出行，从而更有效地发挥轨道交通在运量、时效方面的优势，以规模化的网络运营为乘客提供更高质量的运输服务。

区域轨道交通系统的制式通常有国家铁路干线、市域（郊）铁路、城市轨道交通。根据线路制式和技术标准，又可细分为高速铁路、城际铁路、市域（郊）铁路、地铁、轻轨、单轨、有轨电车等。不同制式的轨道交通根据各自技术经济特征，有不同的功能定位和提供服务的业务领域，具体见表1-1。

表1-1 多制式轨道交通的功能定位

层次划分	构成	功能定位	服务范围	运输服务特点
国家铁路干线	国家铁路	承担跨区域、跨城市的"站到站"中长途客货运输	全国	覆盖全国；重要节点设站；多种停站方案；
	城际铁路		城市群内	考虑旅客中长途旅行需要
市域（郊）铁路	市域铁路、市郊铁路、市域快轨等	承担特大城市郊区和周边新城、城镇与中心城区的"站到站"旅客运输	特大城市市域（都市圈）范围内	全面覆盖沿线城镇；公交化运行；多种停站方案；早晚高峰明显；快速乘降
城市轨道交通	地铁、轻轨、单轨、有轨电车等	承担中心城区内部的"门到门"旅客运输，衔接多种类城市功能中心，为区域、市域线路提供客流集散服务	中心城区及外围组团	覆盖全城；高密度发车；高密度设站；快速乘降

1 绪 论

国家铁路干线主要服务于跨区域、跨城市中长途客流，组织开行有多种停站方案的列车，为旅客提供"站到站"运输服务，通常采取预售车票的售票模式，提供退改签服务，同时考虑旅客长途旅行的需求，配有餐吧车、卫生间等设施。典型区域（城际）线路见表1-2。

表1-2 典型区域（城际）线路（截至2017年）

线路名称	主要服务城市	运营里程/km	设计速度/(km/h)
京沪高铁	北京、济南、徐州、南京、上海	1 318	350
哈大高铁	哈尔滨、长春、沈阳、大连	921	350
武广高铁	武汉、岳阳、长沙、衡阳、广州	1 069	350
郑西高铁	郑州、洛阳、渭南、西安	523	350
成渝高铁	成都、内江、重庆	302	350
西成高铁	西安、汉中、广元、绵阳、成都	658	250
京津城际	北京、武清、天津、塘沽	165	350
沪宁城际	上海、苏州、无锡、常州、南京	301	350
宁杭城际	南京、湖州、杭州	256	350
长吉城际	长春、吉林	111	250
广珠城际	广州、中山、珠海	116	250
莞惠城际	东莞、惠州	97	200
昌九城际	南昌、九江	142	250

市域（郊）铁路（市域铁路、市郊铁路、市域快轨等，不同地方的称谓有所不同）主要服务于城市郊区和周边新城（镇）与中心城区联系，并具有通勤客运服务功能，介于城市轨道交通与国家铁路干线之间，全面覆盖沿线城镇，是城市轨道交通的延伸、国家铁路干线网络的补充。典型市域轨道交通线路见表1-3。

表 1-3　典型市域轨道交通线路（截至 2017 年）

线路名称		服务城市	运营里程/km	设计速度/（km/h）
北京城市副中心线		北京、通州	38.8	200
北京市郊铁路 S2 线		北京、延庆、沙城	67（延庆线）	160（平原）
			95（沙城线）	45（山地）
上海金山线		上海、金山	56.4	160
成灌线	正线	成都、郫都、都江堰、彭州	67	200
	离堆支线		6	120
	彭州支线		20	200

　　城市轨道交通衔接多种类型的城市功能中心，主要服务于中心城区内居民日常生活出行，同时为国家铁路干线、市域（郊）铁路提供客流集散服务，通常是全城覆盖、高密度发车、高密度设站，旅客可实现"门到门"乘车。

　　为最大限度地发挥区域轨道交通的优势，国家铁路干线、市域（郊）铁路通常经过城市、车站深入城市，所以各制式轨道交通系统中的服务范围都是向下兼容的，即国家铁路干线还能承担部分市域（郊），甚至城市内部的客流运输，轨道交通的制式越高，兼容性越大。在铁路枢纽城市，还可利用枢纽内线路的富余能力开行为城市交通服务的公交化列车，如重庆北至重庆西开行有旅客列车。同时，不同制式轨道交通之间的功能又相互补充，共同延伸旅客出行链，提供多元化的运输供给。旅客乘坐国家铁路干线到达区域中心城市国铁车站后，可换乘市域（郊）铁路前往国家铁路干线没有通达的城镇，或者换乘城市轨道交通前往目的地。同理，市域（郊）铁路和城市轨道交通可以将国家铁路干线的旅客输送至目的地。此外，市域（郊）铁路在城市外围作为城市轨道交通的延伸，也可以深入城市中心提供客流大站间的快速直达运输服务。

　　区域轨道交通的制式越多，也意味着轨道交通服务中有越大的弹性，各制式轨道交通在完成主要职能的基础上，运输服务范围将越多元化并互为补充。为充分利用资源，避免重复建设、重复投资，在兼容性较大的轨道交通系统运能尚未饱和的前提下，遵循向下兼容的原则，跨区域的国铁列车可以带流输送的模式为部分市域（郊），甚至城市内部客流运输服务，或铁路部门利用国家铁路干线的富余能力开行城际列车，或改建既有线，盘活闲置资源，组织开行公交化的、多种停站方案的市域（郊）列车。

1.3 区域轨道交通总体运能及其影响因素分析

区域轨道交通复合网络开展运输服务，靠一个点（车站）是无法单独进行的，靠一条线路也是不够的，不完整的。复合网络运输只能由点、线构成一个完整的复合网络系统才能完成。点系统能力、线系统能力的研究是复合网络系统能力研究的基础，但孤立地研究点或线系统的能力局限性较大，结果会有片面性，所以从宏观和系统的观点讲"网络总体运能"应该是区域轨道交通复合网络系统的运输能力，既不是指组成路网各子系统的运输能力以及点子系统的通过能力、解编能力，也不是指线子系统的通过能力。

区域轨道交通复合网络总体运能的定义不仅应反映路网本身的能力特性，而且对某些能力指标也应给出理想的衡量标准。如在对路网系统运输能力的度量方面，传统的车站、线路的能力中，运输能力一般以单位时间内能够通过的列车对数或运输的乘客人数来表示。然而复合路网系统运输能力不仅与线路通过能力有关，还与复合路网规模有关。因此，区域轨道交通复合路网系统总体运能一般应以单位时间内能完成的客运量（万人）或客运周转量（万人公里）作为计算指标。

1. 区域轨道交通复合网络总体与运能概念

区域轨道交通复合网络总体运能概念包括了理论最大运能、有效运能、潜在运能以及无效运能。

（1）理论最大运能。

区域轨道交通复合网络理论最大运能，是指在现有路网结构、设备设施布局、运输组织方法下，基于车站、区段通过能力计算得到的区域轨道交通复合网络的理论最大能力。区域轨道交通复合网络运能构成如图1-1所示。

```
|←————— 有效运能 ————————→|←— 潜在运能 —→|
                                储备运能+无效运能
|←——————————— 理论最大运能 ———————————→|
```

图 1-1　区域轨道交通复合网络运能构成

理论最大运能反映了复合网络拓扑结构规模，体现了复合网络在现有设施设备条件下，各区段均达到最大利用效能后的理论能力。这个理论能力未考虑客流需求结构，在实际运输中很难实现，仅作为网络能力研究的上限阈值。

（2）有效运能。

区域轨道交通复合网络有效运能，是指由多制式轨道交通组成的复合网络在一定的路网结构、设备设施布局、人员配比投入、运输组织方法下，满足一定的运输服务水平和客流需求结构的情况下，受线路能力制约的区域轨道交通复合网络系统内所有车站在一定时间内（小时或天）所能够完成的旅客发送量（含始发进站量和中转量）。

有效运能不仅与复合网络拓扑结构、设施设备布局及运输组织方法相关，而且与运输需求结构、运输服务水平密切相关，反映了网络实际可完成的运输量。

（3）潜在运能。

区域轨道交通复合网络潜在运能是指复合网络中已具备使用条件，但由于需求结构、运输组织方法限制等原因，尚未被利用的能力。复合网络潜在运能与网络的储备运能、无效运能相关，储备能力是指为应对客流波动、技术改造、运行图缓冲等目的预留的冗余能力。无效能力是由于维修天窗、系统内部各组成部分之间能力利用不协调而无法发挥作用的能力。

综上，有效运能是客流需求的载体，能够客观反映区域轨道交通复合网络实际运输过程中能力利用状态。因此，区域轨道交通复合网络总体运能评估重点是针对复合网络有效运能进行研究。

区域轨道交通复合网络总体运能的研究就是将所有节点出发的客流需求作为输入条件，以服务网络为基础，综合考虑能力限制、旅客的择路行为等因素，得出在不同网络服务水平条件下复合网络的总体运能以及在该运输能力下具体的客流分配结果和路网资源利用状况。

因此，区域轨道交通复合网络有效运能的影响因素包括：复合网络拓扑结构，复合网络基础设施设备配置，运输组织协同能力，运能服务水平，复合网络系统协调关系，旅客运输需求，应急响应及运营维护效率，其他引起复合网络有效运能损失的原因。

2. 区域轨道交通复合网络总体运能的影响因素

（1）复合网络拓扑结构。

复合网络拓扑结构包括复合网络的规模、布局，路网覆盖范围、分布密度、运营里程等要素。覆盖范围越广、分布密度越大、运营里程越长很大，程度上说明该路网可提供的理论运能越大。

（2）复合网络基础设施设备配置。

复合网络基础设施设备配置包括车站和线路设施设备两部分。其中，车站设施设备包括车站的站线、信号、维修设备、道岔数量及布局，中间站数量等均影响着车站通过能力的取值，进而对复合网络总体运能产生影响。线路设施设备包括线路设备、信号设备、列车运行控制系统、列车种类、列车运行控制系统等对区段通过能力、线路通过能力均有影响，进而影响网络能力。基础设施设备配置是运能的限制条件，采取增加设施数量、车站扩能改造、新修线路等措施，能够扩大车站、线路的能力，虽然网络整体能力不一定会成倍增长，但局部能力的提升对系统能力的扩容有一定促进效果。

（3）运输组织协同。

区域轨道交通复合网络运输组织指各列车开行方案、列车运行图、组织指挥以及车站作业组织等。运输组织效率决定了线路、区段的能力利用水平，调整运输组织方案可有效地避免能力浪费和能力不足。

（4）运能服务水平。

运能服务水平是从旅客角度衡量总体运能是否有效可用的关键因素，包括旅客出行全过程的时间、安全、便捷、舒适程度等。一定的运能服务水平能够满足旅客出行体验及旅客出行效率。旅客出行时间延误、列车拥挤度过高、跨制式换乘不便捷等都会降低运能服务水平，运能在服务质量上不能满足运输需求，从而导致网络实际有效运能受到影响。

（5）复合网络系统协调关系。

区域轨道交通复合网络具有系统整体性，需要各子系统间协调配合才能实现能力最大化，包括各制式间的协调耦合关系及各制式内各个环节的协调程度。复合网络的运输能力不等于各制式运输能力的叠加，而取决于各制式运输能力和各制式之间的协调程度。具体体现在：①线路间通过能力协调，即不同线路在线路等级、设计速度、信联设备之间的匹配程度。我国铁路列车可在设备条件允许的情况下跨线运行，但如果关联线路之间速度等级不匹配，将导致线路能力的浪费。②固定设备与移动设备的协调，主要体现在车站办理列车数量与车站通过能力的匹配，车站业务量不足或者车站能力不足都将影响协调能力。③车站与线路能力的协调，主要体现在车站的列车到发能力与线路通过能力之间的匹配度。如果匹配度不高，则容易由于某一方能力的瓶颈造成另一方能力的浪费。④各制式子网络之间的协调，主要体现在衔接各子网络的枢纽换乘服务能力。某一制式到达的旅客能被与之衔接的其他制式在有效时间内疏散。

（6）旅客运输需求。

不同于线路、车站等设施设备能力，整个复合网络的运输能力不但受到线路、车站运输能力和服务水平的制约，还会受到轨道交通客运需求结构的影响。需求结构的确定是复合运输能力度量与建模的前提。

旅客运输需求要素包括数量和结构两个方面。旅客运输需求数量体现为旅客出行人数和出行距离；旅客运输需求结构表现为旅客出行的空间分布和时段性特征。旅客运输在路网上的时空分布不均衡性会在规划阶段影响路网布局；在运营阶段会影响运输方案的制定，对运输能力有较大影响。

（7）应急响应及运营维护效率。

应急响应与运维效率是在一定的安全保障资源约束下，区域轨道交通系统在发生安全事故或不可容忍的安全风险时，进行应急响应和与之相关的系统应急维护的作业时间效率。它是总体运能在异常状态下能力恢复的保障。

(8)其他引起复合网络有效运能损失的原因。

任意时间段中设备空闲和故障中断造成的设备有效利用时间减少和作业延误造成的单位作业量占用设备时间增加,是形成路网系统有效运输能力损失的重要原因。具体又可分为以下几种类型:

① 作业组织延误造成的路网运输能力损失。这类延误受人为因素影响较多、随机性较大,而且经常发生,这样的延误将造成设备浪费或超负荷运转,导致路网运输能力的损失。

② 线路、设备故障造成的能力损失。列车运行相关设备故障和其他辅助设备故障等。其后果不仅造成设备的损坏,如线路、设备故障主要有固定设备故障、移动设备通信信号设施、接触网、机车车辆等故障,同时还造成运输能力损失。

③ 外界因素影响造成的能力损失。外界因素影响主要指天气、环境等对轨道交通运输的影响。一般来说,作业组织中的能力损失时间较短,容易恢复,主要是设备的效率降低,生产任务尚能完成,而后两种能力损失往往是破坏性的,后果严重难以弥补。由于这些损失计算比较复杂,对路网运输能力不会有根本的影响,实际计算中仍然采用经验系数修正的方法确定。

1.4 国内外研究现状

目前国内外关于轨道交通的研究已经很多[1-5]。从本书的研究内容看,主要分为系统总体运能相关方面研究、运输组织相关方面研究以及运输信息服务相关方面研究。其中,系统总体运能相关方面研究包括系统运输能力理论与计算方法研究和系统路网衔接与运能匹配两方面;运输组织相关方面研究包括列车开行方案协同编制、旅客出行行为与换乘组织以及运行图编制和时刻表优化方面的研究。

1.4.1 系统总体运能相关方法研究

1. 系统运输能力理论与计算方法研究

国内研究方面，胡安洲[6]从动态观点来研究铁路的运输能力，通过理论研究，提出了铁路运输系统静态总体承载力的相关定义雏形，并认为其受到铁路运输系统所受到的各种随机扰动因子、各子系统的协调与耦合关系等的影响。施其洲[7]运用系统论思想和供需相关理论，构建了铁路路网运输能力的数学计算模型，其构建的铁路路网运输能力计算模型是指铁路路网在一定铁路运输设施设备条件、铁路行车组织水平和客流时空运输需求下单位时间内能达到的最大运能。张一梅[8]对城市轨道交通系统车站通过能力、换乘车站的换乘能力以及线路的通过能力的计算模型与方法进行了分析与讨论，通过结合线路的通过能力和路网规模的影响因素，提出了城市轨道交通路网运输能力的概念，并对路网运输能力的主要特点和影响因素进行了分析与研究。在此基础上，其构建了以城市轨道交通路网运能最大化为目标函数的数学模型，并结合实例进行验证。何世伟等[9]提出并研究了铁路运输路网系统总体运能、有效运能和潜在运能，构建了基于短路的铁路运输路网系统总体有效运能数学模型，并设计了模型的求解算法和编程实现步骤。徐瑞华[10]采用概率论的方法对城市轨道交通线网共线运营情况下的通过能力进行了研究，并利用计算机对城市轨道交通线网进行仿真，分析出在基于一定能力利用率和列车开行方案的情况下，列车运行延误将如何对城市轨道交通线网的运输组织产生影响，最后还提出了共线运营情况下城市轨道交通运输组织中需要注意的相关问题。雷中林[11]提出了铁路路网运输能力概念体系以及对铁路路网系统有效使用运输能力进行剖析，构建了铁路路网运能的数学模型，建立了基于短路的车流分配的确定性模型和不确定性模型，设计出解决铁路大规模计算问题的有效算法，并进行了实例验证。

国外研究方面，Helbing 等[12]首先深入研究了旅客的群集效应等宏观现象，客流的宏观现象能够反映出旅客在交通区域范围内的集聚状态，是客流关系与区域客流运输能力的宏观表现。Hoogendoorn 等[13]认为，即使在相同的交通区域，区域承载能力也会因为客流特性不同而产生不同，且很多因素（年龄、性别、文化、心理空间、出行目的、建筑设施类型等）都会对客流的密度流量关系产生影响。Kholshevnikov 等[14]研究了客流走行的基本特性，并利用数学模型对人的情绪等级进行划分，结合实验分析出不同场景对旅客行走速度和拥挤密度的影响程度，为车站旅客的安全通行能力研究提供更详细、全面的客流走行研究成果。Setti[15]、Takakuwa 等[16]通过模拟客流在交通车站内的走动，寻找到限制车站内客流流动的因素，并通过对该因素进行优化从而提高客流在车站内安全流动的效率。Ayala 等[17]讨论并研究了综合交通系统的运输能力，构建了以综合交通运输系统运输能力最大化为目标函数的综合运输系统数学模型，约束条件是构成综合交通系统的各种交通子系统、子系统设施设备能力、运输成本、可消耗资源的限制和机车车辆有效性等。Nijkamp 等[18]在前人研究的基础上进一步拓展了系统运输能力的附加限制条件，他认为运输系统是一个受到多维限制的系统，如运输环境、路网结构、运输系统运营和管理规则制度等更为广泛的限制条件。

2. 系统路网衔接与运能匹配

关于区域内各轨道交通制式路网衔接研究方面，李兴华[19]将旅客客运量与系统集散能力的比值定义为运能匹配度，然后基于此，提出了运能匹配度分级标准，建立了轨道交通枢纽内各种交通方式运能匹配度的相互协调优化数学模型。陈春安等[20]利用系统动力学的理论及方法，从系统性角度研究枢纽设施与交通需求匹配关系，构建枢纽内部铁路换乘城市轨道交通运能匹配系统动力学模型，并通过仿真发现系统运营瓶颈。南天伟[21]提出铁路客运枢纽能力匹配度的概念，研究了铁路与城市轨道交通、市内公交之间的运能协调问题，给出了运能匹配下的铁路客运运营计划的调整方法。在区域轨道交通的协同运营管理模式研究方面，明瑞利等[22]对东京地铁线路与郊区铁路线路共线运营进行了分析，研究两种制式轨道交通线路共线运营情况下的旅客客流特征、列车直通效果和旅客服务质量评价体系，得出以下结论：当直通客流占比较大时，有必要开行直通列车；反之，当直通客流占比较小时，实行线路互通运营的意义不大。李依庆等[23]对巴黎现存的典型轨道交通线路的发展进行了介绍。五一[24]则是通过对比巴黎铁路线路与上海铁路线路的研究结果，探讨了上海铁路线路的运营管理模式，对分段运营与贯通运营、跨站运营与站站停运营等各种运营方式的利弊进行了分析和比对。杨耀、周建军、宋键等[25-27]通过研究现有国外主要大城市的轨道交通线路的发展和经营管理模式，以对我国发展轨道交通方式进行启示，并探讨了不同轨道交通系统间铁路线路共线运营和部分铁路线路采用快慢车相结合的运营管理方式。王粉线、徐瑞华等[28-29]对上海轨道交通列车运行线路和线路共线运营方面存在的一些问题进行了深入研究。郭吉安等[30]针对客运专线与既有线衔接运营问题，提出了适用于我国铁路客运专线与既有线的跨调度指挥方式下的衔接车站到发线运用原则，并基于该到发线运用原则，构建了研究多目标规划模型。

在综合交通枢纽运能匹配方面，程明君[31]探讨了时变多重交通网络的运输调度问题。建立了基于时间与运输方式选择的分段函数来研究时变条件下的多重交通网络，分析和概括了时变多重交通网络特性，然后建立了时变多重交通网络运输调度模型，提出和利用改进的启发式优化算法对其模型进行求解。赵鹏[32]对城市道路交通网络、城市轨道交通网络和叠加网络-城市复合交通网络进行了研究，提出并利用城市道路交通网络和城市复合交通网络的拓扑结构模型计算复杂网络统计特征值，然后对计算出的统计特征值进行比对分析，得到基于网络统计特征值影响下的城市交通网络特性变化。吴明[33]基于综合交通运输网络，建立了运输通道布局模型和内部配置模型、运输枢纽规划模型，运输网络模型等，形成了基于综合交通运输网络框架体系下的规划方法，对已有的综合交通运输网络体系研究进行了完善。费雪[34]分析了综合交通网络所运用的非平面强化和非平面数据结构，研究各种交通网络的体现形式、交通网络之间的连接与转换方式以及各种交通模式连通节点的组织方式。王叶[35]和秦国斌[36]研究了铁路系统与城市轨道交通系统两种轨道交通制式的换乘衔接特性，通过发挥各种轨道交通方式在旅客运输和运营管理上的优势，不断提升旅客的出行效率和轨道交通总体运营管理水平，以期为旅客带来更好的出行换乘体验。刘俊伯[37]结合高速铁路换乘城市轨道交通客

1 绪 论

流特征,对高速铁路与城市轨道交通换乘衔接问题进行了比较系统深入的研究;首先,从理论上分析了客流特征对换乘设施通过能力的影响;其次,分析了客流类型与客流结构等因素对旅客通过安检机和检票闸机所需时间的影响;最后,以此建立数学模型进行量化分析。张琦琳等[38]构建了系统枢纽费用和旅客出行时间的多目标优化模型,以运能匹配度作为约束条件,采用线性加权优化方法,基于 LINGO 软件编程对其构建的多目标优化模型进行求解。采用实际案例进行验证,得到的优化结果能够使轨道交通、公路交通等多种交通运输方式实现更高效的协同运输。梁英慧等[39]根据大型铁路客运站的实际运营需要,建立了基于各种交通方式衔接的换乘接运能力数学匹配模型。宗芳等[40]以旅客出行费用最小化作为优化目标,以各种运输旅客的交通方式的发车间隔时间作为决策变量考虑,包括地铁、有轨电车、轻轨和公路公交运输等,并以各种交通运输方式的运载工具配置数和各交通运输方式间的运能匹配程度作为约束条件,以此建立了基于大型综合客运枢纽下各交通运输方式间的协同调度模型,并利用 MATLAB 软件的求解器对该模型进行优化求解。王萍[41]对客运枢纽的集散服务与外部运送能力关系进行了阐述,对旅客从客运枢纽外部运送系统由集结到疏散的全过程进行了分析,然后利用公路交通规划软件 TransCAD,基于随机用户的平衡原则把枢纽内旅客出行流量分配到外部运送系统集散服务网络的各个路段上,最后依据每个路段的客流量来对外部运送系统提供的运送能力进行匹配。

1.4.2 运输组织相关方面研究

1. 列车开行方案协同编制

关于列车开行方案协同编制方面的研究,李莹[42]基于给定的 OD 客流,对京沪高铁的本线和跨线列车的开行方案、停站方案分别进行了静态优化,从而确定了列车运行的起讫点、列车类型、列车开行对数等,然后选择列车区间通过能力的利用率、列车开行服务频率和列车平均上座率作为指标进行评价。胡秀婷[43]基于客流出行需求,对高速铁路线路和既有线线路的分工进行研究,在给定的站间 OD 客流,利用 Logit 模型对通道的 OD 客流进行分配,最终确定了高速铁路和既有线线路的客流运输分配方案和与之对应的各轨道交通制式的列车开行方案。杨柳燕[44]对兰新高铁线路的前期和后期运营两个阶段和铁路既有线线路的客流分工方案进行了研究，其运用 Logit 模型将兰新高速通道上的客流合理分配到兰新高速铁路线路和既有线线路上，再结合列车类型、列车开行对数和列车停站方案等，构建了兰新高速通道列车优化开行方案模型，以确定不同运营时段下兰新高速铁路线路和既有线线路的列车开行方案。高丽[45]对客运专线与传统既有铁路线的衔接点类型和选择方式进行了探讨，基于衔接点选择和跨线列车开行径路的各相关决定量，构建了铁路客运专线与传统既有铁路线衔接点选择的综合数学模型，并利用遗传算法进行优化求解。罗建[46]基于铁路客运专线和既有线旅客的出行需求以及影响铁路客运专线和既有线分工的因素和原则，对列车的开行方案等进行数学模型构建，然后运用最优化理论和方法建立了客运专线和既有线的分工模型。姚金娈[47]根据不同区域的客流性质特征，对京沪沿线区域进行划分，然后结合客运站的等级、线路运用条件、区域客流特性等影响因素，确定了列车开行类型和开行对数等问题。Martins 等[48]构建了考虑旅客和运输企业利益的企业运营成本最小化数学模型，以运输资源和旅客运输需求作为约束条件，建立了公交线路接运和发车频率的数学优化模型，其考虑非线性优化模型的求解难度较大，然后设计了一种改进的启发式组合算法进行求解。Shrivastava 等[49]研究了轨道交通线路与公交线路接运情况下的时刻表协同优化问题，以旅客跨交通方式换乘的换乘时间和公交线路接运运行的成本最小化作为优化目标构建数学优化模型，并对该模型的求解过程进行分阶段求解。求解步骤如下：首先，生成公交线接运线路与轨道交通线路集散客流相匹配；其次，根据已有的轨道交通线路列车运营时刻表，考虑旅客接驳要求，对公交接运线路的运营时刻表进行优化，最后，利用遗传算法进行求解。

2. 旅客出行行为与换乘组织

关于旅客出行行为方面的研究，陈佳列[50]建立了多模式交通网络结构下的旅客出行路径联合选择分层网络数学优化模型。其中，出行决策是由旅客的出行成本与出行模式参考点之间的差值决定的,而不是依据旅客的出行成本(旅行时间和车票费用)的高低进行决定的,最后根据其构建的价值函数替代期望效用理论来进行旅客路径出行选择,可以得到不同模式和出行路径下的客流量分布。郑力祥[51]研究了城市多制式轨道交通系统网络的特点,并将超网络数学模型应用到城市多制式轨道交通网络的构建中,建立了基于超网络条件下的城市多制式交通系统旅客出行网络数学模型。基于此,构建出不同出行方式和出行路径下的旅客广义出行成本函数,结合出行路径的概念定义以及可行出行路径的相关搜索算法,基于对可行出行路径的搜索,构建了基于Logit模型的城市多制式轨道交通系统客流配流模型,并设计了合理的求解算法对模型进行求解。周艳芳[52]描述了轨道交通路网线路拓扑结构的分层网络,利用有序样本的差异序列聚类法,对城市轨道交通线路的实时客流划分方法进行设计,提出了不同轨道交通换乘车站分时段换乘客流量的计算模型,并以此作为不同轨道交通线路间的协调依据。左婷[53]对城市多种交通制式的运营特征进行了分析,并以此建立了轨道交通多制式分层交通网络,进一步探讨多制式条件下旅客的出行选择行为,研究多制式交通网络条件下各交通方式的随机动态用户的最优分配模型及求解算法。郑力祥等[54]构建了旅客出行路径的广义成本函数,利用有效出行路径的搜索算法实现城市多制式轨道交通出行网络。帅斌等[55]基于给定的限速条件,对多制式轨道交通网络的交通流量分配问题进行了描述,建立了与之相对应的数学优化模型,设计了优化模型的求解算法,最后运用算例对优化模型和设计算法的可行性和有效性进行了验证,结果表明:在多制式交通网络系统中,各交通方式在不同的扩散系数下具有不同的旅客客流分担率。欧阳展[56]对车站枢纽的功能结构、选址布局原则与运营管理模式等进行了系统研究,并基于此,对大型综合客运枢纽的交通协调模型构建方法进行了深入研究。何丹[57]基于旅客在交通出行方式上的选择行为特性分析进行了深入研究,包括铁路客运枢纽运营管理模式分析和旅客到离车站时间分布分析,并结合实例研究中的列车运营时刻表数据得到了铁路车站旅客出行时间和列车到发车站时间的分布联系。基于此,结合目前我国主要大城市在建的大型轨道交通线路与铁路线路相接驳的实际情况,为旅客在未来如何选择交通出行方式上奠定了研究基础。

关于旅客换乘组织方面的研究,文献[58]~[60]根据多制式条件下旅客出行路径的选择,以减少旅客出行时间为优化目标,建立了相关数学模型和程序框架,并提出了城市综合客运枢纽旅客的通道设施服务准则。文献[61]、[62]以各种交通运输方式为旅客换乘提供的衔接方式为基础,利用各种交通运输方式间的松弛时间、换乘区间列车发车间隔和运输安全性等对各种交通运输方式之间的旅客换乘效率提高方法进行研究。文献[63]~[65]研究了城市综合枢纽衔接换乘设施设备的建设投入、维护保养、乘客对衔接换乘的期望值和运营总成本等方面,通过提升换乘设备设施的换乘效率以提高对旅客的出行吸引力,提出综合枢纽内各种换乘设备设施所需规模结构和各种限制条件下的单位旅客最优占有空间。Bell[66]使用一种衔接各种交通运输方式的方法来提升旅客的换乘便捷性,与此同时,也促进了各种交通运输方式间的优势互补。Lee 等[67]通过对各交通运输方式间的松弛时间进行优化以对各种交通运输方式间的换乘进行研究,从而提升各交通运输方式间衔接效率。张述能[68]总结了我国城市轨道交通各制式协调发展的情况,分析各制式优缺点及其适用性,针对目前我国城市轨道交通多制式协调发展存在的问题,从优化城市轨道交通的网络布局、合理选择城市轨道交通制式、设置城市轨道交通换乘枢纽三个方面分析了可以采取的对策。蒋永康[69]对城市轨道交通线路之间存在的各种旅客换乘方式进行了研究,并对这些换乘方式各自的优缺点进行了分析。于慧东[70]对地铁和高铁这两种主要的轨道交通制式间的旅客换乘问题进行了研究,包括旅客跨制式换乘模式研究、换乘客流量预测模型构建、不同轨道交通制式换乘车站承载能力研究、系统运能与运输企业运营时间匹配模型构建等。陈璐如[71]探讨了区域内多制式轨道交通线网与地铁线网衔接的相互作用关系,并认为这种相互作用关系是与所在城市空间的形态、轨道交通线网结构和旅客运输量需求相关。其中,轨道交通线网所在的城市空间结构影响了客流量需求分布,轨道交通线网结构影响了各制式轨道交通线网衔接点的位置分布。线网衔接模式的选择与客流需求因素、运营管理因素、旅客特征因素有关,对这三方面进行分析可以得到两种模式选择结果的优劣性。王克豹[72]对考虑既有线不同列车引入下的客运专线的列车车站技术作业流程、到发线占用时间标准[73]进行了深入研究,以列车广义进路效用最大化和旅客同台换乘便捷度为优化目标,建立铁路车站到发线运用 0-1 多目标规划模型,并利用遗传算法对模型进行求解。赵茜芮等[74]对采用同站台换乘的高速铁路车站展开研究,基于咽喉区进路与到发线一体化优化的原则,以到发线运用不均衡性最小化和同站台换乘能够满足潜在客流量最大化为优化目标,构建了基于高速铁路车站作业计划编制下的多目标规划数学模型。

3. 运行图编制和时刻表优化

目前国内外已有文献主要通过研究运行图编制和时刻表优化的方法来缩短旅客等待时间[75-77]和列车运行成本[75-76],采用的求解方法主要有拉格朗日松弛算法、列生成算法、分支定界算法[75]、启发式算法等,旨在通过缩短旅客运输周期、提高运输服务质量和提高运输企业列车开行方案可行性的方法来提升旅客运输组织效率。

在列车运行图编制方面,Nachtigall[78]以运行需求作为约束条件,构建了列车运行图多目标规划模型以最小化旅客的等待时间,然后利用分支定界算法对模型进行了求解。Canca 等[79]对旅客动态运输需求下的列车运行图编制问题进行了深入研究,以旅客平均等待时间和运输企业运营成本最小化作为优化目标,构建了该问题下的非线性整数规划模型。Robenek 等[80]从运输企业运营和旅客出行便捷性的角度出发,对列车运行图优化编制问题进行了研究,在保证一定旅客运输服务质量的前提下追求运输企业的运营效益最大化和旅客总旅行时间最小化,构建了一个混合整数线性的多目标规划模型,并利用帕累托边界方法进行求解。彭其渊等[81]引入有向弧和有向列车径路的概念,通过最小化列车总旅行时间和列车接续时间,构建了铁路路网运行图编制优化模型。史峰等[82]研究了国内外常见的单线铁路线路列车运行图优化问题,构建了以列车总旅行时间最小化为优化目标的混合整数规划模型,利用时间迭代循环优化算法对该模型进行求解。倪少权等[83]主要通过开发了一整套列车运行图编制专家系统解决了全路网的列车运行图编制优化问题。郭富娥等[84]基于我国高速铁路运营初期阶段的中、高速列车混合开行情况下，对高速铁路线路与既有线路合理衔接下的列车运行图编制方法步骤进行了研究和论述，为我国铁路运行图协同编制研究奠定了初步基础。陈慧[85]分析了我国客运专线跨线运输列车运行图衔接类型和衔接方式，从旅客服务质量、运行图技术指标、天窗衔接合理性、运行图能力适应性四方面对跨线运输列车运行图衔接方案质量进行评价。李小波[86]以列车区间运行时间、列车发到时间限制要求、列车到发线数量、车站停站时间、天窗时间等作为约束条件，以旅客总旅行时间最短和动车组总运营时间最短作为目标函数，建立了列车运行图优化模型，并运用"窗口镜"方法对模型进行求解，对中、高速共线列车的运行图编制进行了优化。

近年来，一些学者开始研究时刻表优化方法对旅客运输服务质量和企业运营成本的影响，以最大限度地减少乘客的等待时间和列车运行的能源消耗，从而提升旅客运输服务质量和降低企业运营成本。Yin 等[87]针对列车调度的问题，制定了两个优化模型，以最小化能量消耗和旅客等待时间。第一个模型是整数规划模型，综合考虑了能源消耗和旅客等待时间；第二个模型为混合整数规划模型。考虑到这两个模型的计算复杂度较高，特别是应用于解决大规模的实例问题，其开发和应用了基于拉格朗日松弛（LR）的启发式算法来解决此类问题。Wang 等[88]采取了停站策略以减少乘客出行时间和能源消耗，并提出了高效的双层规划方法来解决这一列车的调度问题。仿真结果表明，有效的双层方法可以有效地解决此类问题。Yin 等[89]提出了一种近似动态规划的综合规划方法来解决城市轨道交通线路的列车调度问题，以最大限度地减少能源消耗和旅客等待时间。此外，D'ariano 等[90]研究了铁路基础设施管理者在实时交通控制中面临的列车调度和时刻表优化条件，并使用分支定界法来求解所提出的优化模型。Corman 等[91]建立了一个双目标规划模型，以尽量减少列车延误时间，并开发了详细的图解模型和两种启发式算法来计算非主导计划下的帕累托前沿，同时选择荷兰铁路作为案例研究，结果表明这两种算法可以准确地逼近帕累托前沿，并且所需的计算时间较短。Meng 等[92]使用大 M 法和拉格朗日松弛解决方案框架开发了一个列车调度的整数规划模型，以将原始复杂的路径重新规划和调度问题分解为一系列单个列车优化子问题，并用数值实验用来证明最优列车调度方法的性能。Yang 等[93]提出了一种模糊优化框架，通过使用时空网络来表示列车的轨迹来对列车进行重新调度，同时制定了一个两阶段的 0-1 整数优化模型来寻找最优解，并通过使用 GAMS 优化软件解决了优化模型。Yang 等[94]开发了一种调度方法，以通过优化列车在车站的停留时间来最大限度地减少总能量消耗并最大化再生制动能量的利用率。

1.4.3 运输信息服务相关方面研究

运输信息服务是加强系统内各制式轨道交通系统协同运输组织、生产协调配合以及实现区域轨道交通协同运输的重要保障[95]，对提升旅客运输服务质量和系统整体运能有着举足轻重的作用。目前已有文献主要通过信息挖掘技术、信息传递效率和信息共享三个方面研究运输信息服务对区域轨道交通系统的影响。

（1）信息挖掘技术方面，大数据技术在交通领域的应用相对较晚[96]。国内研究方面，王涛等[97]提出面向复杂交通流的数据挖掘算法，首先建立时空滑动窗口模型减小数据集的时空复杂度，再对数据流进行层次聚类，利用主成分分析法筛选关键变量，最终构建兴趣模式回归方程，并通过实例验证了该算法的高拟合度。林国顺等[98]基于铁路货运信息的数据分析，挖掘地区和货物的关系，根据运距、公司收入和运费聚类，探寻铁路货运客户，运用 ARIMA 预测模型对铁路货运量进行预测。国外较国内起步早，国外已对数据库技术和数据挖掘技术娴熟运用[99-101]。国外研究方面，Zhao 等[102]根据公交 IC 卡（集成电路卡）数据，利用时空关联规则算法研究公共交通的路线、站点、换乘模式等情况，根据修剪策略有效剔除数据库中的非出行信息，得到频繁乘车路线、站点、换乘路线等，为交通管理和控制提供支持。

（2）信息传递效率方面，主要是运用 GIS（地理信息系统）海量数据库来完善运输分析技术，综合国内外的 GIS 与物流技术研究成果[103-105]，把 GIS 系统应用于协同运输组织信息平台，以研究运输企业之间进行协同运输合作过程的技术与方法，能够实现不同交通方式间的信息共享和提高不同交通运输方式间的信息传递效率。

（3）信息共享方面，由于各区域交通子系统之间形成的是"烟囱型"布局的相互隔离的信息孤岛，信息资源无法共享，整体效益难以发挥。因此，需要构建区域轨道交通系统旅客运输信息共享平台来辅助协同运输组织决策，从而实现各制式轨道交通制式互联互通、信息共享、应急协同、协同维护。伴随云计算技术的不断发展[106-108]，为不同区域、不同系统间的信息资源共享和综合利用提供了较好的解决方案。此外，国内外相关信息技术行业对云计算在轨道交通系统的应用纷纷展开了研究和探索[109-113]。基于云计算构建区域轨道交通信息共享平台，建立物理线网资源池、运输信息共享资源池，以将旅客服务信息传递给信息共享平台云端的用户，发挥运输资源协同的综合效益，满足运输组织信息和旅客服务信息共享交换的需求，使之成为区域轨道交通协同系统平台中信息共享子系统建设的一种技术思路[114-119]。

1.4.4 国内外研究现状总结

以上既有文献虽然为系统总体运能和运输组织相关问题的研究提供了坚实的基础，但是仍然存在一些问题和可以继续改进的空间，主要体现在以下几个方面：

（1）目前国内外学者对轨道交通系统与枢纽运输能力的研究主要集中于单一的评价指标或评估方法，缺少系统的研究理论和方法。此外，对于路网运输能力的评估多是从运营效益的角度来考虑，缺少从路网运输能力利用率方面考虑的研究。另外，区域轨道交通路网运输能力不仅仅与车站集散能力、线路通过能力以及线网结构有关，还与运营时段以及轨道交通旅客运输服务有关。现有研究中，关于区域轨道交通系统旅客运输服务质量对运输能力影响的研究甚少，需要进一步完善。此外，区域轨道交通网络是一个复合多制式层级的交通网络，现有研究多集中在交通枢纽方面，至今还没有明确提出完整的区域轨道交通系统体系研究，且各轨道交通制式之间的衔接匹配模式也尚未进行明确的界定，以及各制式轨道交通间的运能匹配该如何进行，缺

1 绪 论

乏各制式轨道交通系统在运输组织层面上更为深层次的协同调配。

（2）目前国内外学者对开行方案协同编制、运行图编制和时刻表优化方面的研究主要集中在铁路系统单一制式下不同类型列车开行方案设计和优化对列车区间通过能力的利用率、列车开行服务频率和列车平均上座率方面的影响以及城市轨道交通系统单一制式下单列车运行和多列车追踪运行情况下的区间运行时间、停站时间、追踪间隔时间优化对提升旅客运输服务质量、企业运营效益方面的影响。其中，列车开行方案协同编制、运行图编制和时刻表编制均停留在单一轨道交通制式方面的研究，涉及多制式方面的研究较少。多制式协同下的列车开行方案、运行图和时刻表编制对各制式轨道交通系统间运输资源协同调配和运输信息共享有着较高要求，但是目前阶段下的各制式轨道交通系统运营管理、信息传递较为独立，使得各制式运输资源利用信息和旅客出行信息获取难度加大，抑制了多制式协同下的列车开行方案、运行图和时刻表编制的研究。再者，现有的单一制式下列车开行方案、运行图和时刻表编制只需考虑本制式的旅客运输需求，多制式下的列车开行方案、运行图和时刻表编制则要充分考虑单制式出行旅客和跨制式换乘旅客运输需求的综合影响，而考虑到这两种类型的旅客均是系统总体运能的重要组成成分，因此，在编制列车协同开行方案、协同运行图和协同时刻表的过程中，应当优先考虑哪种类型旅客的高效运输将成为多制式轨道交通系统协同运输组织方法研究的难点。此外，现有文献关于旅客出行行为与换乘组织方面的研究也主要集中在线网协同布局规划和枢纽站换乘通道布局对旅客出行行为的改变和换乘方式的引导方面，缺少从运输组织层面根本上的研究。

（3）已有文献对系统总体运能的研究主要集中和停留在系统总体通过能力、系统有效承载力和以点（车站）为核心构建的系统总体运输能力计算模型，即车站的旅客发送量与换乘站的旅客中转量之和。显然，现有的系统总体运输能力很难反映出其在协同运输组织方法作用下的动态变化过程，因此无法与时刻表协同编制相关联。本书构建的系统动态总体运能计算模型，是一种依托二维客流站间出行 OD 数据进行计算的系统总体运能计算方法。结合实地调研数据，能够将系统动态总体运能的主要影响因素对系统动态总体运能的综合影响量化，从而体现出协同运输组织方法作用下的系统总体运能动态变化过程。

（4）现有文献研究主要集中在运输组织方法对单制式旅客换乘过程的优化研究，旨在提高运输企业运营经济性、旅客出行便捷性和单制式轨道交通系统效能，研究多制式轨道交通系统总体运能提升方法的文献较少，且主要以优化旅客出行环节和压缩出行环节时间的定性研究居多。而本书构建了一种基于时刻表协同编制下的区域多制式轨道交通系统动态总体运能定量研究方法，以最小化系统动态总体运能影响因素（单制式旅客候车等待时间、跨制式旅客换乘等待时间和企业运营成本）为优化目标，不仅可以分析出不同优化目标下的时刻表协同编制对系统动态总体运能的影响程度，而且还能寻找出制约系统动态总体运能提升的关键影响因素。

1.5 研究内容

本书研究面向总体运能提升的区域多制式轨道交通系统协同运输方法，旨在解决协同运输组织作用下的区域多制式轨道交通系统旅客运输组织问题。将协同运输组织方法作为一个整体，从"旅客"和"运营企业"视角出发，分析协同运输组织方法通过影响旅客运输服务质量、企业运营成本，从而最终作用到对系统动态总体运能的影响上。考虑到许多协同运输方法（列车运行调整和车站作业计划等）的研究对象是"车"而不是"人"，最终研究的结论是造成系统总体通过能力的提升而并非系统总体运输能力的提升，因此，本书重点从时刻表协同编制方法和跨制式旅客中转换乘组织等方面对能够实现系统动态总体运能提升的协同运输组织方法做定量研究，包括单制式旅客便捷出行问题和跨制式旅客中转换乘等问题，从而提升区域轨道交通系统旅客运输服务质量、跨制式旅客运输组织效率和系统总体运能。

1.6 本章小结

本章阐述了本书的研究背景、动机和研究意义，较为系统地梳理和总结了与系统总体运能和运输组织方法相关文献的研究现状,指出了现有文献研究存在的不足,从而突出本书研究内容对该领域所做的贡献。本书综合文献检索、实际调研、协同理论、最优化理论和数学建模等研究方法,在总结和分析现有文献对协同运输方法和系统总体运能等相关问题研究成果和不足的基础上,对协同运输组织方法与系统总体运能的相互作用关系以及协同运输组织方法影响下的系统动态总体运能计算模型构建进行了系统研究。

2

协同运输组织方法
与系统总体运输能力
提升关系分析

2 协同运输组织方法与系统总体运输能力提升关系分析

现有研究多从开行方案设计、时刻表编制方法、列车运行调整方法、车站作业计划等在内的一个或几个方面，以"列车"作为调整和优化对象，对单制式轨道交通系统的总体通过能力或总体运输能力进行研究，鲜有从"旅客"角度出发，对协同运输组织方法通过影响旅客运输服务质量、企业运营成本从而最终作用到对系统动态总体运能影响上的研究。实际上，许多协同运输方法的研究对象是"车"不是"人"，例如：列车运行调整和车站作业计划等，如果对这些协同运输方法进行研究，其最终研究结论可能是系统总体通过能力的提升而并非系统总体运输能力的提升。因此，本章首先将协同运输组织方法作为一个整体进行分析，然后从"旅客"的视角在提升旅客运输服务质量和基于"运营企业"视角从优化企业运营成本等方面研究协同运输组织方法与系统动态总体运能提升的关系，为后续能够实现系统动态总体运能提升的时刻表协同编制方法和跨制式旅客中转换乘组织等方面的深入研究奠定初步基础。

2.1 系统总体运输能力的影响因素分析

系统总体运输能力是指在考虑系统内所有轨道交通制式种类、线网布局和运输组织方法影响下的系统内所有单制式车站和中转换乘车站的旅客发送量和中转换乘量之和，而在本书中将其分为了静态与动态两种系统总体运能进行研究。所谓静态总体运能即传统意义上的系统总体运能，它只受轨道交通制式种类和线网布局的影响；而动态系统总体运能即本书提出的系统总体运能计算方法，它不仅受到轨道交通制式种类和线网布局的影响，还受到协同运输组织方法的影响，对旅客运输服务质量产生影响从而作用到对系统动态总体运能的影响上。

系统总体运输能力的影响因素众多，其不仅与系统线网布局规划、区域多制式轨道交通路网所包含的轨道交通制式种类相关，还应当与旅客运输服务质量和企业运营成本相关。一般区域内轨道交通制式种类越多、线网越复杂，系统静态总体运输能力也越强。而系统内各轨道交通制式的协同运输组织能力（时刻表衔接性和换乘站旅客换乘接续能力）越强，旅客的出行便捷性和运输服务质量也就越高，从而系统动态总体运能也越高。因此，结合本书研究方向和内容，本章重点研究线网布局规划对系统静态总体运能的影响以及协同运输组织方法作用下的旅客运输服务质量和企业运营成本对系统动态总体运能的影响。

2.1.1 线网布局规划对系统静态总体运能的影响分析

区域多制式轨道交通系统为旅客提供运输服务不能只依赖于单个车站、线路和单一轨道交通制式线网，而是依赖于由系统内所有轨道交通制式车站、线路构成的一个完整的多制式复合网络系统。

线网规划布局决定了系统内站点衔接模式和旅客换乘模式，不同站点衔接模式和旅客换乘模式对不同类型旅客换乘运输组织效率产生了极大的影响，从而对系统静态总体运能产生影响。例如，区域轨道交通系统一般由长放射和支线型的轨道交通线网构成，其中，长放射线路构成了系统间跨制式旅客输送的主要运输通道，而支线型则是系统内城市轨道交通系统单制式旅客运输的主要线路。因此，为提升整个区域多制式路网的旅客运输能力，保证各类型旅客运输需求，就必须考虑系统内各制式轨道交通系统换乘车站衔接模式，保证多制式复合路网的可达性，将各制式轨道交通车站合理衔接起来，这样既可以有效解决跨制式出行旅客长距离输送问题，又可以改善市域内单制式"通勤旅客"的运输环境，让旅客享受更高效的出行服务和更好的运输服务质量。此外，旅客换乘模式的选择（同站台换乘、楼梯换乘、站厅换乘、通道换乘、组合换乘和站外换乘）会影响跨制式旅客在轨道交通换乘枢纽内的换乘走行时间和等待时间，从而对旅客全出行链时间产生影响，进而影响系统内旅客运输效率。

不仅如此，系统内包含的轨道交通制式种类对跨制式旅客中转量产生了重要影响，作为系统静态总体运能的重要组成成分，当系统内的轨道交通制式种类越多，其吸引的跨制式出行旅客数量就会越多，使得系统内跨制式换乘旅客中转量有所增加，从而提升了系统静态总体运能。

2 协同运输组织方法与系统总体运输能力提升关系分析

2.1.2 旅客运输服务质量对系统动态总体运能的影响分析

区域轨道交通系统的线网通过能力、有效承载能力、运输能力与旅客运输服务质量关系密切。因此，一味追求系统总体效能最大化而忽略旅客运输服务质量的行为是不可取的。即使列车运行速度越快、列车平均载重越大、列车追踪间隔运行时间越短，也只是在一定程度上提高了区域轨道交通系统的最大可用运能上限。但是在这种运输组织下的轨道交通系统内部，包括列车在线网上的开行方案、旅客运输组织以及车站旅客运输服务组织都是混乱的，一旦运输组织环节出现一点问题，将出现列车大范围晚点延误、车站站台拥挤无序和换乘车站换乘效率低下等现象，从而使得轨道交通系统内的单制式旅客候车等待时间、旅客全出行链时间和跨制式换乘旅客等待时间增加，旅客运输服务质量大打折扣。一旦旅客运输服务质量下降，就会降低旅客选择轨道交通方式出行的概率，旅客会减少或者避免乘坐轨道交通方式出行，从而降低系统动态总体运能。

1. 单制式旅客候车等待时间

城市轨道交通制式作为区域轨道交通系统的重要组成成分之一，早在其建设运营初期，就为城市通勤人群的输送提供了一种高效、便捷的运输服务，极大地分担了地面交通的运输压力，缓解了城市交通拥挤现象。然而，随着城市轨道交通的大规模建设和投入运营，刺激了市内、市郊旅客的出行欲望，越来越多的旅客开始选择乘坐轨道交通方式出行，这给城市轨道交通旅客运输组织造成了极大压力。车站拥挤无序、站台候车时间过长、节点换乘效率低下等一系列问题开始逐步出现，对城市轨道交通的旅客运输服务质量造成了重大冲击。

站台拥挤、候车等待时间过长作为影响轨道交通运输服务质量的重要因素，一直备受旅客的关注。本书对旅客运输服务质量进行调研，结果表明：超70%的调研对象认为乘坐市内轨道交通出行的过程中最令其无法忍受的就是站台拥挤造成的候车时间过长；当列车开行间隔时间较长时，超50%的旅客无法忍受候车时间为两倍及以上的列车开行间隔时间。站台拥挤、旅客候车时间过长，一方面将造成旅客服务质量大打折扣，降低旅客选择轨道交通出行的概率，从而减小轨道交通旅客运输量；另一方面容易引发旅客心理焦虑，造成旅客运输安全隐患，严重时将引发争执和踩踏事件，导致运输事故发生。因此，制定合理的旅客运输组织计划方案和减少旅客候车等待时间对提升旅客运输服务质量、提高旅客乘坐轨道交通的出行率以及吸引潜在旅客乘坐轨道交通出行大有裨益。本书首先分析单制式旅客候车等待时间对旅客出行和运输组织的影响，然后结合实际调研报告数据，利用数据拟合回归模型和方法对单制式旅客候车等待时间与再次选择轨道交通方式出行率进行定量分析，具体见本书 3.4 节。其分析结果用于本书构建的系统动态总体运输能力计算模型主要参数的确定，从而得到单制式旅客候车等待时间对系统总体运能的定量影响。

2. 跨制式旅客换乘等待时间

系统总体运能是区域多制式轨道交通系统网络能力的综合体现和目标。由于区域多制式轨道交通系统是通过换乘站及其他联运设施设备将各制式独立的轨道交通网络连接在一起的整体，系统总体运能不仅和子系统各制式独立网络运输能力有关，而且跟子系统各制式间联运衔接能力有关。因此，系统最终表现出的总体运输能力是子系统网络运输能力与子系统间联运衔接能力的综合表现。充分发挥轨道交通系统内各项设施设备能力，实现换乘节点合理布局规划、优化换乘通道设计和跨制式时刻表协同编制对减少旅客不必要等待时间、提高换乘效率和旅客服务质量尤为关键。此外，运用协同运输组织方法保障各制式轨道交通系统内部运输能力的相互匹配和协同，也有利于提升区域轨道交通系统总体运能。

跨制式旅客中转换乘量作为区域轨道交通系统总体运能计算模型的重要组成成分，对系统总体运能的大小有着举足轻重的影响。优化区域轨道交通系统各制式列车开行时刻表，协同配置系统运力与旅客运输服务资源，保证跨制式旅客在中转换乘车站的有序换乘，减少不必要换乘走行时间和等待时间，加强换乘车站组织效率，对提升跨制式换乘旅客换乘效率尤为重要。此外，作为旅客全出行链过程的关键一环，优化跨制式旅客换乘等待时间，可有效减少旅客总旅行时间，提高单位时间内轨道交通系统设施设备服务频率，从而达到提升系统总体运能的目的。本书基于以上分析，对跨制式中转换乘车站进行实地调研，得到一系列跨制式换乘旅客等待时间与再次选择轨道交通出行和换乘概率的数据。该数据作为本书构建的多制式轨道交通系统动态计算模型的主要参数之一，利用实际调研数据分析出跨制式换乘旅客等待时间与再次选择轨道交通出行率之间的函数变化关系，具体见本书3.4节，从而得到跨制式换乘旅客等待时间对系统总体运能的定量影响。

3. 旅客全出行链时间

旅客全出行链时间指旅客在轨道交通系统内所花费的旅行时间，它是衡量轨道交通系统运输组织协调能力和反映旅客服务质量的重要参考因素，此外，它也是限制系统总体运输能力提升的关键因素。旅客全出行阶段包括：到达轨道交通车站阶段、购票安检阶段、站台候车阶段、乘车阶段、换乘阶段和到达出站阶段等，其中对旅客运输组织效率和运输能力限制最大的阶段是购票安检阶段、站台候车阶段和换乘阶段。购票安检阶段可以通过安检互认、票制协同、二维码扫码出行等一系列技术措施压缩该阶段的时间消耗，站台候车阶段和换乘阶段则可以通过时刻表优化、换乘站换乘模式和换乘组织等运输组织方法减少其阶段的时间消耗。基于旅客乘坐轨道交通方式的全出行链过程分析，考虑换乘车站的换乘方式不同，将旅客（单制式旅客和跨制式换乘旅客）全出行链过程分为出站换乘与不出站换乘的全出行链过程，如图 2-1 ~ 图 2-4 所示。

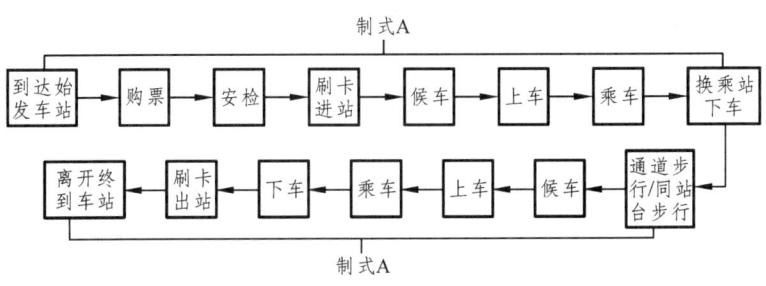

图 2-1　单制式旅客全出行链过程分析（不出站换乘）

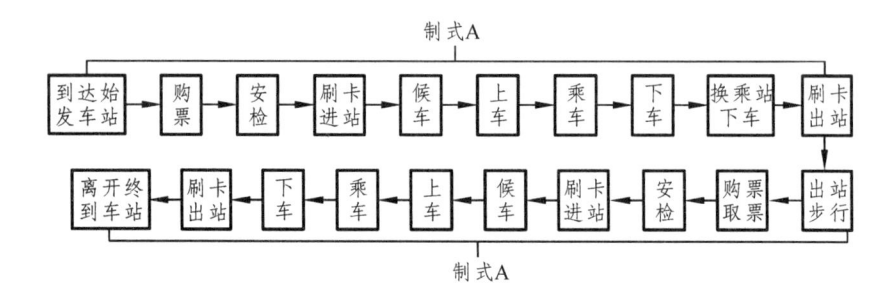

面向总体运能提升的区域多制式轨道交通系统协同运输方法研究

图 2-2 单制式旅客全出行链过程分析（出站换乘）

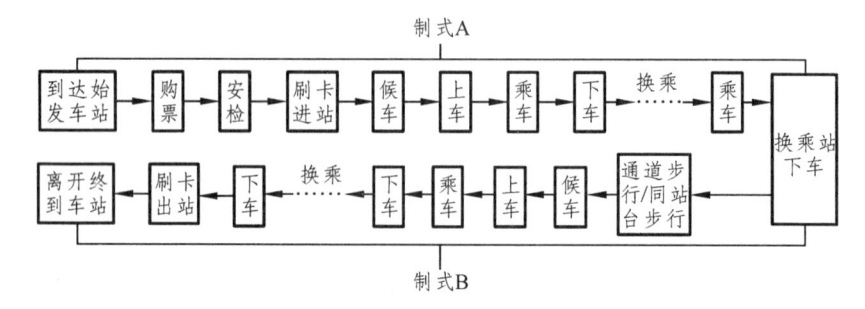

图 2-3 跨制式旅客全出行链过程分析（不出站换乘）

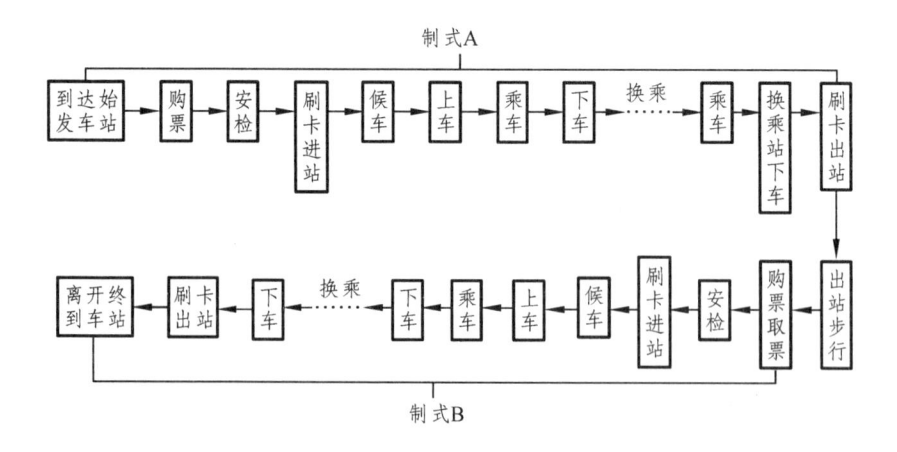

图 2-4 跨制式旅客全出行链过程分析（出站换乘）

对比图 2-1 与图 2-2 以及图 2-3 与图 2-4 可以发现，不同换乘方式下的旅客全出行链环节数量不同。其中不出站换乘旅客在换乘阶段只需完成换乘站

034

下车、通道步行/同站台步行、候车和上车四个环节即可完成换乘过程，而出站换乘旅客则需要多完成刷卡出站、购票取票、安检和刷卡进站等四个环节才能完成换乘过程。此外，对比图 2-1 与图 2-3 以及图 2-2 与图 2-4 可以发现，不同出行类型旅客的全出行链总环节数也不同，一般来说跨制式出行旅客的全出行链环节数量多于单制式旅客的全出行链环节数，因此出行时间更长，而随着出行环节和出行制式数量的增多，旅客的出行便捷性也随之降低，因此跨制式换乘旅客的出行便捷性比单制式旅客的出行便捷性低。综上，通过选择合理的协同运输组织方法、制订完善的协同运输组织计划对提高跨制式旅客出行效率、减少跨制式旅客全出行链时间尤为重要，从而达到提升旅客运输服务质量和系统总体运输能力的目的。

4. 旅客运输信息服务与共享

旅客运输信息服务与共享是旅客跨制式出行和区域轨道交通协同运输实现的关键保障。它不仅能够为旅客的全出行链过程提供高效、优质的旅客运输服务，满足不同类型旅客在不同运输阶段的运输需求，也能为不同制式轨道交通每一阶段工作的提前安排和良好组织提供保障，做到有的放矢，同时还能加速区域轨道交通系统各制式间设施设备运用计划、列车运行计划、实时运行信息和旅客运输信息等相关信息实现共享，以加强系统内各制式轨道交通系统协同运输组织、生产协调配合的能力，从而提升旅客运输服务质量和系统整体运能。

（1）旅客运输信息服务。

旅客全出行链过程中的信息服务主要包括旅客进出站服务、候车服务、乘车服务和换乘服务。

旅客出行过程中通常需要便捷快速的进出站服务。在进出站设施方面，旅客希望自动设施（自动扶梯、自动升降梯）能快速便捷地辅助旅客进出站，部分特殊旅客还对特殊设施（如轮椅通道）有需求，以方便特殊旅客进出站。在进站客流组织引导方面，旅客希望通过合理的进出站引导标志、进出站流线设计减少旅客进出站拥堵并提升旅客进出站效率。车站大客流等特殊情况下，旅客则希望通过合理的应急预案，保证旅客能在一定时间内进出站。

候车过程中旅客通常要求轨道交通运营单位为其提供安静、干净、整洁的候车环境。区域轨道交通运营单位需通过准确预测客流确定车站单位时间的聚集人数，合理设计和配置车站服务设施，并适当限制高峰时段的进站候车人数，避免大量旅客同一时段在站候车，为旅客提供良好的候车服务。此外，还需要提供良好的候车引导服务，避免出现旅客局部聚集、降低服务质量的情况。

旅客乘车过程中需要列车实时运行信息服务、列车到站提醒服务和重大事件及紧急信息服务。列车实时运行信息服务包括：乘车过程中轨道交通运营主体需向旅客推送所乘列车的实时状况信息，包括列车预计到达时间、列车运行速度、车内外温度、主要旅客服务设施位置、各车厢拥挤状态、各席别车票余票等信息。列车到站提醒服务包括：旅客即将到达目的站时为旅客提供下车提醒服务，同时为旅客提供列车停靠站台、下车走行推荐线路、车站布局情况、车站拥挤情况等。重大事件及紧急信息服务包括：在乘车过程中，当前区域轨道路网中出现事故及紧急事件时及时向相关旅客发布相应应急处置及疏散信息等，正确引导旅客紧急疏散或者原地等待以等待事故处理完毕。

区域轨道交通旅客跨制式换乘时通常要求换乘过程畅通有序开展，以有效保证换乘过程的快捷性和便捷性服务。换乘车站换乘客流流线设计旨在为换乘旅客提供高效便捷的快速换乘服务，以减少其换乘时间。轨道交通运营单位通过协调规划不同轨道交通制式、相同轨道交通制式不同线路间的换乘车站内换乘设施设备布局，合理选择跨制式换乘模式，避免造成旅客拥挤堵塞、客流混乱等而影响换乘站旅客的换乘便捷性；优化区域轨道交通换乘车站换乘设施配置，改善换乘客流换乘流线组织，避免换乘车站内不同流线间的相互干扰及乘客滞留，缩短换乘旅客换乘走行距离及时间，以提高旅客换乘效率；结合换乘车站换乘客流时段性和动态波动特征，调整换乘车站换乘设施布局，分时段优化换乘车站对不同换乘流向客流换乘能力，以满足不同流向换乘旅客的换乘作业需求。

(2)旅客信息共享。

旅客信息共享对于优化跨制式旅客全出行链环节数和缩短进出站、换乘阶段时间尤为重要。实现区域多制式轨道交通系统旅客信息共享的关键在于系统内各制式轨道交通系统间的安检互认和票制协同。为实现旅客在多制式轨道交通系统能快捷、便利地换乘，2018年1月交通运输部颁布《关于加快推进旅客联程运输发展的指导意见》，提出区域轨道交通系统内部的一段连续封闭的各制式轨道交通联运换乘通道内，旅客可通过跨制式安检实现身份认证，在确保旅客安全运输的前提下，减少跨制式换乘旅客出行过程中重复安检次数。实现跨制式的安检标准互认，可以提高旅客运输效率，减少旅客排队等待时间，继而减少旅客在途旅行时间。同时避免了客流在安检区域的拥堵，保证了车站运输安全。

随着客票电子化、购票在线化、支付网络化在各种不同交通运输方式中的应用，我国已构建起一个跨多种交通运输方式，实现"一票到底"便捷出行、智能出行的全新交通模式。基于大交通体系下"协同式"的旅客全新一体化运输是中国交通运输的发展趋势，也满足了广大民众便捷出行的合理诉求。

2.1.3 企业运营成本对系统动态总体运能的影响分析

研究企业运营成本对系统动态总体运能影响因素分析至关重要。例如，提高列车运行速度、缩短列车追踪间隔时间，虽在一定程度上缩短了列车车底周转时间，提高了列车单位时间发车频率，提升了区域轨道交通系统的通过能力，但是随着列车区间运行速度的提高，单列列车平均运营成本也将随之增加，而缩短列车追踪间隔时间亦会增加列车的发车量，给列车调度指挥和车站旅客运输组织造成一定压力。为缓解该压力，运输企业将增加列车车底和乘务组数量的投入，随着列车车底和乘务组数量投入的增加，企业运营成本也将不断提高，从而影响运输企业的收益。虽然轨道交通运输企业是一类不以营利为目的和以社会公益性质为主的运输服务型企业，在经济方面也得到了当地政府的一定补贴，但长时间的亏损经营也会给当地的经济造成一定影响，因此一味亏损运营是不可取的。轨道交通企业应做好中短期经营亏损，长期经营盈利的目的进行管理，只有这样轨道交通运输企业才能健康发展并给当地 GDP（国内生产总值）带来经济增长，使之更好融入当地经济发展建设体系中。因此在这种情况下，运输企业为了扭亏为盈，会通过提高票价以将大部分亏损量转移给旅客承担，而票价的提高会降低旅客选择乘坐轨道交通方式出行的欲望和需求，继而使得系统动态总体运能降低。

此外，一味追求运输企业运营成本最小化也会对系统动态总体运能造成负面抑制影响。因为，企业运营成本优化的目标是最小化运营成本的投入，而过分追求企业运营成本最小化，则会对其他优化目标产生负面抑制影响。例如，从列车节能驾驶优化理论角度而言，为减少列车区间运营电耗，则会在时间约束条件允许的前提下最大化列车区间运行时间，而列车区间运行时间的增加会使得旅客全出行链时间的增加，从而减少旅客周转时间，造成旅客运输服务质量下降。再者，过分优化列车车底和乘务组数量，使列车车底和乘务组过度运用，将增加旅客候车的平均等待时间，减少单位旅客的乘务组服务时间，继而影响旅客的服务体验，使旅客选择轨道交通方式出行的频率降低，系统动态总体运能也随之降低。

综上，企业运输成本优化对系统动态总体运能的影响是动态的和双向的，存在上下阈值的情况。当企业运营成本在上下阈值范围内进行优化时，其对系统动态总体运能的影响是促进和提升的；当企业运营成本低于最低阈值或超过最高阈值时，它对系统动态总体运能的影响是抑制的。因此，研究企业运输成本优化对系统动态总体运能影响因素分析和系统动态总体运能的提升尤为重要。

2.2 协同运输组织方法对旅客运输服务质量与企业运营成本的影响分析

2.2.1 协同运输组织方法对旅客运输服务质量的影响分析

轨道交通线路运营的目的是满足旅客的出行需求和提高旅客运输服务水平，客流需求是选择线路运营模式、制定运营组织方案和编制运行图最主要

2 协同运输组织方法与系统总体运输能力提升关系分析

的影响因素,因此各制式轨道交通线路列车开行方案的制定需要考虑客流因素的影响。区域多制式轨道交通系统协同运输组织方法的研究是为了将各自独立的轨道交通制式联合成为一个整体,充分发挥系统内轨道交通制式各项设施设备能力,实现换乘节点合理布局规划、优化换乘通过设计和跨制式时刻表协同编制,从而减少单制式旅客候车等待时间、旅客全出行链时间和跨制式旅客换乘等待时间,保证旅客出行的便捷性和运输服务质量。

跨制式换乘旅客乘坐轨道交通进行远距离出行时,必将乘坐多种轨道交通制式列车和在跨制式换乘车站进行换乘。如果各制式轨道交通时刻表衔接性和跨制式换乘站的协同运输组织较差,则会对跨制式旅客的换乘造成影响。以跨制式旅客乘坐地铁换乘铁路为例,图 2-5 显示了由于地铁时刻表与铁路时刻表衔接性较差,部分跨制式换乘旅客无法在其换乘的铁路列车发车前通过乘坐地铁到达指定跨制式换乘车站,从而使得这部分跨制式旅客换乘失败,降低了轨道交通系统旅客运输服务质量和跨制式旅客中转运输量。

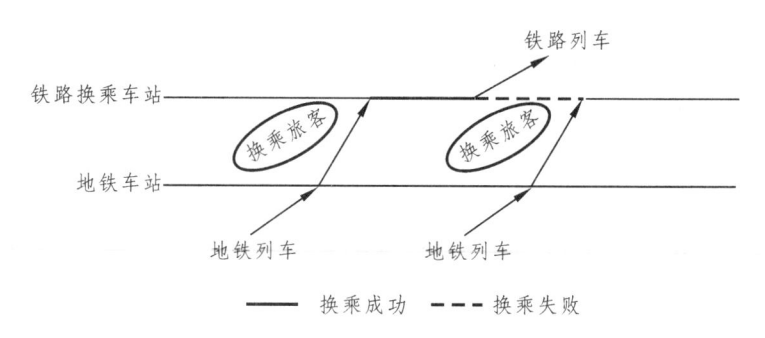

图 2-5 跨制式换乘旅客未能在铁路列车出发前到达换乘站

图 2-6 显示了由于地铁时刻表与铁路时刻表衔接性较差,跨制式换乘旅客在中转换乘站出现拥挤和聚集现象,不仅造成跨制式旅客换乘等待时间的增加,而且还给跨制式换乘车站的旅客运输组织工作带来了一定安全隐患,尤其在采用同站台换乘的跨制式换乘车站时,跨制式旅客在换乘车站的这种拥堵现象将更为明显。综上,协同运输组织方法对提高旅客运输服务质量尤为重要。

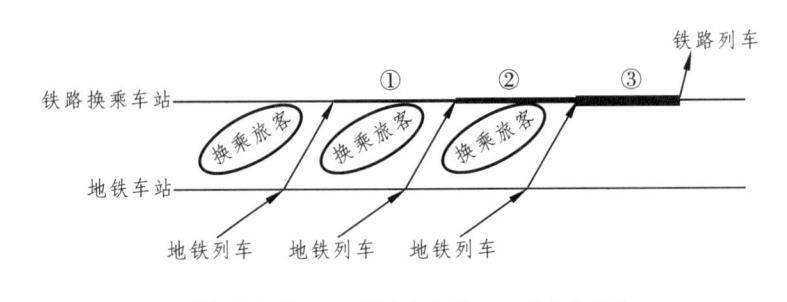

① 轻度拥挤　　②中度拥挤　　③重度拥挤

图 2-6　跨制式换乘旅客在换乘车站产生囤积现象

2.2.2　协同运输组织方法对企业运营成本的影响分析

区域轨道交通系统协同运输组织方法不仅影响旅客运输服务质量，也对企业运营成本产生影响。因此，运用系统协同运输组织方法制定各轨道交通制式列车协同开行方案和协同运营时刻表时，应当考虑列车协同开行方案和协同运输时刻表的经济性和可行性，经济且可行的列车协同开行方案和协同运营时刻表不仅可以降低运输企业列车运行成本，减少轨道交通运营企业的支出，还可以实现各制式轨道交通系统运输资源共享，缓解轨道交通系统内部的旅客运输压力，以及解决跨制式换乘旅客在换乘车站的接续运输问题，提高区域轨道交通系统内跨制式换乘旅客的运输效率。

从企业运营角度看，由于轨道交通具有投资大、建设期长和投资回报较慢的特性，使其成为一种带有公益性质的基建项目。放眼全世界各大城市的轨道交通运营情况可以看出，大部分城市轨道交通企业的收入主要来源于车票的售卖，但其收入往往难以支付运营开支，不足的部分基本都需要政府补贴。目前，我国城市轨道交通线路绝大多数线路均处于亏损运营状态。运输企业同一般企业一样，经济收益是维系自身正常运营和发展的重要保障，所以一条线路的规划、建设不仅要考虑是否能为旅客提供优质的运输服务，同时也应当考虑其建设和运营的成本。因此，需要考虑区域轨道交通协同运输方法对企业运营成本的影响，把它作为与运输服务质量相等同的影响因素进行考虑。轨道交通的运营在不同时段的侧重点有所不同，高峰时段是以旅客运输服务质量为主，而平峰或夜间低峰时段则更多考虑运输效益，所以当列车开行方案和运营时刻表发生改变时，列车开行间隔时间、区间运行时间和停站等待时间也将随之变化，这些时刻表重要时间参数的变化会破坏原有列车的节能驾驶策略，从而使得列车运行电耗增加。因此，在选择列车开行方案时，应充分考虑列车开行方案的经济性和可行性，选择经济可行的列车开行方案，不仅可以为旅客提供良好的运输服务，减少其换乘次数和换乘时间，还能降低企业运营成本，提高运营效益。

由于城市轨道交通票价具有较强的稳定性和不变性，限制了运输企业通过提高票价而提高运营收入的可行性，转而更加注重降低运营成本。轨道交通建设成本和人员工资支出均属于固定成本，一般难以通过运输组织优化方法进行改变，可优化部分一般为可变成本，而轨道交通系统的可变成本主要为列车运行的电耗。城市轨道交通列车运行电耗的相关研究表明[93-94]，在列车运行期间，列车运行消耗的电能约占总电能的50%，因此，在保证一定运输服务质量的前提下，如何降低列车的运行电耗成本，是降低企业运营成本的关键所在。

2.3 协同运输组织方法对系统总体运输能力的影响分析

区域多制式轨道交通系统协同运输组织方法的研究是建立在各制式轨道交通系统运输资源和旅客运输信息共享的基础上，通过系统内各项设施设备运输能力的协调调配、换乘节点和换乘通道合理选取设计以及跨制式时刻表协同编制等协同运输组织方法来满足系统内各类旅客的出行需求，从而减少系统内单制式旅客候车等待时间、旅客全出行链时间和跨制式旅客换乘等待时间。因此，区域轨道交通系统协同运输组织既要优化各轨道交通制式的既有运输组织模式，还要充分考虑区域多制式路网条件下各轨道交通制式间的关联，包括物理线网衔接关联度、运输组织方法相似性关联度、信息交互程度关联度。通过先进的协同运输组织方法促进复合路网的高度融合，实现旅客运输服务质量、运输组织效率和系统动态总体运能的同步提升，以便更好地为旅客提供出行服务。

区域轨道交通系统协同运输组织主要通过时刻表协同编制的方法解决各

制式轨道交通时刻表接续和跨制式旅客中转换乘问题，其协同时刻表的质量决定了区域轨道交通系统跨制式旅客中转运输能力的大小和运输效率的高低。高质量的协同时刻表不仅可以减少跨制式旅客全出行链时间和换乘车站等待时间，还可以提高区域轨道交通系统的可靠性和安全性，能够更好地满足跨制式旅客多元化的出行需求，这对扩大轨道交通运输企业的出行服务范围、刺激旅客选择乘坐轨道交通方式出行以及吸引新的旅客起到了促进作用，从而提升了区域轨道交通系统动态总体运输能力。

但是区域轨道交通系统时刻表协同编制必定会改变各制式原有列车运营时刻表和列车开行方案，进而改变列车开行间隔时间、区间运行时间和停站等待时间，这些时刻表时间要素的改变会破坏列车原有的节能驾驶策略，使列车区间运行电耗发生变化，从而影响企业的运输成本。从经济性角度分析，在企业运营成本不变的前提下，通过降低轨道交通系统内列车的运行电耗，可在计划时段内增开更多的列车车次，提升计划时段内区域轨道交通系统列车开行数量和总体输送能力上限。

区域多制式轨道交通系统协同运输组织通过时刻表协同编制方法和旅客协同运输组织方法对系统动态总体运能产生影响，其影响过程如图2-7所示。

2.4　区域轨道交通系统总体运能提升阶段

区域轨道交通系统总体运能提升策略的提出建立于协同运输组织与总体运能协同关系的研究基础上衡量、评估区域轨道交通系统的状态、效能、服务质量及协同关系，以及为旅客提供高效智能、优质便捷、互联互通的区域轨道交通出行服务。

根据协同运输组织与总体运能提升的相互关系，从旅客进出站阶段、旅客运输阶段和旅客换乘阶段三方面入手，研究提出复合网络总体运能提升策略。旅客在不同的运输阶段对区域轨道交通系统有着不一样的需求，通过制订完善的运输服务计划可有效提升旅客运输服务质量和总体运输能力。

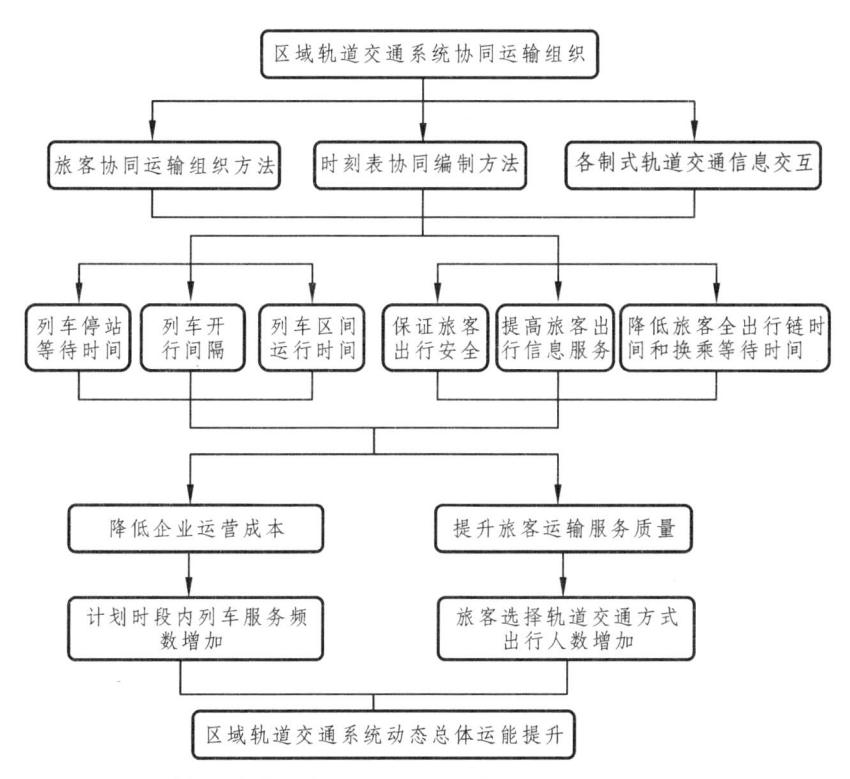

2 协同运输组织方法与系统总体运输能力提升关系分析

图 2-7 区域多制式轨道交通系统协同运输组织与系统总体运能相关关系

1. 旅客进出站阶段

旅客进出站阶段总体运能提升主要包括：进出站便捷性能力的提升和便捷购取票能力的提升。

（1）进出站便捷性能力的提升。

对于经常采用区域轨道交通出行的旅客而言，便捷的购取票通常可表示为推行区域轨道交通一票制，采用更为便捷的电子票或者直接无票出行。区域轨道交通一票制保证跨制式旅客在整个出行过程中仅需购买一次车票。电子票或者无票出行的推广，将有效减少独立制式以及跨制式出行旅客在车站的购票等待时间和购票时间，简化旅客出行检票环节。

（2）便捷购取票能力的提升。

旅客出行过程中通常需要便捷快速的进出站服务。在进出站设施方面，旅客希望自动设施（自动扶梯、自动升降梯）能快速便捷地辅助旅客进出站，部分特殊旅客还对特殊设施（如轮椅通道）有需求，以方便特殊旅客进出站。在进站客流组织引导方面，旅客希望通过合理的进出站引导标志、进出站流线设计减少旅客进出站拥堵以及提升旅客进出站效率。车站大客流等特殊情况下，旅客则希望通过合理的应急预案，保证旅客能在一定时间内进出站。

2. 旅客运输阶段

旅客运输阶段能力提升主要包括：旅客候车服务的提升和旅客乘车服务的提升。

（1）旅客候车服务的提升。

① 候车中信息获取需求。

旅客候车过程中需要获取的信息包括：推荐候车点信息服务、待乘列车实时信息服务、待乘列车发车前信息服务、重大事件及紧急信息服务。

a. 推荐候车点信息服务：依据走行距离、候车位置拥挤程度、列车车厢实时拥挤程度实时向旅客推送推荐候车点信息，提高乘客在候车过程和后续乘车过程的舒适性。

b. 待乘列车实时信息服务：向旅客推送待乘列车的准点率、到站时间、发车时间、检票状态、停靠站台等信息。

c. 待乘列车发车前信息服务：根据待乘列车的发车时刻向旅客推送待乘列车发车提醒信息，提醒旅客上车；根据旅客购票信息为旅客推送乘坐列车的车次、车厢、座位号、站台及各车厢拥挤程度信息。

d. 重大事件及紧急信息服务：旅客候车过程中旅客所要乘坐的列车或所要经过的区间或车站发生意外事故或者紧急事件时，及时向旅客推送应急处置信息、疏散信息、列车因事故晚点或取消等信息。

② 候车舒适性需求。

候车过程中旅客通常要求轨道交通运营单位为其提供安静、干净整洁的候车环境。区域轨道交通运营单位需通过准确预测客流确定车站单位时间的聚集人数，合理设计和配置车站服务设施，并适当限制高峰时段进站候车人数，避免大量旅客同一时段在站候车，为旅客提供良好的候车服务。此外，还需要提供良好的候车引导服务，避免出现旅客局部聚集、降低服务质量的情况。

③ 个性化候车服务需求。

不同的旅客希望运营单位提供不同的候车服务，因此旅客存在个性化的服务需求，例如候车娱乐休闲服务、餐饮服务、特殊旅客的候车服务需求。旅客还存在个性化的信息服务需求，例如社会新闻及娱乐信息等个性化的信息服务。

（2）旅客乘车服务的提升。

① 乘车中信息获取需求。

乘车中信息获取需求主要包括：列车实时运行信息服务、旅客下车提醒服务、换乘相关信息服务、重大事件及紧急信息服务。

a. 列车实时运行信息服务：乘车过程中轨道交通运营主体需向旅客推送所乘列车的实时状况信息，包括列车预计到达时间、列车运行速度、车内外温度、主要旅客服务设施位置、各车厢拥挤状态、各席别车票余票等信息。

b. 旅客下车提醒服务：旅客即将到达目的站时，为旅客提供下车提醒服务，同时为旅客提供列车停靠站台、下车走行推荐线路、车站布局情况、车站拥挤情况等。

c. 换乘相关信息服务：如果旅客存在换乘，在列车到站前及时向旅客推送换乘列车的相关信息，如准点率、列车运行状况、车门开启信息、列车停靠站台、列车发车间隔及车内拥挤程度信息，同时向旅客推送推荐换乘走行路径信息，以及换乘设计的相关信息。

d. 重大事件及紧急信息服务：在乘车过程中，当前区域轨道交通路网中出现事故及紧急事件时及时向相关旅客发布相应应急处置及疏散信息等，正确引导旅客紧急疏散或者原地等待事故处理完毕。

② 乘车舒适性需求。

为旅客提供安静、干净、整洁的乘车环境。通过视频、广播等引导良好的乘车习惯。轨道交通运营单位可通过保证各项设备设施的功能正常、提高列车运行平稳性、提高列车运行速度以减少旅行时间、适当限制客流及合理疏导以有效降低车内拥挤程度等方式提高乘车舒适性。

③ 个性化乘车服务需求。

不同的旅客存在个性化的乘车服务需求。例如部分旅客需要个性化的娱乐休闲服务、个性化的阅读服务、个性化的饮食服务、个性化的信息服务，以及特殊人群对特殊乘车设施的需求（如轮椅固定器等）。

3. 旅客换乘阶段

旅客换乘阶段能力提升主要包括：换乘便捷性能力的提升和跨制式安检互信能力的提升。

（1）换乘便捷性能力的提升。

① 换乘车站换乘能力瓶颈辨识：区域轨道交通旅客跨制式换乘时通常要求换乘过程畅通有序开展，以有效保证换乘作业的快捷性和舒适性。跨制式换乘作业通常包括下车、换乘引导走行、验票出闸、购票、二次安检、乘车等详细环节，各环节对换乘车站的换乘能力具有不同程度的影响。因此，为有效提高换乘车站换乘能力和换乘流畅性，有必要结合换乘环节辨识换乘能力瓶颈，然后采取有针对性的措施消除瓶颈，提高换乘车站换乘作业效率。

② 换乘车站换乘作业环节优化：区域轨道交通跨制式出行旅客在相互独立运营的制式间换乘时，要经过包括下车、换乘引导走行、验票出闸、购票、二次安检、乘车等一系列环节。因此，在区域轨道协同运输的前提下，各轨道运营单位可通过票制协同、安检互信等手段，减少旅客跨制式换乘过程中重复的验票出闸、购票、二次安检等环节，提高换乘便捷性。通过采用轨道交通出行"一票制"及制定相应的安检互信标准，可有效减少跨制式出行旅客在换乘车站的换乘作业环节，节省旅客出行时间和换乘服务质量。

③ 换乘车站换乘客流流线设计优化：换乘车站换乘客流流线设计优化旨在为换乘旅客设计合理的站内换乘走行路径及提供科学引导，以减少其换乘时间。轨道交通运营单位通过协调规划不同轨道交通制式、相同轨道交通制式不同线路间的换乘车站内换乘设施设备布局，合理选择跨制式换乘模式，

可避免造成乘客拥挤堵塞、客流混乱等而影响换乘站旅客的出行；优化区域轨道交通换乘车站换乘设施配置，改善换乘客流换乘流线组织，可避免换乘车站内不同流线间的相互干扰及乘客滞留，提高乘客换乘效率，减少换乘旅客换乘走行距离及时间；结合换乘车站换乘客流时段性和动态波动特征，调整换乘车站换乘设施布局，分时段优化换乘车站对不同换乘流向客流换乘能力。

（2）跨制式安检互信能力提升。

① 差异化安检等级管理：实施差异化的安检等级管理，对城际铁路/都市快轨、国家干线铁路实施相同的高等级的安检，对地铁等城市轨道交通实施相同的相对低等级的安检，同时缩小各种方式安检的差异性，以实现区域轨道交通协同运输安检互信。

② 跨方式出行安检互信原则制定：区域轨道交通跨制式出行时，推行同等级安检互信、低等级安检信任高等级安检。换乘过程中，同级安检跨方式出行时安检互信，消除二次安检；从高等级安检制式的轨道交通换乘至低等级安检制式的轨道交通时实施免检；从低等级安检制式的轨道交通换乘至高等级制式的轨道交通时需要再次安检。

③ 跨制式换乘重复安检作业环节优化：低等级安检制式向高等级安检制式站内换乘时，优化站台换乘和站内换乘客流的客流组织流线、安检人员及安检设备配置，疏散换乘客流，减少安检等待时间；在需要快速安检时，迅速组织安检业务，提高安检作业效率。同等级安检制式间需站外换乘时，构造通道换乘代替出站换乘，消除同等级安检制式间的重复安检。

2.5 区域轨道交通系统总体运能提升策略

为实现区域轨道交通复合网络对旅客在不同运输阶段的服务能力提升，可通过提升和优化网络拓扑结构、设施设备配置、运输组织协同、运能服务水平、系统协调性、运输需求结构和其他外部因素来保障。为提升区域轨道交通复合网络总体运能，接下来从提升运输效率、系统可靠性和运维效率三个方面提出总体策略。

面向总体运能提升的区域多制式轨道交通系统协同运输方法研究

1. 提升运输效率

区域轨道交通复合网络系统的运输效率可通过提升单位能力利用率和缩短旅客平均旅行时长来表示。

（1）提升单位能力利用率。

单位能力利用率是区域轨道交通复合网络衡量系统效能的关键要素之一。它衡量了复合网络提供旅客输送的运输效率，反映了整体路网的运输组织协同程度与旅客运输服务水平。运输效率是对路网实际运能有效利用程度的检验，通过对复合路网运能的影响因素进行分析，寻找出制约运输效率提升的关键瓶颈，这些影响运输效率提升的瓶颈不仅与基础设施设备布局和性能相关，还与各轨道交通方式运营主体所采用的运输组织方法及管理模式密不可分。在运输组织过程中，不同的运行图编制计划、列车开行方案、调度指挥模式、旅客输送模式、列车运行的实时调整等，都会对系统的运输效率带来较大的影响。因此，研究多制式运输计划协同编制、多制式协同调度指挥、多制式衔接节点选取、多制式跨线列车开行方案、多制式跨线旅客输送模式等运输组织优化方法，一方面对于运输效率的提升显得尤为重要，另一方面为区域轨道交通系统提供安全稳定、完备精细的协同运输组织，即针对各组分轨道交通系统，通过多制式运输计划协同编制、多制式协同调度指挥、区域路网总体运能评估、列车旅行速度提高、多制式运输设施设备协同、运输组织信息共享等手段组织各运营主体间的协同运输，可显著提升区域轨道交通系统的协同运输水平和运输效率。

（2）缩短旅客平均旅行时长。

目前旅客全出行过程中，存在信息发布平台过多、信息获取渠道分散、实时信息发布覆盖不全面、实时信息获取困难、安检不协同等现象，继而出现换乘不便捷、票制不统一而导致购票环节冗余等问题。例如，随着跨城市出行旅客的增加，与高铁站衔接的轨道交通车站往往出现购票排长队的现象，跨城市出行的旅客需要排队购买非常住地城市的地铁单程票，通常会浪费很多时间在排队购票上。但是几乎每个地方都有自己的城市交通卡，如果能够实现轨道交通票制协同或全国交通一卡通，将有效减少跨城市出行旅客的购票时间，从而缩短旅客跨制式出行时长。针对旅客全出行链，可采用出行径路优化、换乘设计优化、多制式票制协同、跨方式出行安检互信、旅客出行信息服务协同等手段为旅客出行提供优质便捷的服务。

2. 提升系统可靠性

区域轨道交通复合网络的系统可靠性可通过提升有效路径连通可靠度、运输能力可靠度和旅行时间可靠度来表示。

区域轨道交通旅客出行需求具有多样性以及复杂性，所构成的完整出行链涉及多种轨道交通制式的衔接、多层轨道交通网络的融合，因此容易受到较多因素干扰使得区域轨道交通系统的正常工作状态产生波动，降低了系统的可靠性。随着旅客对于多制式轨道交通旅行时间尤其是列车正点率要求的提高，区域轨道交通系统的可靠性成为保障旅客出行链衔接顺畅、提高整体运输服务水平的关键。因此，如何通过协同运输组织来提高承载出行服务的复合路网以及车辆状态的稳定性，缩小区域轨道交通总体运能的波动范围，提高列车正点率，对于提升区域轨道交通系统可靠性至关重要。

此外，对于提升区域轨道交通系统的可靠性，一方面要对现有条件下的运力资源优化运用，另一方面要考虑复合路网特性实现运力资源的协同再分配，以此实现区域路网的均衡运输，提高区域轨道交通系统的服务水平。因此，需要通过协同运输组织来合理编制列车开行方案、车底运用计划和人员排班方案，优化列车运行图结构，充分考虑复合路网客流与列车流、设施设备能力的匹配关系，提高运力资源的使用率及工作效率。

3. 提升系统运维效率

区域轨道交通复合网络系统的应急响应与运维效率影响因素众多，可从成本效率和时间效率两方面加以定义，其提升主要通过以下三方面的途径实现：① 基于大数据分析和信息共享，通过复合网络系统的互操作和协同联动实现运维资源的协同配置和优化调度以及跨制式的应急响应联动，从而降低运维成本并提升应急响应和运维效率；② 基于故障监测和预警的"状态修"机制有效避免"过维护"和"欠维护"问题，保证设备设施及系统处于良好状态，使运维工作具有更精准的空间和时间针对性，同时能够更及时地发现故障和安全隐患，进而提升系统应急响应的效率；③ 基于复合网络的冗余多路径结构，优化突发客流的分配与调度以及运输、安全保障及信息服务子系统之间的协同联动，以提升应急响应情况下客流的紧急疏散能力。

2.6 本章小结

本章对协同运输组织方法与系统总体运输能力提升关系进行了研究。首先对系统动态总体运能的影响因素进行了分析，包括旅客运输服务质量和企业运营成本两方面。其中旅客运输服务质量由轨道交通单制式旅客候车等待时间、跨制式旅客换乘等待时间、旅客全出行链时间和旅客运输信息服务与共享构成，企业运营成本由计划时段内系统内所有制式轨道交通列车运行电耗成本构成。随后，研究了协同运输方法对旅客运输服务质量和企业运营成本的影响，区域轨道交通系统主要通过跨制式旅客中转换乘车站组织、列车协同开行方案制定和跨制式时刻表协同编制等协同运输组织方法，减少单制式旅客候车等待时间、旅客全出行链时间、跨制式旅客换乘等待时间和企业运营成本，提升旅客运输组织效率，保证旅客出行便捷性和运输服务质量。最后，基于 2.1、2.2 节的研究成果，分析了协同运输组织方法对系统动态总体运输能力的影响，即协同运输组织主要通过时刻表协同编制的方法解决各制式轨道交通时刻表接续和跨制式旅客中转换乘问题，以实现旅客运输服务质量、运输组织效率和系统总体运能的同步提升。

3

区域多制式轨道交通系统
总体运输能力计算模型研究

面向总体运能提升的区域多制式轨道交通系统协同运输方法研究

3.1 问题描述

传统的区域轨道交通系统总体运能计算模型主要集中在线网通过能力、系统有效承载力和以点（车站）为核心构建的系统总体运输能力计算模型，即车站的旅客发送量与中转站的旅客中转量之和，如式（3-1）和式（3-2）。式（3-1）为该系统的路网通过能力计算方法，表示的是单位时间内系统能够通过的列车数。式（3-2）为该系统的路网运输能力计算方法，表示的是单位时间内系统能够运输的旅客人次。

$$N_{\text{network}} = \sum_{i \in V} N_{\text{line}}(l) \quad （3-1）$$

$$C_{\text{network}} = \sum_{i \in V} q(i) + \sum_{k \in K} q(k) \quad （3-2）$$

式中，N_{network} 为单位时间内路网所能通过的最大列车数（列）；$N_{\text{line}}(l)$ 为线路 l 单位时间内线路所能通过的最大列车数（列）；L 为路网所包含的线路数（条）；C_{network} 为路网单位时间内输送的旅客量（人次）；V 为路网所有的车站的集合；i 为路网的车站编号；$q(i)$ 为车站 i 的旅客发送量（人次）；$q(k)$ 为路网内跨制式换乘车站 k 的旅客中转换乘量（人次）；K 为路网内跨制式换乘车站的集合；k 为路网换乘车站的编号。

显然，传统的系统总体运输能力计算模型很难将其与协同运输组织的作用过程相联系，无法体现其在协同运输组织方法影响下的动态变化过程，因此无法用来研究时刻表协同编制对系统总体运能的影响。此外，传统系统总体运能计算模型依托的是车站的发送量和中转站的换乘量，这些都是"点"数据，难以运用到旅客出行需求的研究上。

与传统区域轨道交通系统总体运能研究和计算方法不同，本章的研究从线（旅客站间出行 OD）入手，研究区域轨道交通系统总体运输能力的静态和动态计算模型。该系统运能计算模型不仅克服了传统系统总体运能计算模型中旅客出行数据为"点"数据的缺陷，还能够将协同运输组织方法对系统总体运输的影响转化为定量计算。模型内每个旅客在轨道交通系统内的出行数据都将以向量（出行时段、出行区间）的形式存在，这样的数据类型不仅能够用于计算总体运能（为时刻表协同优化的原始数据获取奠定基础），还可以用于分析和研究系统内各轨道交通线路区段断面客流状况以及旅客时空运输需求分布。静态总体运能计算模型能够用于计算已知出行时段和出行范围内的系统总体运输能力，系统动态总体运输能力计算模型则是一种能够将协同运输组织方法影响定量化的总体运能计算模型。系统动态总体运能有两个作用：

（1）可以根据现有的系统总体运输能力预测未来短期内的旅客出行量。

（2）可以用来测算该区域轨道交通系统总体运输能力弹性：① 如果动态总体运能与静态总体运能的比值较大，则说明时刻表协同编制对提升该区域轨道交通系统的总体运输能力较强。通过缩短旅客站台候车等待时间和跨制式换乘旅客换乘等待时间以及旅客全出行链时间能够有效提升区域内的旅客选择轨道交通方式出行的出行量，该区域内旅客选择轨道交通方式出行潜力大。② 如果动态总体运能与静态总体运能的比值较小，则说明时刻表协同编制对提升该区域轨道交通系统的总体运输能力影响较小。造成这种现象的原因是该区域内各轨道交通制式间的列车时刻表衔接性较强或者是旅客对选择轨道交通出行所消耗的时间敏感性较低，客观反映出该区域内轨道交通系统运输能力提升空间较小或旅客选择轨道交通方式出行潜力较小。动态总体运能与静态总体运能的比值大小对区域轨道交通系统总体运输能力弹性的影响不在本书做深入研究，将在未来的研究中进行探讨。

3.2 符号与变量定义

便于后续系统总体运输能力计算模型的建立和描述，对该模型的主要符号和变量作如下定义，具体见表3-1。

表 3-1 符号与变量

符号和变量	描述
m , r	m 为城市轨道交通制式，r 为铁路制式
(t_o,t_d), (t_o^m,t_d^m), (t_o',t_d'), $(t_o^{transfer},t_d^{transfer})$	计划时段范围
K_m, K_r	轨道交通制式 m,r 列车的集合
$I_m, I_r, I_{m,r}$	轨道交通制式 m,r 车站和跨制式换乘车站的集合
i_m, j_m, i_r, j_r	车站编号
$i_{m,r}$	跨制式换乘车站编号
$q(i_m,j_m)$	城市轨道交通车站 i_m 到 j_m 的单制式客流输送量
$q(i_r,j_r)$	铁路车站 i_r 到 j_r 的单制式客流输送量
$q(i_m,i_r)$	城市轨道交通车站 i_m 到铁路车站 i_r 的跨制式换乘客流输送量
$q(i_{m,r})$	城市轨道交通制式 m 换乘到铁路制式 r 的换乘车站 $i_{m,r}$ 的换乘客流中转量
$od_{i_m j_m t_o^m t_d^m}$	计划时段 (t_o^m,t_d^m) 范围，由城市轨道交通车站 i_m 到 j_m 的单制式客流输送量
$od_{i_m i_r t_o^{transfer} t_d^{transfer}}^{transfer}$	计划时段 $(t_o^{transfer},t_d^{transfer})$ 范围，城市轨道交通车站 i_m 到铁路车站 i_r 的跨制式换乘客流输送量
$od_{i_r j_r t_o' t_d'}$	计划时段 (t_o',t_d') 范围，铁路车站 i_r 到 j_r 的单制式客流输送量
$od_{i_m i_{m,r} t_o t_d}$	计划时段 (t_o,t_d) 范围，由城市轨道交通车站 i_m 到换乘车站 $i_{m,r}$ 的客流输送量
$od_{i_m i_{m,r} t_o^m t_d^m}^m$	计划时段 (t_o^m,t_d^m) 范围，由城市轨道交通车站 i_m 到换乘车站 $i_{m,r}$ 的单制式客流输送量
$Q_{total}^{dynamic}(t_o,t_d)$	区域多制式轨道交通系统单方向跨制式出行下的动态总体运能
Q_{total}^{static}	区域多制式轨道交通系统单方向跨制式出行下的静态总体运能

3 区域多制式轨道交通系统总体运输能力计算模型研究

续表

符号和变量	描述
$wt_{\mathrm{m}}^{\mathrm{cur}}$	当前时刻表下城市轨道交通制式 m 旅客的平均等待时间
$wt_{\mathrm{m}}^{\mathrm{opt}}$	协同优化时刻表下城市轨道交通制式 m 旅客的平均等待时间
$\alpha(wt_{\mathrm{m}}^{\mathrm{opt}})$	协同优化时刻表下旅客将再次选择轨道交通出行的出行率
$\alpha(wt_{\mathrm{m}}^{\mathrm{cur}})$	当前时刻表下旅客将再次选择轨道交通出行的出行率
$Q_{\mathrm{m,totol}}^{\mathrm{static}}$	当前时刻表下城市轨道交通制式 m 的总体运能
$wt_{\mathrm{m,r}}^{\mathrm{cur}}$	当前时刻表下由制式 m 到制式 r 的跨制式换乘旅客的平均换乘等待时间
$wt_{\mathrm{m,r}}^{\mathrm{opt}}$	协同优化时刻表下由制式 m 到制式 r 的跨制式换乘旅客的平均换乘等待时间
$\alpha(wt_{\mathrm{m,r}}^{\mathrm{opt}})$	协同优化时刻表下跨制式换乘旅客将再次选择轨道交通出行的出行率
$\alpha(wt_{\mathrm{m,r}}^{\mathrm{cur}})$	当前时刻表下跨制式换乘旅客将再次选择轨道交通出行的出行率
$Q_{(\mathrm{m,r}),\mathrm{totol}}^{\mathrm{static}}$	当前时刻表下由制式 m 到制式 r 的跨制式换乘旅客中转量
$C_{\mathrm{train}}^{\mathrm{cur}}(t_{\mathrm{o}},t_{\mathrm{d}})$	计划时段 $(t_{\mathrm{o}},t_{\mathrm{d}})$ 内,当前时刻表下所有运营列车消耗的总成本
$C_{\mathrm{train}}^{\mathrm{opt}}(t_{\mathrm{o}},t_{\mathrm{d}})$	计划时段 $(t_{\mathrm{o}},t_{\mathrm{d}})$ 内,优化时刻表下所有运营列车消耗的总成本
$C_{\mathrm{m}}^{\mathrm{single}}$	城市轨道交通制式 m 单列列车开行一趟(单向)所消耗的平均总成本
$Q_{\mathrm{m}}^{\mathrm{single}}$	城市轨道交通制式 m 单列列车的平均载客量

3.3 系统静态总体运输能力计算模型

3.3.1 系统静态总体运输能力计算模型构建

为了与现有的系统总体运能计算模型的结构相对应，本书提出的系统静态总体运能计算模型与现有系统总体运能计算模型构建的基础相同，均是基于旅客输送量和中转量进行建立。同时，考虑 2.1.1 节中分析了不同站点衔接模式和旅客换乘模式对不同类型旅客（强调了将旅客分为单制式出行和跨制式换乘进行考虑）换乘运输组织效率产生了极大影响，从而对系统静态总体运能产生影响。因此，本书提出的区域轨道交通系统静态总体运输能力也应以单位时间内能完成的各类旅客的旅客输送量和中转量作为计算指标。考虑到跨制式旅客输送具有双向性，为了研究与建模方便，本书以两种轨道交通制式构成的区域轨道交通系统内旅客单向跨制式出行为例进行研究。因此，单方向跨制式出行下的区域轨道交通系统总体运输能力计算模型见式（3-3）。其中式（3-3）中括号部分表示单方向跨制式出行下的各制式轨道交通旅客输送量，公式后部分表示单方向跨制式出行下的区域轨道交通系统旅客中转量。

$$Q_{\text{total}}^{\text{static}} = \left[\sum_{i_m \in I_m} \sum_{j_m \in I_m} q(i_m, j_m) + \sum_{i_m \in I_m} \sum_{i_r \in I_r} q(i_m, i_r) + \sum_{i_r \in I_r} \sum_{j_r \in I_r} q(i_r, j_r) \right] + \sum_{i_{m,r} \in I_{m,r}} q(i_{m,r})$$

（3-3）

式中，$\left[\sum_{i_m \in I_m} \sum_{j_m \in I_m} q(i_m, j_m) + \sum_{i_m \in I_m} \sum_{i_r \in I_r} q(i_m, i_r) \right]$ 为城市轨道交通制式 m 的运输能力；

$\sum_{i_r \in I_r} \sum_{j_r \in I_r} q(i_r, j_r)$ 为铁路制式 r 单制式旅客的运输能力；$\sum_{i_{m,r} \in I_{m,r}} q(i_{m,r})$ 为城市轨道交通制式 m 换乘到铁路制式 r 的中转运输能力。

严格来说，中转运输能力 $\sum_{i_{m,r} \in I_{m,r}} q(i_{m,r})$ 的取值受到城市轨道交通制式 m 的时刻表与铁路制式 r 的时刻表衔接性程度的限制。当城市轨道交通制式 m 的

3 区域多制式轨道交通系统总体运输能力计算模型研究

时刻表与铁路制式 r 的时刻表衔接性较高时，中转运输能力 $\sum_{i_{m,r} \in I_{m,r}} q(i_{m,r})$ 的取值见式（3-4），其含义为所有乘坐轨道交通制式 m 换乘铁路制式 r 的跨制式换乘旅客都能够通过地铁进行有效换乘；当城市轨道交通制式 m 的时刻表与铁路制式 r 的时刻表衔接性较低时，中转运输能力 $\sum_{i_{m,r} \in I_{m,r}} q(i_{m,r})$ 的取值见式（3-5），其含义为只有部分乘坐城市轨道交通制式 m 换乘铁路制式 r 的跨制式换乘旅客能够通过城市轨道交通制式 m 进行有效换乘。其余部分跨制式换乘旅客无法通过城市轨道交通制式 m 进行有效换乘，这部分旅客因此将放弃乘坐城市轨道交通制式 m 转而选择其他交通方式（出租、私家车等）到达铁路制式 r 换乘车站进行换乘。

$$\sum_{i_{m,r} \in I_{m,r}} q(i_{m,r}) = \sum_{i_m \in I_m} \sum_{i_r \in I_r} q(i_m, i_r) \qquad (3\text{-}4)$$

$$0 \leqslant \sum_{i_{m,r} \in I_{m,r}} q(i_{m,r}) < \sum_{i_m \in I_m} \sum_{i_r \in I_r} q(i_m, i_r) \qquad (3\text{-}5)$$

基于旅客站间出行 OD 需求的数学变量定义，式（3-3）中各制式轨道交通旅客输送量可改写成式（3-6）。当城市轨道交通制式 m 的时刻表与铁路制式 r 的时刻表衔接性较高时，轨道交通系统单方向跨制式出行中转量亦可用式（3-7）表示。其中，式（3-7）中轨道交通系统单方向跨制式出行中转量，指的是通过乘坐城市轨道交通制式 m 到达中转换乘车站并能够全部换乘铁路制式 r 列车的跨制式换乘旅客。

$$\left[\sum_{i_m \in I_m} \sum_{j_m \in I_m} q(i_m, j_m) + \sum_{i_m \in I_m} \sum_{i_r \in I_r} q(i_m, i_r) + \sum_{i_r \in I_r} \sum_{j_r \in I_r} q(i_r, j_r) \right] = \\ \left[\sum_{i_m \in I_m} \sum_{j_m \in I_m} od_{i_m j_m t_o^m t_d^m} + \sum_{i_m \in I_m} \sum_{i_r \in I_r} od_{i_m i_r t_o^{\text{transfer}} t_d^{\text{transfer}}}^{\text{transfer}} + \sum_{i_r \in I_r} \sum_{j_r \in I_r} od_{i_r j_r t_o^r t_d^r} \right] \qquad (3\text{-}6)$$

$$\sum_{i_{m,r} \in I_{m,r}} q(i_{m,r}) = \sum_{i_m \in I_m} \sum_{i_r \in I_r} od_{i_m i_r t_o^{\text{transfer}} t_d^{\text{transfer}}}^{\text{transfer}} \qquad (3\text{-}7)$$

反之，当城市轨道交通制式 m 的时刻表与铁路制式 r 的时刻表衔接性较低时，只有部分跨制式换乘旅客能够完成有效换乘，因此本章引入变量 $\sum_{k_m \in K_m} \sum_{i_{m,r} \in I_{m,r}} A_{k_m i_{m,r}}^{\text{transfer}}$ 来表示乘坐城市轨道交通制式 m 到达中转换乘车站并能够成功换乘的跨制式换乘旅客，那么式（3-7）可以改写成式（3-8）。

$$\sum_{i_{m,r} \in I_{m,r}} q(i_{m,r}) = \sum_{k_m \in K_m} \sum_{i_{m,r} \in I_{m,r}} A_{k_m i_{m,r}}^{\text{transfer}} \leq \sum_{i_m \in I_m} \sum_{i_r \in I_r} od_{i_m i_r t_o^{\text{transfer}} t_d^{\text{transfer}}}^{\text{transfer}} \quad （3-8）$$

乘坐城市轨道交通制式 m 到达换乘车站的旅客分为单制式旅客（到达换乘车站后直接出站的旅客）和跨制式换乘旅客两种类型，因此式（3-9）成立。再结合式（3-8）的分析，得到不等式（3-10）。可以看出，不等式左右两边存在一个差值，而这个差值则是由于城市轨道交通制式 m 与铁路制式 r 时刻表不协调造成的结果。这两个轨道交通系统的运营时刻表如果能够实现协同编制，那么不等式左右两边理论上是相等的。基于此，理论上可以证明区域轨道交通系统协同运输组织优化能够实现系统总体运输能力的提升。

$$\sum_{i_m \in I_m} \sum_{i_r \in I_r} od_{i_m i_r t_o^{\text{transfer}} t_d^{\text{transfer}}}^{\text{transfer}} = \sum_{i_m \in I_m} \sum_{i_{m,r} \in I_{m,r}} od_{i_m i_{m,r} t_o t_d} - \sum_{i_m \in I_m} \sum_{i_{m,r} \in I_{m,r}} od_{i_m i_{m,r} t_o^m t_d^m}^m \quad （3-9）$$

$$\sum_{k_m \in K_m} \sum_{i_{m,r} \in I_{m,r}} A_{k_m i_{m,r}}^{\text{transfer}} \leq \sum_{i_m \in I_m} \sum_{i_{m,r} \in I_{m,r}} od_{i_m i_{m,r} t_o t_d} - \sum_{i_m \in I_m} \sum_{i_{m,r} \in I_{m,r}} od_{i_m i_{m,r} t_o^m t_d^m}^m \quad （3-10）$$

3.3.2 算例验证

本节以两种轨道交通制式构成的区域轨道交通系统内单向跨制式出行下的旅客运输能力为例进行计算，验证本章提出的系统静态总体运输能力计算模型的准确性。

假设区域轨道交通系统内包含一条城市轨道交通线路和一条铁路线路，其中城市轨道交通线路由 5 个车站构成，命名为 m_1、m_2、m_3、m_4、m_5，铁路线路由 3 个车站构成，命名为 r_1、r_2、r_3。两线路衔接的跨制式中转换乘车站为城市轨道线路车站 m_5 和铁路线路车站 r_1 构成的同站台换乘车站 m_5-r_1。系统内各车站单位时间内旅客的发送量和中转量见表 3-2，系统内单位时间内单制式旅客站间 OD 出行量（用字母 d 表示）见表 3-3，系统内单位时间内单方

3 区域多制式轨道交通系统总体运输能力计算模型研究

向跨制式出行旅客站间 OD 出行量（用字母 k 表示）见表 3-4。利用传统区域轨道交通系统总体运能计算模型式（3-2）和本书构建的系统静态总体运能计算模型式（3-3）分别计算该系统单位时间内的旅客运输能力，发现两者计算结果完全相同，证明了本书构建的系统静态总体运能计算模型的准确性。

$$C_{\text{network}} = \sum_{i \in V} q(i) + \sum_{k \in K} q(k)$$
$$=200+100+80+150+50+100+120+80+200$$
$$=1\,080$$

$$Q_{\text{total}}^{\text{static}} = \left[\sum_{i_m \in I_m} \sum_{j_m \in I_m} q(i_m, j_m) + \sum_{i_m \in I_m} \sum_{i_r \in I_r} q(i_m, i_r) + \sum_{i_r \in I_r} \sum_{j_r \in I_r} q(i_r, j_r) \right] + \sum_{i_{m,r} \in I_{m,r}} q(i_{m,r})$$
$$=(150+70+60+120+50)+(50+30+20+30+0)+(100+120+80)+200$$
$$=1\,080$$

表 3-2　系统内各车站单位时间内旅客的发送量和中转量　　　　单位：人次

车站	发送量	单方向跨制式出行中转量
m_1	200	0
m_2	100	0
m_3	80	0
m_4	150	0
m_5	50	0
m_5-r_1	0	200
r_1	100	0
r_2	120	0
r_3	80	0

表 3-3　系统内单位时间内单制式旅客站间 OD 出行量　　　　单位：人次

车站	m_1	m_2	m_3	m_4	m_5	r_1	r_2	r_3	d
m_1	0	35	25	40	50	0	0	0	150
m_2	20	0	15	20	15	0	0	0	70
m_3	20	15	0	10	15	0	0	0	60

续表

车站	m_1	m_2	m_3	m_4	m_5	r_1	r_2	r_3	d
m_4	60	20	10	0	30	0	0	0	120
m_5	10	15	10	15	0	0	0	0	50
r_1	0	0	0	0	0	0	60	40	100
r_2	0	0	0	0	0	90	0	30	120
r_3	0	0	0	0	0	30	50	0	80

表 3-4 系统内单位时间内单方向跨制式出行旅客站间 OD 出行量　　单位：人次

车站	r_1	r_2	r_3	k
m_1	25	10	15	50
m_2	8	15	7	30
m_3	6	8	6	20
m_4	10	10	10	30
m_5	0	0	0	0

3.4　系统动态总体运输能力计算模型

3.4.1　系统动态总体运输能力计算模型构建

与区域多制式轨道交通系统静态总体运能计算模型不同，区域多制式轨道交通系统动态总体运能计算模型是协同运输组织影响下的区域轨道交通系统动态总体运能计算模型。在本章的研究内容中，协同运输组织对系统动态总体运能影响因素较多，不仅包括第 4 章构建的时刻表协同编制影响下的系统动态总体运能计算模型提到的单制式旅客平均等待时间、跨制式换乘旅客平均等待时间和企业运营成本等影响因素，还包括旅客全出行链时间和旅客出行信息服务等影响因素。它是一种综合考虑区域轨道交通系统旅客运输服务质量、线网运输能力和企业运营成本下的系统动态总体运能计算模型。但考虑到旅客出行信息对系统动态总体运能的影响无法量化研究以及结合本书实际调研报告结果可知，旅客对全出行链时间不敏感，而更加在乎出行过程

3 区域多制式轨道交通系统总体运输能力计算模型研究

中等待时间的长短。因此，本章仅用城市轨道交通制式旅客平均等待时间和跨制式换乘旅客平均等待时间来衡量区域轨道交通系统的运输服务质量，而用计划时段内所有列车运行所消耗的电能来衡量区域轨道交通系统的企业运营成本。理论上，旅客平均等待时间更少，区域轨道交通系统的服务质量更高，能够吸引更多的潜在出行人群选择轨道交通方式出行，而列车运行电耗更低，能够降低轨道交通运营公司的运营成本，因此，同成本运营下，能够开行更多班次的列车。从轨道交通运营公司的角度看，开行列车班次越多，单位时间内运输的旅客越多。从旅客运输角度来看，开行的列车班次更多，可以减少列车平均开行间隔时间，从而缩短旅客等待时间，吸引更多潜在出行人群选择轨道交通方式出行。因此，本章构建的区域多制式轨道交通系统动态总体运能计算模型为

$$Q_{\text{total}}^{\text{dynamic}}(t_\text{o},t_\text{d}) = Q_{\text{total}}^{\text{static}}(t_\text{o},t_\text{d}) + \left[\frac{\alpha(wt_\text{m}^{\text{opt}}) - \alpha(wt_\text{m}^{\text{cur}})}{\alpha(wt_\text{m}^{\text{cur}})}\right]Q_{\text{m,total}}^{\text{cur}} + \left[\frac{\alpha(wt_{\text{m,r}}^{\text{opt}}) - \alpha(wt_{\text{m,r}}^{\text{cur}})}{\alpha(wt_{\text{m,r}}^{\text{cur}})}\right]Q_{(\text{m,r}),\text{total}}^{\text{cur}} + \frac{[C_{\text{train}}^{\text{cur}}(t_\text{o},t_\text{d}) - C_{\text{train}}^{\text{opt}}(t_\text{o},t_\text{d})]}{C_\text{m}^{\text{single}}}Q_\text{m}^{\text{single}}$$

（3-11）

基于以上分析，区域多制式轨道交通系统静态总体运能动态总体运能计算模型之间的包含关系如图 3-1 所示。

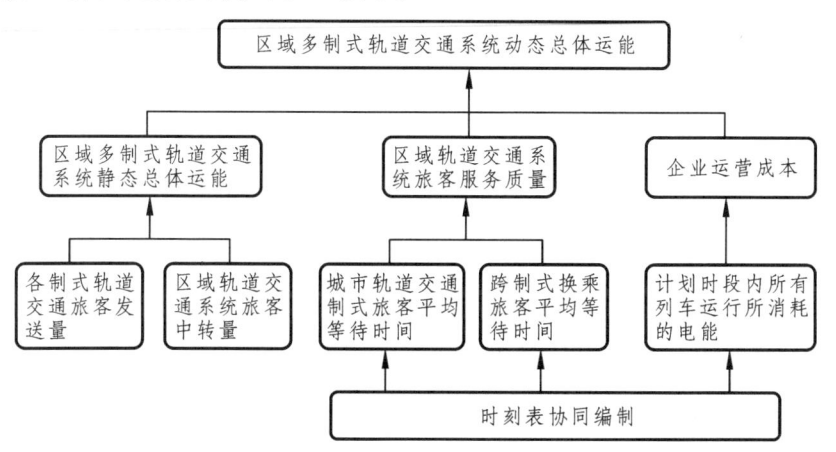

图 3-1 区域多制式轨道交通系统静态总体运能与动态总体运能计算模型间的联系

3.4.2 模型主要参数的确定

$\alpha(wt_{\mathrm{m}}^{\mathrm{opt}})$、$\alpha(wt_{\mathrm{m}}^{\mathrm{cur}})$ 和 $\alpha(wt_{\mathrm{m,r}}^{\mathrm{opt}})$、$\alpha(wt_{\mathrm{m,r}}^{\mathrm{cur}})$ 可结合问卷调查收集的相关数据，利用数据拟合方法，选择合适的数学拟合函数对旅客平均等待时间和旅客再次出行率进行拟合，比较不同拟合函数的拟合度，选择拟合度最高的拟合函数作为量化两者关系的数学拟合函数。根据拟合出来的数学模型可以计算出不同旅客平均等待时间对应下的旅客再次出行率。

回归拟合方程是运用数理统计的一种单元或多元回归分析方法，它可以用来寻找两种或两种以上变量之间相互映射的定量关系。同样，回归分析方法也是一种经过严格验证并在实际应用中得到广泛使用的类型。回归方程按照自变量的数量可分为单元回归方程和多元回归方程。在现有的统计学中，回归方程多采用数理统计方法对一个或多个自变量和单个因变量进行数据拟合和数学建模的一种回归分析方法。常见的数学拟合函数模型有线性拟合回归方程、二次拟合回归方程、指数拟合回归方程、对数拟合回归方程和幂指数拟合回归方程等。它们的一般表达见式（3-12）~式（3-16）。

$$Y = \alpha_0 + \alpha_1 X_1 + \alpha_2 X_2 + \alpha_3 X_3 + \cdots + \alpha_n X_n \tag{3-12}$$

$$Y = \alpha_0 + \alpha_1 X_1 + \alpha_2 X_1^2 \tag{3-13}$$

$$Y = \alpha \mathrm{e}^{ax} \tag{3-14}$$

$$Y = \alpha \ln(ax) \tag{3-15}$$

$$Y = \alpha x^a \tag{3-16}$$

为得到单制式和跨制式换乘旅客平均等待时间与再次乘坐轨道交通的出行率间的数学函数关系式。本章在成都地铁 2 号线车站候车站台和犀浦同站台换乘车站换乘平台分别对单制式地铁出行旅客和跨制式出行旅客进行调研和数据收集，并结合线上调查问卷的调研方式，分别对旅客乘车出行区段、出行时段、平均出行等待时间、出行体验和再次选择轨道交通出行概率等主要问题进行了提问，得到 500 份旅客出行行为选择的有效调查问卷（包括对所有单制式地铁旅客的等待时间、所有跨制式换乘旅客换乘等待时间以及旅客对乘坐轨道交通出行的满意度数据均进行了调研收集），结果如图 3-2 ~ 图 3-5 所示。

3 区域多制式轨道交通系统总体运输能力计算模型研究

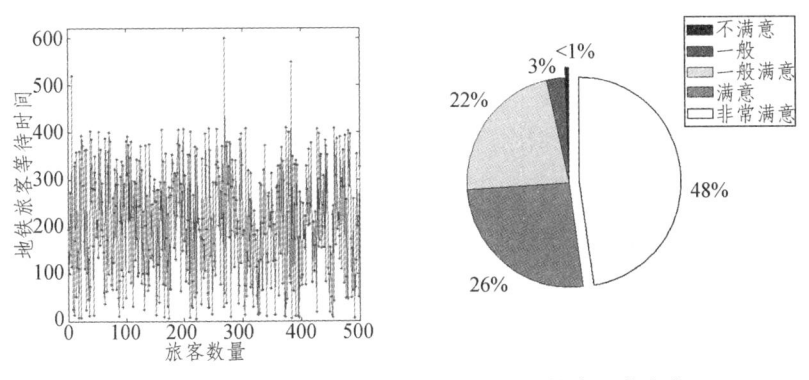

图 3-2 平峰期间地铁旅客的等待时间及其出行满意度

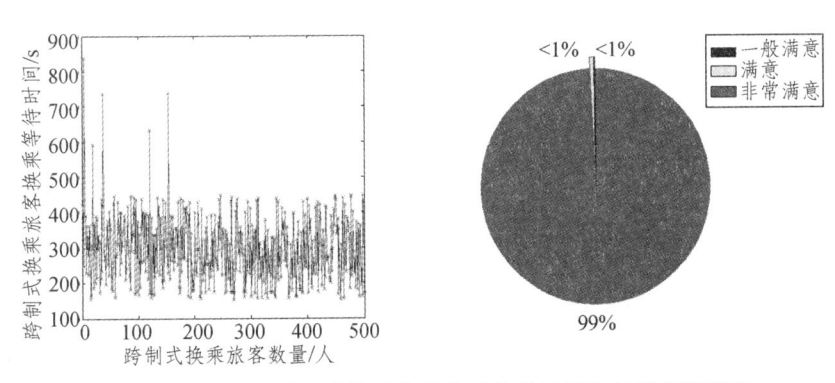

图 3-3 平峰期间跨制式换乘旅客换乘等待时间及其出行满意度

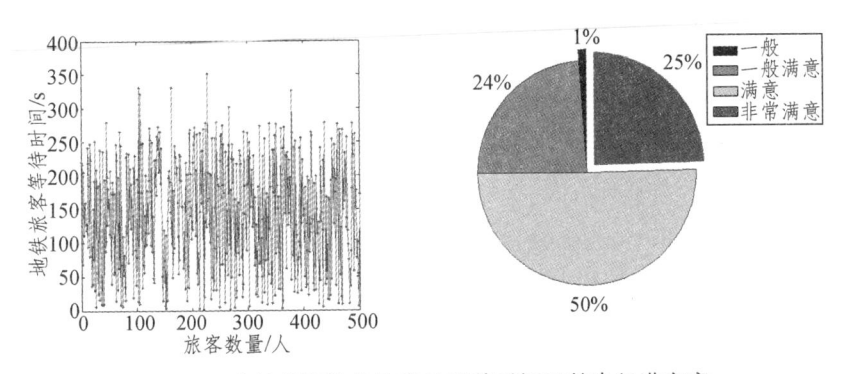

图 3-4 高峰期间地铁旅客的等待时间及其出行满意度

063

面向总体运能提升的区域多制式轨道交通系统协同运输方法研究

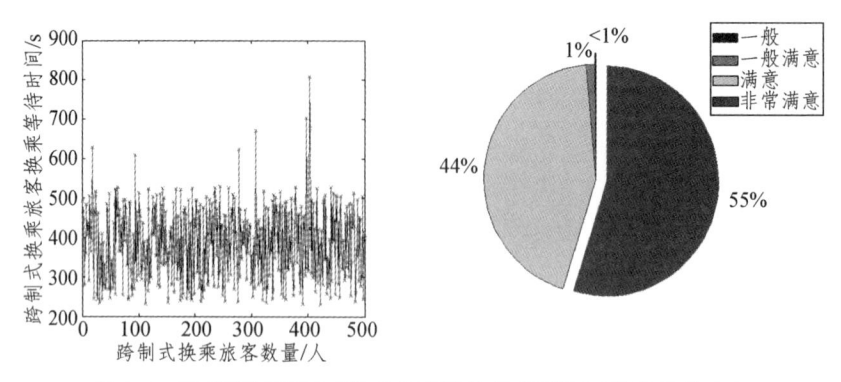

图 3-5　高峰期间跨制式换乘旅客换乘等待时间及其出行满意度

此外，为了得到精度更高的拟合回归模型，本章调研的时间单位为秒。但考虑调研时间单位过小给调研工作开展的不便，因此在调研报告中，填写旅客等待时间的空格并非一个确定的值，而是一个区间，例如[60,90]表示旅客的等待时间为 60 s 到 90 s 之间，后期数据处理时取中间值 75 s 进行计算。同样，在获取旅客是否愿意再次乘坐轨道交通出行的概率上，为了便于数据的采集，本章引用了满意度的概念，并对满意度进行分级：[0.9,1]表示非常满意，[0.8,0.9)表示满意，[0.7,0.8)表示很一般满意，[0.6,0.7)表示一般，[0,0.6)表示不满意。例如[0.8,1]，表示旅客对本次轨道交通出行的满意度为 0.8 到 1 之间，后期数据处理时取中间值 0.9 进行计算，而 0.9 属于满意度分级区间[0.9,1]，则表示旅客认为本次乘坐轨道交通的等待时间很短，对轨道交通的服务表示非常满意，在今后出行中愿意继续选择轨道交通方式出行。

从图 3-2 和图 3-4 中可以看出，问卷调查中地铁平峰和高峰期间旅客的平均等待时间大致在[200, 250]和[140, 160]。考虑到问卷调查对象多为乘坐地铁 2 号线的旅客，而成都地铁 2 号线平峰期间列车平均追踪间隔时间 410 s，高峰期间列车平均追踪间隔时间 280 s。假设旅客到达车站的时间服从泊松分布，那么地铁旅客的理论平均等待时间平峰为 205 s，高峰为 140 s，对比调研数据中的地铁旅客平均等待时间，说明调研结果是符合预期的。此外，平峰期间地铁旅客对乘坐轨道交通出行满意度调研中，非常满意占比 48%，高于高峰期间地铁旅客对乘坐轨道交通出行满意度调研中非常满意占比的 25%。

3 区域多制式轨道交通系统总体运输能力计算模型研究

但是高峰期间地铁旅客的平均等待时间要小于平峰期间的地铁旅客平均等待时间。分析原因是：地铁高峰期间，旅客数量增多，车站拥挤程度增加，使得旅客服务质量下降，从而影响旅客对轨道交通的满意度。但在地铁高峰运行期间，列车发车间隔时间缩短，列车服务频次提高，使得地铁旅客在站台等待时间减少。

而在图 3-3 和图 3-5 中可以看出，地铁平峰和高峰期间跨制式换乘旅客在跨制式换乘车站换乘的平均等待时间在[300, 330]和[380, 410]。从等待时间角度看，平峰下跨制式换乘旅客的平均等待时间要小于高峰下跨制式换乘旅客等待时间。但从满意度评价角度看，平峰期间跨制式换乘旅客对选择乘坐地铁换乘铁路出行满意度调研中，非常满意占比 99%，高于高峰期间跨制式换乘旅客对选择乘坐地铁换乘铁路出行满意度调研中非常满意占比的 55%。分析原因是：地铁高峰期间车站拥挤程度较高，旅客选择乘坐地铁换乘高铁则需要考虑运输过程中的拥挤问题。为保证能够顺利换乘，其出行时间较平峰会有所提前，这使得旅客到达换乘车站的时间提前，从而使得旅客换乘等待时间增加。此外，由于线下调研测试场景为犀浦同站台换乘车站，该换乘车站没有设置换乘旅客候车室，换乘旅客只能在铁路站台候车。而高峰换乘期间，换乘旅客人数增加，使得站台拥挤程度变高，服务质量下降，从而影响跨制式换乘旅客对轨道交通的满意度。

本章运用线性拟合函数、二次拟合、指数拟合、对数拟合和幂指数拟合回归方程分别对调查问卷所得的地铁旅客平均等待时间与再次出行率的数据和跨制式换乘旅客平均等待时间与再次出行率的数据进行拟合，并分析比较各拟合函数的拟合度 R^2，具体见表 3-5。然后选择拟合度最高的数学拟合函数作为构建的各类型旅客平均等待时间与再次出行率间的拟合函数模型。因此，平峰时段下选择了指数拟合回归方程和二次拟合回归方程分别对地铁旅客平均等待时间与再次出行率数据和跨制式换乘旅客平均等待时间与再次出行率数据进行拟合，其拟合函数模型、拟合度分别为 $y_{A,1} = 1.1017e^{-0.001x_{A,1}}$、$R^2=0.9759$ 和 $y_{A,2} = -3\times10^{-7}x_{A,2}^2 + 3\times10^{-5}x_{A,2} + 0.9647$、$R^2=0.9971$。高峰时均选择二次拟合回归方程对地铁旅客平均等待时间与再次出行率数据和跨制式换乘旅客平均等待时间与再次出行率数据进行拟合，其拟合函数模型分别为 $y_{B,1}=3\times10^{-6}x_{B,1}^{2}-0.002\ 1x_{B,1}+1.084\ 9$、$R^2=0.997$ 和 $y_{B,2}=-1\times10^{-7}x_{B,2}^{2}-0.000\ 4x_{B,2}+1.088\ 3$、$R^2=0.996\ 6$。

表 3-5 不同拟合回归方程的拟合度比较

场景	地铁旅客平均等待时间与再次出行率拟合回归方程的拟合度 R^2					跨制式换乘旅客平均等待时间与再次出行率拟合回归方程的拟合度 R^2				
	线性拟合	二次拟合	指数拟合	对数拟合	幂指数拟合	线性拟合	二次拟合	指数拟合	对数拟合	幂指数拟合
平峰	0.972 2	0.975 8	0.975 9	0.974 5	0.971 8	0.973 6	0.997 1	0.962 7	0.908 4	0.89
高峰	0.992 5	0.997	0.994 4	0.996 2	0.995 4	0.994 8	0.996 6	0.985 4	0.966 6	0.942 3

此外，利用拟合函数模型可以计算出不同旅客平均等待时间下的旅客再次出行率，如图 3-6 ~ 图 3-9 所示。其中，图 3-6 和图 3-7 分别给出了平峰运营下地铁旅客平均等待时间与再次出行率拟合函数和跨制式换乘旅客平均等待时间与再次出行率拟合函数。图 3-8 和图 3-9 分别给出了高峰运营下地铁旅客平均等待时间与再次出行率拟合函数和跨制式换乘旅客平均等待时间与再次出行率拟合函数。

由图 3-6 和图 3-8 可以看出，一方面无论是地铁平峰期还是高峰期间，地铁旅客的再次出行率均维持在一个较高水平；另一方面随着旅客平均等待时间的增加，旅客的再次出行率下降幅度较低。这说明调研车站的列车服务频次较高、车站拥挤程度低，旅客运输服务整体质量较高，旅客对轨道交通的运输服务质量满意程度较高，即使在站台的等待时间增加，对旅客选择轨道交通方式出行的意愿影响较小。

而在图 3-7 和图 3-9 中，跨制式换乘旅客的再次出行率在地铁平峰期高于高峰期，且随着跨制式换乘旅客平均等待时间的增加，其对高峰期间的跨制式换乘旅客再次出行率的影响高于平峰期的跨制式换乘旅客再次出行率。对比图 3-7 和图 3-9 可以看出，当跨制式换乘旅客平均等待时间大于 950 s 时，平峰期的跨制式换乘旅客再次出行率始终大于 0.6，而高峰期的跨制式换乘旅客再次出行率开始低于 0.6，说明跨制式换乘旅客更加愿意在平峰期选择

3 区域多制式轨道交通系统总体运输能力计算模型研究

乘坐地铁换乘铁路出行,而在高峰期,则会选择其他交通方式(如出租车、网约车等)换乘铁路出行。

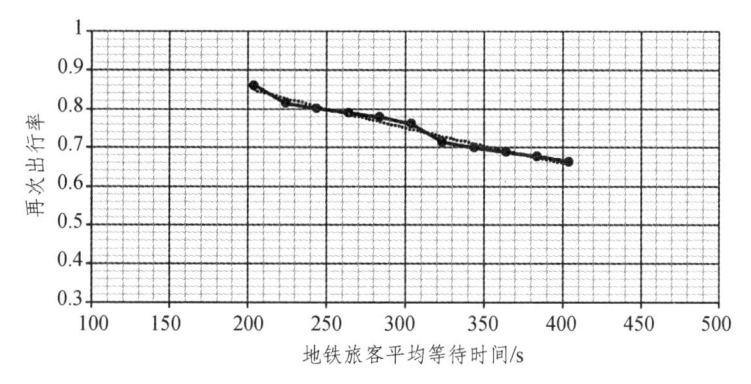

图 3-6 平峰运营下地铁旅客平均等待时间与再次出行率拟合函数关系

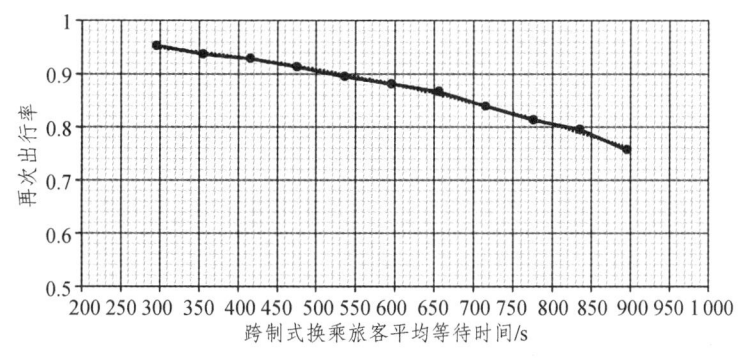

图 3-7 平峰运营下跨制式换乘旅客平均等待时间与再次出行率拟合函数关系

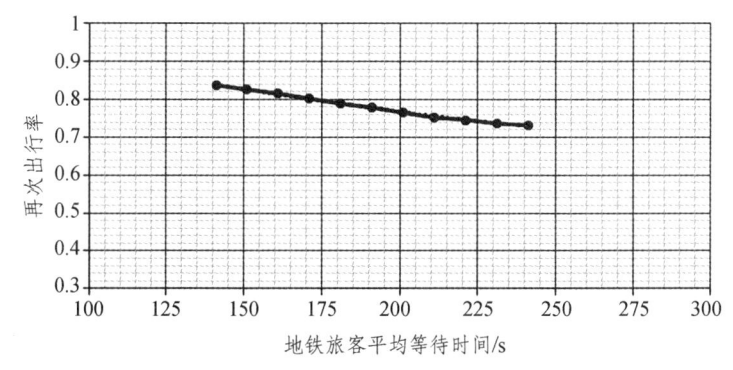

图 3-8 高峰运营下地铁旅客平均等待时间与再次出行率拟合函数关系

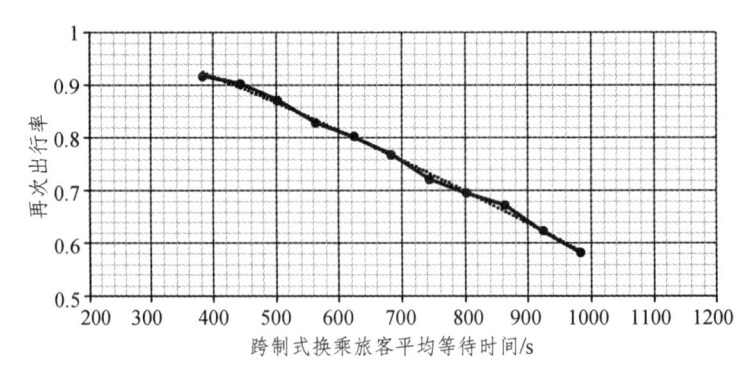

图 3-9　高峰运营下跨制式换乘旅客平均等待时间与再次出行率拟合函数关系

3.5　本章小结

已有文献主要集中在线网通过能力、系统有效承载力等网络通过能力的计算，而有关多制式系统总体运能计算方法的研究少之又少，仅存的关于区域轨道交通系统总体运能计算方法研究也依托于车站的发送量和中转站的换乘站，停留在以点（车站）为核心构建的系统总体运输能力计算模型，很难与协同运输组织的作用过程相关联，无法体现其在协同运输组织方法影响下的系统总体运能动态变化过程。本章从线（旅客站间出行 OD，车站→车站）的研究入手，提出了区域轨道交通系统总体运输能力的静态和动态计算模型，该系统总体运能计算模型不仅克服了传统系统总体运能计算模型中车站旅客发送量和中转量为"点"数据的缺陷，还能够将协同运输组织方法对系统总体运能的影响转化为定量计算。其中，静态总体运能计算模型可用于计算已知出行时段和出行范围内的系统总体运输能力，而动态总体运能计算模型则能够根据现有的系统总体运输能力预测未来短期内的旅客出行量以及测算出该区域轨道交通系统总体运输能力弹性。

随后，以两种轨道交通制式构成的区域轨道交通系统内旅客单向跨制式出行为例，基于本书构建的系统静态总体运能计算模型，运用数学推导方法，证明了区域轨道交通系统协同运输组织优化理论上能够实现系统总体运输能力的提升。提出了综合考虑区域轨道交通系统旅客运输服务质量、线网运输

3 区域多制式轨道交通系统总体运输能力计算模型研究

能力和企业运营成本下的系统动态总体运能计算模型,结合实地调研数据和依托数据拟合函数模型对模型的主要参数进行了测定,使之能更好地运用于后续优化模型的研究中。

4

面向运输效率和服务提升的多制式列车一体化运行调整与时刻表协同编制方法研究

4 面向运输效率和服务提升的多制式列车一体化运行调整与时刻表协同编制方法研究

4.1 研究概述

轨道交通一体化协同运输组织是我国铁路行业未来发展的热点和趋势，多制式列车一体化运行调整和时刻表协同编制是轨道交通一体化协同运输组织的核心。考虑到不同制式列车运行调整方案和时刻表独立编制导致的路网列车运行节能效率较低和跨制式旅客换乘接续性较差等问题，本书以数据科学、系统科学为基本工具，综合运用大数据挖掘技术、数据分析处理、数学优化和协同优化等研究方法，在铁路运输组织理论的指引下，研究并解决多需求导向下的多制式列车一体化运行调整与时刻表协同编制关键理论及应用问题。

国内外已有研究主要停留在对单条线路的列车运行调整和运营时刻表优化，较少研究路网层面上的列车节能效率提升方法，造成轨道交通路网局部节能而并非路网整体节能。此外，大部分研究的对象主要为单制式轨道交通系统，缺乏跨制式旅客出行和换乘需求的考虑，得到的优化调整方案和运营时刻表不一定便于跨制式旅客出行和换乘接续，从而导致多制式轨道交通系统的运输效率降低。

本章基于国家交通发展战略目标和轨道交通行业发展趋势，从实际运输需求出发，通过调研获取多制式路网客流出行信息和列车运行信息，利用大数据挖掘和数据分析处理技术揭示这些信息所蕴藏的内在规律和联系；研究多制式列车一体化运行调整和时刻表协同编制理论，利用数学优化方法构建不同需求导向下的多制式列车一体化运行调整和时刻表协同编制优化模型，设计一种权重系数选取算法、改进的智能优化算法和两阶段优化方法进行求解，得到满足多制式路网不同运营时期和运输需求下的各类优化编制方案。通过构建一个理论体系、两组数学优化模型和三种有效求解算法，提高多制式列车一体化运行调整和时刻表协同编制效率，降低调度员的工作负荷，满足我国多制式轨道交通一体化协同运输组织的迫切需求。

4.2 研究背景与意义

轨道交通作为一种带有公益性质的基建设施，其发展建设和运营管理一直受政府宏观调控、企业运营管理和旅客运输需求等多方面的影响，因此也对轨道交通提出了更高的要求。一方面希望轨道交通能够实现绿色低碳、节能减排发展；另一方面希望轨道交通能够为旅客提供更加优质的运输服务，以满足旅客多层次、多样化和个性化出行需求，这给轨道交通运营组织和管理工作带来了极大的压力。相关研究表明，列车运行调整和时刻表优化研究能够有效降低列车运行能耗和减少旅客在站等待时间。据轨道交通系统能耗的相关数据统计表明，列车运行过程中消耗的能源占运营总能耗的40%以上。因此，在保证一定运输服务质量的前提下，如何降低列车的运行能耗，是实现轨道交通节能减排、绿色发展的重要措施。另外，根据不同类型旅客出行需求时空分布特征，编制相应的列车运营时刻表，调整不同轨道交通线路（同制式或不同制式）列车时刻表的接续方案，在保证列车运行安全和旅客出行需求得到满足的前提下，减少旅客在站等待时间和换乘等待时间，是提升轨道交通旅客运输服务质量的有效方法。

随着轨道交通线网规模的不断扩大以及不同制式轨道交通线网的不断融合，从单一制式和单条线路的角度对列车运行和运营时刻表进行调整已经不能满足成网条件下列车运行组织的实际需要。如何打破不同制式轨道交通线路列车运行调整方案和运营时刻表独立编制的局面，研究多制式列车一体化运行调整与时刻表协同编制理论和方法，是面向多需求导向的多制式列车一体化运行调整与时刻表协同编制方法研究面临的第一个问题。既有研究大多集中于对单一制式或单条线路的列车运行调整和时刻表编制研究，而对由多种制式和多条线路构成的较大路网规模下的列车一体化运行调整和时刻表协同编制研究还有待完善。

多制式轨道交通线网的不断建设和融合使旅客出行种类和出行需求与日俱增，产生一大批跨制式出行旅客。本书将旅客在全出行过程中存在一次及以上跨制式换乘行为的旅客统称为跨制式旅客或跨制式出行旅客。由于我国不同轨道交通制式列车开行方案和列车运行图铺画通常由不同的运营管理机构针对自身线路和客流特点独立制定，所以不同轨道交通制式线路的列车运营时刻表在时间接续上存在一定的脱节，从而产生了一系列跨制式旅客换乘问题的出现，如换乘等待时间过长、换乘站拥挤等，严重降低了旅客的运输服务质量。因此，提高跨制式旅客运输服务质量成为轨道交通一体化协同运输组织亟待解决的重点问题，也是运输企业和旅客关注的热点。单纯考虑单一制式或单条线路下能源效率和单一制式旅客服务质量提升的列车运行调整和时刻表编制研究已经无法满足现有研究需求，如何在考虑列车节能效率的同时兼顾跨制式出行旅客的实际运输需要，编制便于跨制式旅客出行和换乘接续的列车运营时刻表，以降低路网所有列车整体运行能耗和提升路网跨制式旅客总体运输服务质量，满足轨道交通路网在不同运营时段的运输需求，是面向多需求导向的多制式列车一体化运行调整与时刻表协同编制方法研究面临的第二个问题。

此外，除了满足以上多制式轨道交通系统在正常运营时期的运输需求外，还应考虑其在非正常运营时期（延误干扰）的运输需求。一般来说，轨道交通系统按照事先制订的旅客输送计划和编制的计划运营时刻表组织列车运行，将旅客按时输送到目的地，列车运行组织工作压力较小。然而，在日常运营过程中，尤其是高峰运营期间，运营设备往往负荷较大容易产生故障，一旦故障产生则会造成列车运行延误，如果延误时间较长，将造成列车群大面积晚点，大量旅客在站台上滞留，降低了旅客运输服务质量和运输效率，严重时还将影响整个运输网络的运营安全。据统计，2014 年 1 月至 2018 年 11 月，北京地铁共发生故障 405 起，各线路发生的故障数和主要线路发生故障的时间分布如图 4-1 所示。可见在轨道交通系统中，列车运行故障时有发生，现有研究主要从列车运行角度进行调整，集中在利用列车运行调整和时刻表优化方法降低单一制式线路的列车运行延误时间，而缺乏从跨制式旅客运输角度进行调整，忽略了该延误对跨制式旅客在站等待时间和换乘接续可能造成的影响，得到的优化调整方案不一定便于跨制式旅客出行和换乘接续。

面向总体运能提升的区域多制式轨道交通系统协同运输方法研究

因此，在多制式轨道交通系统进行列车延误调整时，结合延误干扰后的实时客流量及旅客出行信息，依据当前的列车运行状况，综合考虑跨制式出行旅客的实际运输需要，通过列车一体化运行调整理论与方法，编制有利于降低跨制式旅客换乘接续时间和提升跨制式旅客换乘便捷性的列车一体化运行调整方案，是面向多需求导向的多制式列车一体化运行调整与时刻表协同编制方法研究面临的第三个问题。

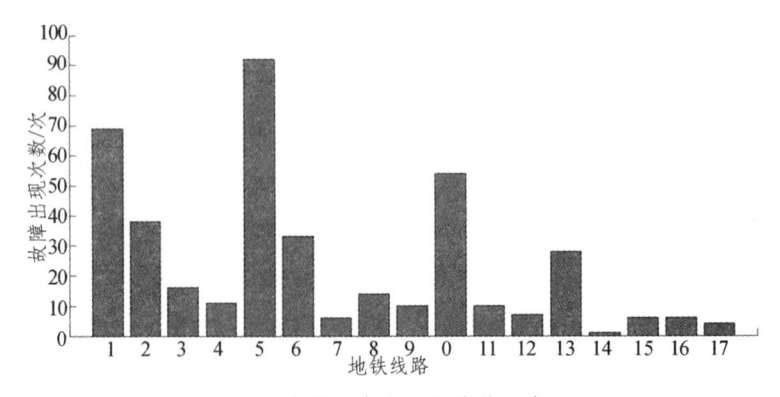

（a）各线路发生的故障数分布

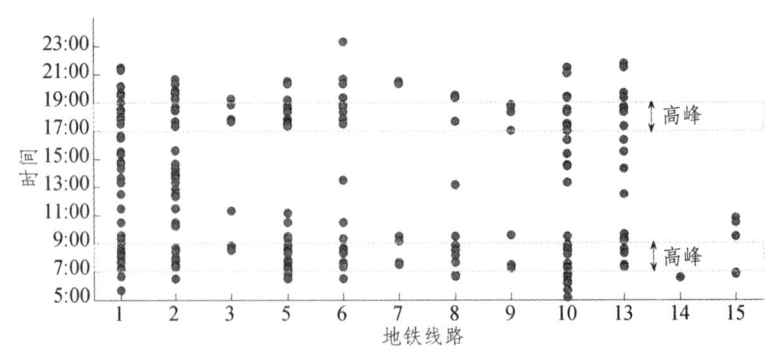

（b）主要线路发生故障的时间分布

图 4-1 2014 年 1 月至 2018 年 11 月期间北京地铁发生故障统计

为满足多制式轨道交通系统列车运行和旅客运输服务的需求，须打破各制式轨道交通线路列车运行调整方案和运营时刻表独立编制的局面，研究多制式列车一体化运行调整方案和运营时刻表协同编制理论和方法。在满足各制式轨道交通设备能力约束和行车安全约束的基础上，结合跨制式出行旅客的实际运输需求，构建考虑节能效率和旅客运输服务质量的多制式列车时刻表协同编制综合优化模型以及考虑延误调整和换乘接续的多制式列车一体化调整优化模型，分别编制适用于轨道交通路网正常运营时期不同运营时段（平峰和高峰）和非正常运营时期（延误干扰）不同运输场景下的列车一体化运行调整方案和协同运营时刻表，是轨道交通运输组织优化研究人员和列车调度员需要解决的关键科学问题。

4.3 国内外研究现状及分析

列车运行调整与时刻表协同编制属于列车运营层面的问题，是铁路行车组织研究的热点问题之一，国内外许多学者对其进行了研究。部分学者从问题特征、模型类型、求解方法以及算例规模等方面进行了较深入的研究和既有文献的对比分析，发现数学优化方法是解决列车运行调整和时刻表优化问题的主要手段。既有研究对列车运行调整与时刻表编制方法研究可分为：以节能为中心的列车运行调整和时刻表优化研究、以旅客运输服务为中心的列车运行调整和时刻表优化研究，以及以列车延误调整为中心的列车运行调整和时刻表优化研究。第一种主要是追求列车运行能耗最低（如列车牵引能耗最低、再生制动能量利用率最高），本章称之为节能导向的列车运行调整和时刻表优化研究；第二种主要是追求旅客运输服务质量的提升，将旅客快速地输送到目的地（如旅客总旅行时间、旅客总等待时间最少），本章称之为旅客运输服务导向的列车运行调整和时刻表优化研究；第三种主要是追求非正常运营情况下列车运行延误干扰影响最小（列车累积晚点总时间、旅客晚点总等待时间最少），本章称之为延误调整导向的列车运行调整和时刻表优化研究。

（1）节能导向的列车运行调整和时刻表优化研究现状与发展动态分析。

现有文献关于节能导向的列车运行调整和时刻表优化研究主要集中在制定合理的列车运行操纵策略和运营时刻表两个方面，通过降低列车在区间运行时的牵引能耗和提高再生制动能量利用率而降低列车运行总能耗。前者是在给定的区间运行时间约束下，即不改变区间运行时间的情况下，优化列车在各区间的运行操纵策略。例如：Yang 等[120]利用泰勒近似将非凸列车调度问题转化为严格的二次模型，并应用主动集方法（ASM）寻找近似最优解，通过在我国北京地铁亦庄线上进行的试验结果表明，该方法可节省 4.52%的能耗；Mo 等[121]使用先验枚举方法（PE）设计了一种改进的禁忌搜索算法（MTS），以最大限度地减少能耗和旅客等待时间。后者是通过提升同一供电区段内不同列车的牵引阶段和制动阶段的重叠时间，使再生制动能量可以充分利用。例如：彭其渊等[122]提出一种基于再生制动的地铁多列车节能运行策略模型，并给出一种有效求解此类问题的算法以及设计出一种解析解方程可快速求解此类问题，最后以北京地铁线路亦庄线为例，验证优化模型的可靠性与算法的高效性；He 等[123]提出了一种基于改进鸡群优化算法的节能时刻表优化方法，以获得最小能耗的列车运行曲线，提高再生制动能量的利用率，并采用南宁地铁 1 号线进行实例验证，结果表明所提出的方法可以有效降低列车运行能耗；Mo 等[124]提出了一种集成优化模型，可以同时生成最佳列车节能运营时刻表和机车车辆车底运用计划，以最大化提高列车牵引阶段和制动阶段的重叠时间。

以上研究提到的两种节能方法虽然在一定程度上降低了列车运行总能耗，但是这两种方法都存在一定的不足。第一种节能优化方法不考虑多列车间的再生制动能量利用率；第二种节能优化方法虽考虑了多列车间的再生制动能量的利用，却忽略了列车牵引能耗的优化。在此基础上，部分学者开始将这两种优化方法进行结合运用。例如：Yang 等[125]通过制定优化的列车运行策略和运营时刻表优化列车的牵引能耗和再生制动能量利用率，从而降低多列车地铁系统中列车的净牵引能耗；Liao 等[126]提出了一种基于双决策变量的多列车地铁时刻表节能优化策略，考虑到上海地铁 1 号线站间距离较短的实际情况，在列车运行操纵策略层面，分别考虑了加速-巡航-制动（ACRB）和加速-惰行-制动（ACOB）两种优化运行策略。在运营时刻表优化层面上，采用遗传算法（GA）对列车的决策变量进行优化，列车运行操纵策略和运营时刻表优化平衡了牵引能耗和再生制动能量的利用，使地铁系统列车的净牵引能耗最小。

综上可知，近年来部分学者对列车节能效率提升方面的研究，大多停留在对特定线路或单条线路的列车运行操纵和运营时刻表优化方面，研究结果不具备普适性和广泛应用性，无法直接应用到轨道交通路网层面上。较少研究路网层面上的列车节能效率提升方法，造成轨道交通路网局部节能而并非路网整体节能。随着轨道交通路网规模的不断扩大，有必要考虑路网列车节能运营时刻表协同编制问题，以降低路网列车整体能耗和提高列车协同编图质量。

（2）旅客运输导向的列车运行调整和时刻表优化研究现状与发展分析。

旅客是轨道交通系统最重要的服务对象，其运输服务质量反映了轨道交通系统提供运输服务的能力。现有文献关于旅客运输服务导向的列车运行调整和时刻表优化研究主要集中在运营时刻表优化方面，通过降低旅客总出行时间或车站候车等待时间以达到提升旅客运输服务质量的目的。这类研究往往考虑了客流、载客量和站台拥挤度等多方面的约束条件，以列车到达时间和出发时间作为决策变量，通过构建旅客总出行时间或总等待时间的数学模型对计划列车运营时刻表进行优化，以得到有利于旅客服务质量提升的列车优化运营时刻表。例如：Zhang 等[127]提出了考虑静态客流需求的列车调度与检修计划联合优化模型，并将该模型应用于解决中国铁路网的实际问题；Shi 等[128]结合旅客控制策略，针对列车时刻表问题，提出了一种具有列车容量约束的综合整数线性规划模型，以降低高频地铁线路的安全隐患，提高旅客运输服务质量；Liu 等[129]提出了一种非线性整数规划模型，结合旅客控制策略对列车调度和列车接续问题进行协同优化，在列车运用效率、旅客服务质量和站台候车人数之间进行权衡。此外，为了研究随机性对列车运行调整问题的影响，Hassannayebi 等[130]建立了两种鲁棒随机规划模型分别对动态运输场景和不确定旅客出行需求情况下的列车时刻表进行优化，以降低旅客平均等待时间，运用自适应变邻域搜索算法进行求解，优化结果表明时刻表的服务质量和鲁棒性得到了提高。针对装有列车自动控制系统的地铁线路，结合列车运行动态调整和客流控制策略，Li 等[131]开发了一种针对客流超载的高频地铁线路时刻表和追踪间隔偏差最小的动态优化策略。

随着研究的推进，单一目标导向的列车运营时刻表优化研究已经无法满足现有实际需求，部分学者开始将旅客运输服务和列车节能效率进行综合考虑，通过构建基于列车运营时刻表优化的多目标规划模型，以最小化列车运行总能耗和旅客总出行或等待时间，得到体现运营管理者不同决策偏好下的列车运营时刻表，从而满足轨道交通系统在不同运营时段的实际运输需求。例如：Yin 等[132]将列车运行成本和动态旅客运输需求进行综合考虑，构建了双向地铁线路能耗和旅客候车时间最小化的综合模型，并提出了一种基于拉格朗日松弛的算法进行求解；Feng 等[133]研究了时刻表约束下的列车节能操纵策略，通过调整停站时间和区间运行时间来满足平峰时段内旅客的运输需求；Sun 等[134]以旅客等待时间和能耗最小化作为目标函数，考虑车站旅客出行需求的时变性，提出了一种遗传算法用以寻找模型最优解。

综上可知，为了更好地满足旅客出行和换乘需求，既有研究在列车运行调整和时刻表优化研究考虑了旅客运输服务质量，但大部分研究的对象主要为单制式轨道交通系统，通过降低单制式旅客出行时间和在站等待时间以提高旅客运输服务质量，缺乏对跨制式旅客出行和换乘需求的考虑，且对多制式轨道交通系统跨制式出行旅客运输服务质量提升的研究有所欠缺。随着轨道交通不同制式线路和设施设备逐渐实现互联互通，多制式轨道交通系统在路网层面上的列车运行操纵和运营时刻表协同优化成为了可能，为多制式轨道交通系统旅客协同运输优化研究创造了良好的条件。

（3）延误调整导向的列车运行调整和时刻表优化研究现状与发展分析。

为保证旅客按时到达目的地，轨道交通系统列车一般开行频率较高，尤其在高峰运营期间，运营设备均处于高负荷状态，很容易发生故障干扰现象，从而使列车运行产生延误而偏离计划运行图，导致列车群大面积晚点和大量旅客滞留在车站，旅客出行受到严重影响，降低了旅客运输服务质量和运输效率。既有研究主要以列车和旅客为中心对列车运行调整和时刻表优化方法进行研究，旨在降低延误干扰对列车运行晚点和旅客等待时间的影响。以列车为中心的运行调整和时刻表优化关键在于降低列车晚点时间，提升列车延误调整效率。Xu 等[135]构建了一种有效的列车运行调整策略用于部分运行中段情况下的地铁线路，以减少列车运行总延误时间；另外，有学者提出了一种列车运行调整和速度控制的综合模型，考虑到临时速度限制引起的中断信号特征，将列车车次、出站和到站时间以及区间运行速度作为决策变量同时优化；Zhan 等[136]设计了一种滚动时域方法来处理高速铁路线路局部运行中断的问题，能够缩短此类问题的求解时间；Lusby 等[137]提出了一种分支定价算法来解决铁路线路在运营中断情况下的机车车辆运用调整问题；雷明等[138]考虑列车等级加权后列车到达各站总晚点时间最短，设置列车发车间隔和列车区间运行时分等约束，实现改变列车运行顺序和到发时刻，基于协同进化遗传算法对列车运行图调整模型进行求解；高如虎等[139]构建了基于时间-车站-线路三维时空扩展网络的 0-1 整数规划模型，针对模型特点，设计拉格朗日松弛算法，将问题进一步分解为求解单列车网络最短路径子问题；庄河等[140]运用马氏决策过程模型和策略优化方法从宏观角度建立高速铁路列车运行调整模型。

以旅客为中心的列车运行调整和时刻表优化关键在于处理好列车延误调整对旅客运输组织的影响，以减少旅客滞留等待时间，提升旅客运输服务质量。Veelenturf 等[141]提出了一种运行中断的实时管理方法，将不完全运行中断下的列车运行调整、车底运用计划和旅客动态出行行为结合起来进行考虑；Hou 等[142]构建了一种混合整数规划模型对列车运行总延误、滞留旅客人数和能源消耗进行综合优化，采用实际案例进行验证，结果表明当发生意外干扰时，所构建的模型可以用于提高旅客运输服务质量；Gao 等[143]提出了一种运行中断管理第三阶段（即恢复阶段）的优化模型，以便通过甩站策略（即根据旅客需求优化列车停站方案）为地铁线路更快地恢复列车运行和减少滞留旅客数量；Huang 等[144]构建了两种不同延误恢复策略的非线性混合整数规划（NMIP）模型，用于解决考虑旅客运输需求和局部运行中断情况下的地铁列车运行调整优化问题；Zhu 等[145]设计了一种轨道交通线路运行完全中断情况下的列车运行调整优化模型，考虑了旅客路径分配和车底运用计划；Binder 等[146]建立了同时考虑旅客出行便利性、列车运行偏离计划运行图的程度和铁路运输企业成本的多目标整数规划模型，模型中既考虑了列车运行约束，又考虑了旅客路径选择约束。

综上可知，为了更好地降低延误干扰对列车运行晚点和旅客等待时间的影响，使列车尽快恢复到原计划运行状态并保证旅客出行顺畅，既有研究考虑了列车和旅客为中心的列车运行调整和时刻表优化研究。此外，由于列车运行调整时效性较强，一部分学者还设计了很多高效求解算法以提高此类问题的求解速度，使求解时间能够满足实际调整需求。但大部分研究在考虑旅客为中心的列车运行调整时均只涉及单一制式旅客出行群体的运输服务，忽略了延误干扰对跨制式旅客在站等待时间和换乘接续造成的影响，得到的优化调整方案不一定便于跨制式旅客出行和换乘接续，缺乏从跨制式旅客运输角度进行调整的相关报道和研究。

（4）研究现状小结。

近年来国内外专家学者对列车运行调整与时刻表优化问题进行了一系列的研究，取得一定的研究成果。但是，仍存在以下问题：

① 针对列车节能效率提升方面的研究，主要停留在对特定线路或单条线路的列车运行操纵和运营时刻表优化方面，较少研究路网层面上的列车节能效率提升方法，造成轨道交通路网局部节能而并非路网整体节能。

② 针对旅客运输服务质量提升方面的研究，大部分研究的对象主要为单制式轨道交通系统，缺乏跨制式旅客出行和换乘需求的考虑，对多制式轨道交通系统跨制式出行旅客运输服务质量提升的研究有待完善。

③ 针对列车运行延误调整方面的研究，主要从列车角度和单制式出行旅客角度进行调整，忽略了延误干扰对跨制式旅客在站等待时间和换乘接续的影响，缺乏从跨制式旅客角度进行考虑的列车运行调整研究。

随着我国轨道交通线网的不断建设和融合，各制式轨道交通系统独立运营和管理的现状已无法满足实际运输需求。随着城市内和城市间的旅客出行类型和出行需求的不断增加，提高跨制式旅客运输服务质量成为轨道交通一体化协同运输组织亟待解决的关键问题，也是运输企业和旅客关注的热点。考虑单一制式单线路下单一目标优化的列车运行调整和时刻表编制研究已经无法满足调度需求。为保证轨道交通系统在不同运营时期和不同运营时段的

4 面向运输效率和服务提升的多制式列车一体化运行调整与时刻表协同编制方法研究

运输目标都能够得到满足和实现,以及轨道交通系统在任一运营阶段都能保持高质、高效运营,面向多需求导向下的多制式轨道交通列车一体化运行调整与时刻表协同编制研究刻不容缓。总而言之,本书的研究既弥补了既有研究的不足,又满足了我国多制式轨道交通一体化协同运输组织的迫切需求,具有一定的研究意义。

4.4 主要研究内容

本章面向国家节能减排战略目标和轨道交通行业发展需求,以数据科学、系统科学为基本工具,综合运用大数据挖掘技术、数据分析处理、数学优化和协同优化等研究方法,在铁路运输组织理论的指引下,深入研究多需求导向下的多制式列车一体化运行调整与时刻表协同编制理论与方法,解决因不同运营时期和运输需求产生的多制式列车运行调整和时刻表协同编制问题。研究成果一方面能够为多制式列车一体化运行调整和时刻表协同编制提供解决方案和提高多制式路网整体运输能力,另一方面也能降低轨道交通调度人员的工作负荷。

本章研究提要如图 4-2 所示。

1. 多制式列车一体化运行调整和时刻表协同编制理论与方法

(1) 多制式列车一体化运行调整和时刻表协同编制影响因素分析。

结合既有文献研究和现场实际操作流程,总结和归纳出不同制式轨道交通列车运行调整和时刻表编制的影响因素,寻找不同制式列车运行调整和时刻表编制影响因素之间的异同点。在此基础上考虑不同制式间列车运营时刻表衔接和跨制式出行旅客换乘接续需求的影响,以满足多制式轨道交通系统不同运营时期和运营时段的运输需求为目标,包括:路网节能效率提升、跨制式旅客运输服务质量提升和延误干扰对换乘接续的影响降低,从多制式列车一体化运行调整方案和协同时刻表编制质量以及各运输目标完成情况,对影响多制式列车一体化运行调整和时刻表协同编制的影响因素(各制式旅客时空分布特性和运输需求、各制式列车开行方案和旅客输送计划、跨制式换

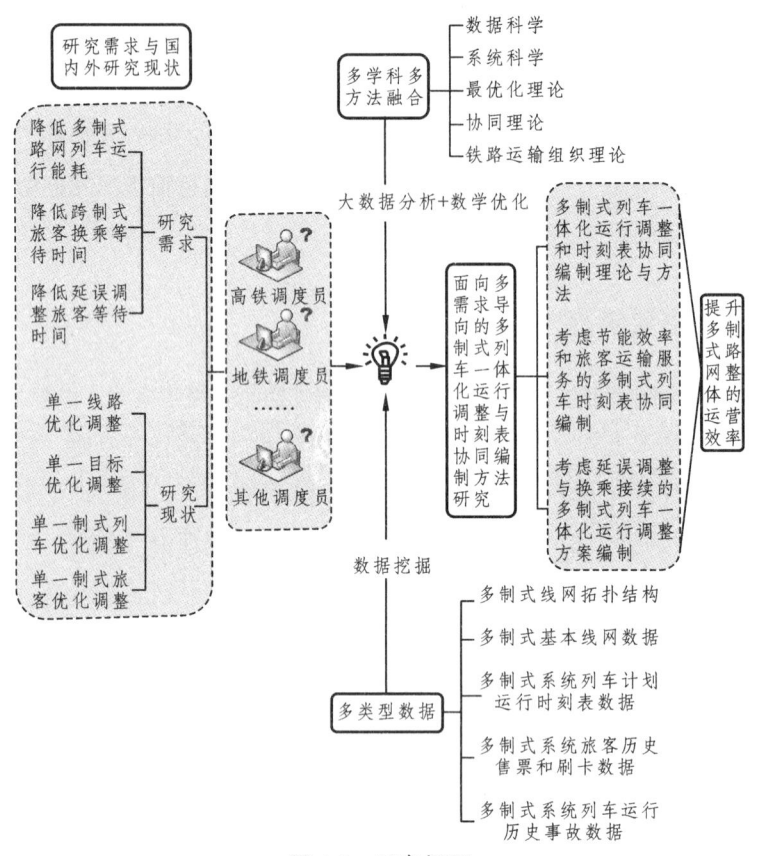

面向总体运能提升的区域多制式轨道交通系统协同运输方法研究

图 4-2 研究提要

乘车站运输组织模式等）进行分析；选择合理的指标体系，构建多制式列车一体化运行调整和时刻表协同编制影响度计算模型，计算不同影响因素对多制式列车一体化运行调整和时刻表协同编制的影响度，并进行高低排序；借助轨道交通系统运营仿真软件，对这种影响度高低排序进行验证；借助西南交通大学综合交通运输智能化国家地方联合工程实验室的"城市轨道交通调度指挥仿真系统"，模拟多制式轨道交通系统在主要影响因素分别发生改变时得到的列车一体化运行调整方案和协同时刻表，从各运输目标完成度方面比较它们的优劣性，并与影响度计算模型得到的影响度高低排序进行对比分析，修正影响度计算模型的主要参数。重复以上步骤并对影响度计算模型的主要参数进行反复修正，以提升多制式列车一体化运行调整和时刻表协同编制影

082

4　面向运输效率和服务提升的多制式列车一体化运行调整与时刻表协同编制方法研究

响度计算模型的计算精度。

（2）多制式列车一体化运行调整和时刻表协同编制机理研究。

在多制式列车一体化运行调整和时刻表协同编制影响因素分析的基础上，考虑不同制式列车运行调整和时刻表编制在编制特点、编制原则、编制流程等方面存在的差异性和协调性，利用主成分分析方法确定多制式列车一体化运行调整和时刻表协同编制的几种主要影响因素，研究这几种主要影响因素作用下的多制式列车一体化运行调整和时刻表协同编制机理；以完成多制式列车协同运输目标作为列车一体化调整和时刻表协同编制的核心，分析协同运输目标和各制式运输目标之间的协调性，并根据复杂系统优化理论确定合理的协同优化方法对多制式列车一体化运行调整和时刻表协同编制进行优化；对多制式轨道交通路网不同制式线路的列车运行和时刻表调整按照一定的优先级顺序进行逐层优化和分步优化，在确保各制式主要运输任务不影响的前提下，使多制式路网各运营时期和时段的运输需求得到满足，从而实现路网整体运营效率最大化，不同运营时期和时段下的运输目标和任务得到满足。这部分的机理研究也为后续协同编制优化模型的构建提供了理论支撑。

（3）多制式列车一体化运行调整和时刻表协同编制模型构建方法。

确定一个多制式轨道交通系统作为研究对象，获取这个系统所包含的所有线路的基本线网数据和列车运营时刻表数据，然后根据多制式轨道交通系统中的各类历史售票数据信息（人工窗口售票、自动售票机售票和网络售票），利用大数据挖掘技术得到各制式轨道交通线路跨制式旅客的出行 OD 数据，并按照不同运营时期和时段对其进行分组，挖掘不同组内跨制式旅客出行特征的差异性；基于这种差异性以及多制式列车一体化运行调整和时刻表协同编制机理，利用时空网络、协同优化方法构建不同需求导向下的多制式列车一体化运行调整和时刻表协同编制模型，包括：构建考虑节能效率和旅客运输服务质量的多制式列车时刻表协同编制综合优化模型以及考虑延误调整和换乘接续的多制式列车一体化调整优化模型；设计不同优化算法（多目标优化算法、权重系数比选取算法、两阶段优化算法）进行求解，得到适用于多制式轨道交通系统平峰运营时段路网节能效率提高和高峰运营时段跨制式旅客运输服务质量提升的多制式协同编制优化时刻表以及延误干扰下对跨制式旅客换乘接续影响最小的列车一体化运行优化调整方案,以满足多需求导向下的多制式轨道交通系统的实际运输需求。

2. 考虑节能效率和旅客运输服务的多制式列车时刻表协同编制

(1) 多制式列车时刻表协同编制模型构建。

在一个多制式轨道交通系统中,选择一个包含多个平峰和高峰时段的正常运营时期作为测试时间段。根据多制式路网拓扑结构、列车运行状态、基本线网数据、跨制式出行旅客 OD 数据,参考各制式线路列车计划运营时刻表数据,在追求平峰运营时段路网总体节能效率最高和高峰运营时段跨制式旅客换乘等待时间最低的情况下,构建考虑节能效率和旅客运输服务质量的多制式列车时刻表协同编制综合优化模型:由列车运行总能耗优化模型(M_1)和跨制式换乘旅客等待时间优化模型(M_2)两个目标函数构成。对列车区间运行时间、车站到发时刻、停站时间和列车追踪间隔时间等进行优化,以保证最小化路网列车运行总能耗和跨制式出行旅客中转换乘等待时间。

(2) 多制式列车时刻表协同编制模型求解。

本章构建的考虑节能效率和旅客运输服务的多制式列车时刻表协同编制综合优化模型是一个多目标非线性优化模型,这类问题的求解在工程领域上被认为是一种典型的 NP-hard(Non-deterministic Polynomial,非确定性多项式)问题,因此很难使用传统的线性优化算法(线性规划、二次规划、整数规划等)进行求解。基于此,在比较了目前主流的几种多目标人工智能优化算法优缺点的前提下,拟使用一种改进的非支配排序遗传算法(NSGA-Ⅱ)对该优化模型进行求解。为有效求解此类问题,本章拟引入变量 λ_W / λ_E 表示综合优化模型两个目标函数的权重系数比,设计一种权重系数比选取算法以获得在不同运营时段内满足决策者需求偏好下的权重系数比值,然后将得到的权重系数比值代入 NSGA-Ⅱ 求解算法中,能够帮助 NSGA-Ⅱ 在全局搜索中找到一种尽可能偏向某一运输需求(节能效率或旅客服务质量),同时最大限度地接近全局最优的帕累托解集。以上算法拟考虑在商业数学软件 MATLAB 或商

4 面向运输效率和服务提升的多制式列车一体化运行调整与时刻表协同编制方法研究

业优化软件 CPLEX 上进行编程实现。考虑节能效率和旅客运输服务的多制式列车时刻表协同编制求解流程如图 4-3 所示。

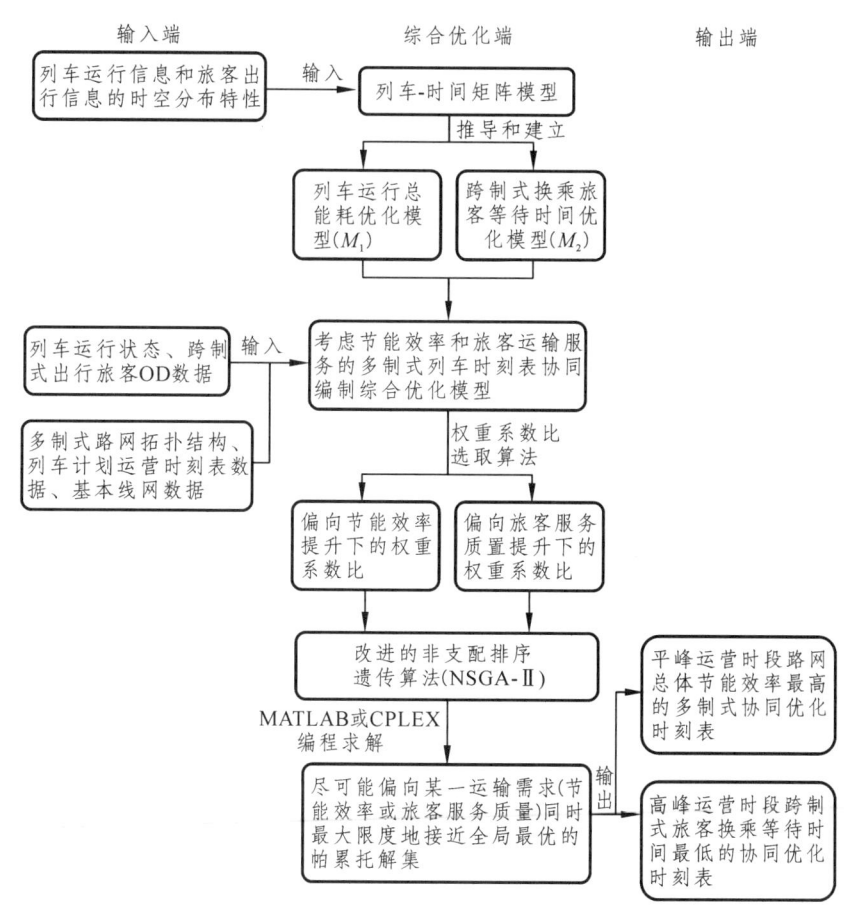

图 4-3 多制式列车时刻表协同编制求解流程

（3）多制式列车时刻表协同编制结果对比分析。

以成渝地区的多制式轨道交通路网运营现场作为实例，用以验证平峰运营时段路网总体节能效率最高和高峰运营时段跨制式旅客换乘等待时间最低为目标的多制式列车时刻表协同编制综合优化模型的有效性，利用权重系数比选取算法和 NSGA-Ⅱ求解出满足不同运营时段需求下的列车协同编制优化时刻表，然后对不同运营时段下原计划时刻表与对应优化时刻表的求解结果

（目标函数值）进行对比分析。

3. 考虑延误调整与换乘接续的多制式列车一体化运行调整方案编制

（1）多制式列车一体化运行调整模型构建。

在一个多制式轨道交通系统中，选择一个非正常运营时期（延误干扰）的运营时段作为测试时间段。根据延误发生后的列车运行状况和旅客出行信息，参考此时的路网拓扑结构、基本线网数据和列车计划运营时刻表数据，在追求延误干扰对发生线路旅客等待时间影响最小和相连线路跨制式出行旅客换乘等待时间影响最小的情况下，构建考虑延误调整与换乘接续的多制式列车一体化运行调整优化模型（M_3）；对列车在车站的到发时刻和追踪间隔时间等进行优化；考虑到延误干扰持续时间的不确定性，本章收集多制式轨道交通系统干扰列车运行的历史事故数据，挖掘各事故延误干扰持续时间与列车追踪间隔时间之间的内在联系，根据这种内在联系对历史事故数据中的延误干扰事件进行分级，设计针对不同干扰级别下的列车一体化运行调整策略，然后根据不同延误干扰时长逐步更新并反复调整列车一体化运行策略的方式，处理延误干扰持续时间的不确定性问题。

（2）多制式列车一体化运行调整模型求解研究思路。

经过合理分析后大致确定出随机延误干扰对多制式路网列车运行调整和旅客运输组织的影响范围。针对延误干扰持续时间的不确定性，首先根据当前掌握的信息对干扰持续时间进行预判，然后将预判得到的干扰持续时间 t'_{delay} 对应等级下的列车一体化运行调整策略代入本章构建的模型 M_3 中，利用商业优化软件 CPLEX 或 Gurobi 等进行求解，得到第一阶段的多制式列车一体化运行调整方案。随着时间的推移，调度员将进一步掌握更多关于此次随机延误干扰的信息，并能够大致确定出干扰持续时间，而此时第一阶段的多制式列车一体化运行调整方案已成既定事实，需要更新此时的列车运行状态信息作为第二阶段调整的输入信息，结合确定的干扰持续时间 t''_{delay} 对应等级下的列车一体化运行调整策略，代入模型 M_3 中，并利用商业优化软件 CPLEX 或 Gurobi 等进行求解，得到第二阶段的多制式列车一体化运行调整方案。因

4 面向运输效率和服务提升的多制式列车一体化运行调整与时刻表协同编制方法研究

此，利用两阶段优化方法求解考虑延误调整与换乘接续的多制式列车一体化运行调整方案编制的流程如图 4-4 所示。

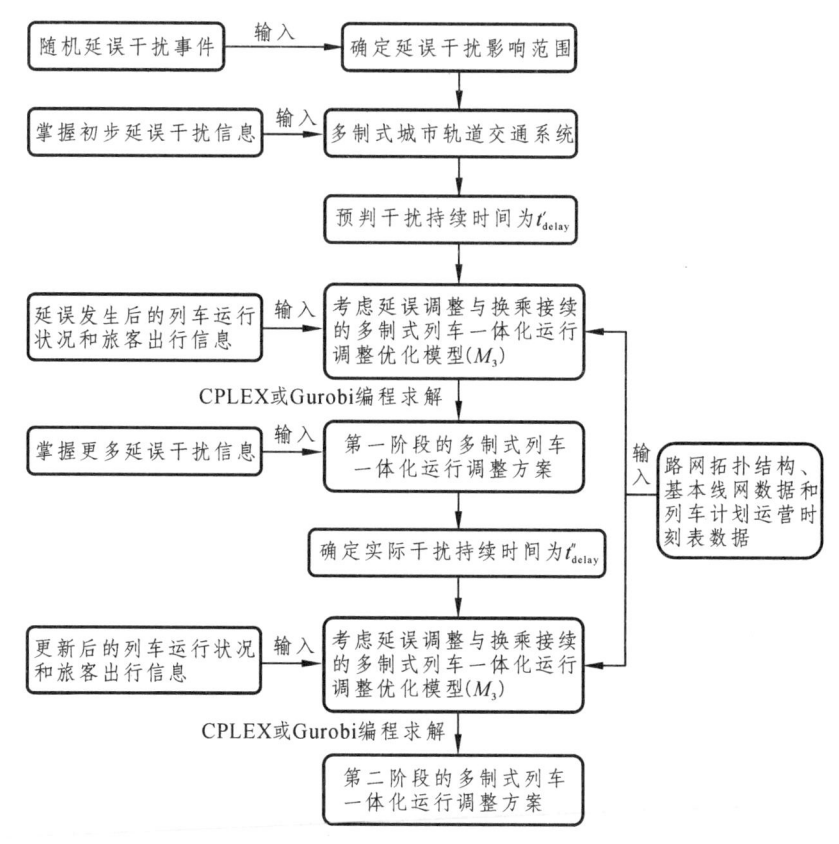

图 4-4 利用两阶段优化方法求解多制式列车一体化运行调整方案流程

（3）多制式列车一体化运行调整方案编制对比分析。

以成渝地区的多制式轨道交通路网运营现场作为实例，用以验证非正常运营时期延误干扰对发生线路旅客等待时间影响最小和相连线路跨制式出行旅客换乘等待时间影响最小为目标的多制式列车一体化运行调整优化模型的有效性，利用两阶段求解方法求解出考虑延误调整与换乘接续的多制式列车一体化运行优化调整方案，与现场实际调整方法进行对比分析。

本章节的总体研究技术路线如图 4-5 所示。

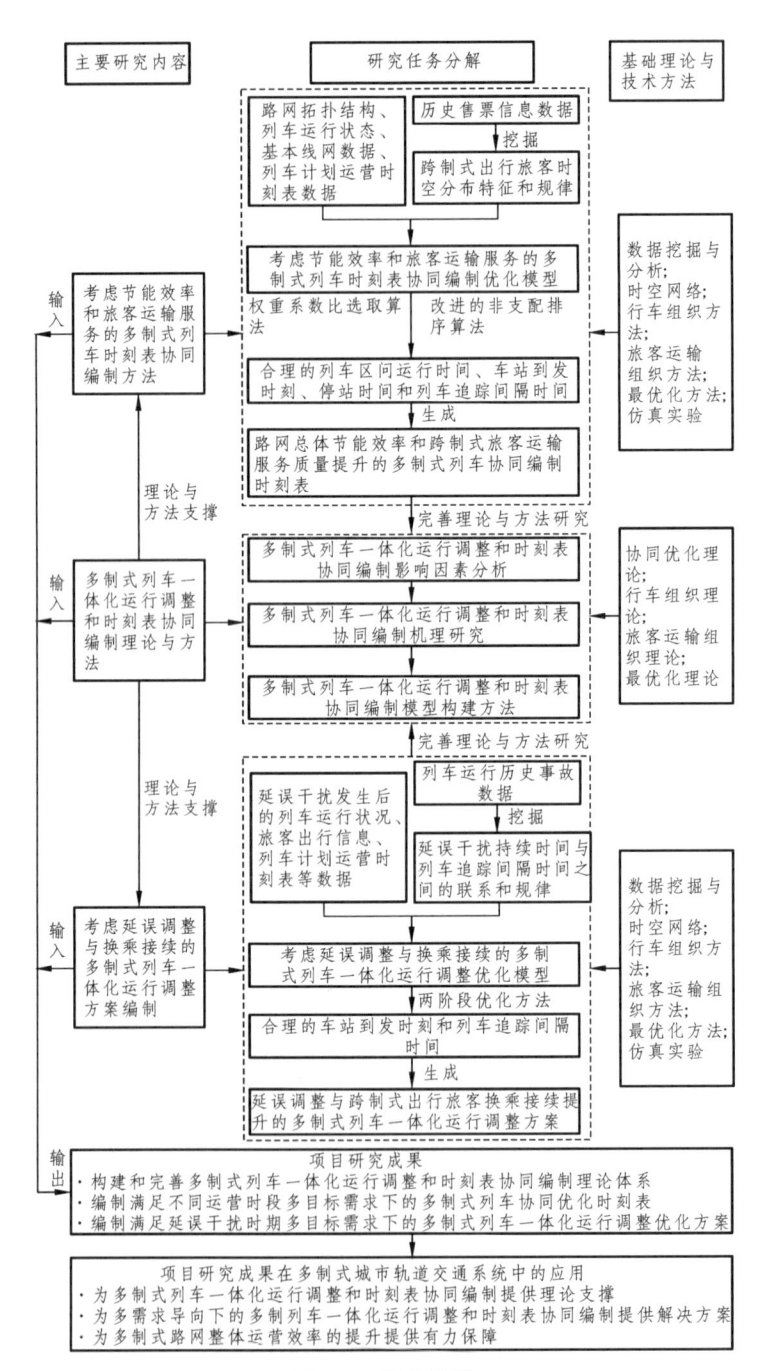

面向总体运能提升的区域多制式轨道交通系统协同运输方法研究

图 4-5 技术路线

4.5 主要研究方法

1. 现场调研

深入北京、广州、成都、武汉等地的铁路集团有限公司调度所以及成都轨道交通集团有限公司和重庆市轨道交通（集团）有限公司调度所进行实地调研，熟悉轨道交通列车运行调度工作的流程，重点了解调度员在编制列车阶段运营时刻表、旅客阶段运输计划和延误干扰情况下进行列车运行调整作业的流程和存在的问题。调研收集的数据包括相关路网拓扑结构、基本线网数据、旅客出行 OD 数据、列车计划运营时刻表数据、各制式轨道交通系统历史售票信息数据和列车运行历史事故数据。

2. 实验模拟

借助综合交通运输智能化国家地方联合工程实验室的"城市轨道交通调度指挥仿真系统"，对本书构建的优化模型所生产的满足不同运营时期和运营时段实际运输需求下的多制式列车一体化运行调整优化方案和协同优化时刻表执行结果进行仿真分析，并与现场实际列车调整方案和计划运营时刻表执行结果相比较，评估优化调整方案和协同优化时刻表的效果。

3. 数据挖掘

挖掘各制式轨道交通系统历史售票数据信息，寻找不同制式轨道交通系统在不同运营时段下的跨制式出行旅客时空分布特征和规律，为考虑节能效率和旅客运输服务的多制式列车时刻表协同编制提供关键数据支撑。挖掘各制式轨道交通系统列车运行历史事故数据，探寻各事故延误干扰持续时间与列车追踪间隔时间之间的内在联系和规律，为考虑延误调整与换乘接续的多制式列车一体化运行调整方案的编制提供关键数据支撑。

4. 系统优化

根据列车计划运行时刻表和跨制式出行旅客时空分布特性，构建考虑节能效率和旅客运输服务质量的多制式列车时刻表协同编制综合优化模型；考虑问题的复杂度和模型结构特性，设计了一种权重系数比选取算法和改进的非支配排序遗传算法进行求解，生成满足不同运营时段需求下的列车协同编制优化时刻表。根据延误发生后的列车运行状况和旅客出行信息，基于时空网络，构建考虑延误调整与换乘接续的多制式列车一体化运行调整优化模型；考虑到延误干扰持续时间的不确定性，提出两阶段优化方法进行求解，生成有利于延误调整与换乘接续的多制式列车一体化运行优化调整方案。

4.6 案例分析

基于现场的实际延误恢复策略（ADRS）只考虑了减少延误，而忽略了企业的运营成本。本书提出了优化的延误恢复策略（ODRS），以减小延误对乘客的影响，同时提高能源效率。构建一种双层规划模型用以解决不同初始延误情况下列车运行延误恢复问题，达到最小化乘客额外等待时间（AWTP）和总能耗（TEC）的目的。在求解过程中，采用了非支配排序遗传算法（NSGA-Ⅱ）进行求解。在求解过程中，采用 NSGA-Ⅱ来求解上述模型，可以得到有效的帕累托前沿解决方案。最后，以成都地铁为例进行了实例分析，以验证模型和算法的有效性。

1. 模型构建

为了减少列车在延误恢复期间的运行总能耗，本研究对不同延误恢复策略下的列车节能驾驶操纵模式进行了优化，从而寻找到能够使列车总能耗最低的节能驾驶操纵模式。图 4-6 显示了前车和后车在延误恢复期间的节能驾驶操纵模式，包括牵引、惰行、再牵引、再惰行、制动五个阶段。在上述研究的基础上，建立短时延误恢复期的延误列车能耗优化模型，构建短时延误恢复期的延误列车能耗模型如式（4-1）所示。

$$E_{\text{train}}^{\text{total}} = \frac{1}{3\,600\varphi} \left(\sum_{i=i'}^{i'+n_k} \left(\int_0^{l_{k,j,\text{tr}}} f\mathrm{d}l + \int_0^{l_{k,j,\text{br}}} b\mathrm{d}l \right) + \sum_{i=i'}^{i'+n_{k+1}-1} \left(\int_0^{l_{k+1,j,\text{tr}}} f\mathrm{d}l + \int_0^{l_{k+1,j,\text{br}}} b\mathrm{d}l \right) + \int_0^{l_{k+1,j'-1,\text{tr}}} f\mathrm{d}l + \int_0^{l_{k+1,j'-1,\text{setr}}} f\mathrm{d}l + \int_0^{l_{k+1,j'-1,\text{br}}} b\mathrm{d}l \right) \quad (4\text{-}1)$$

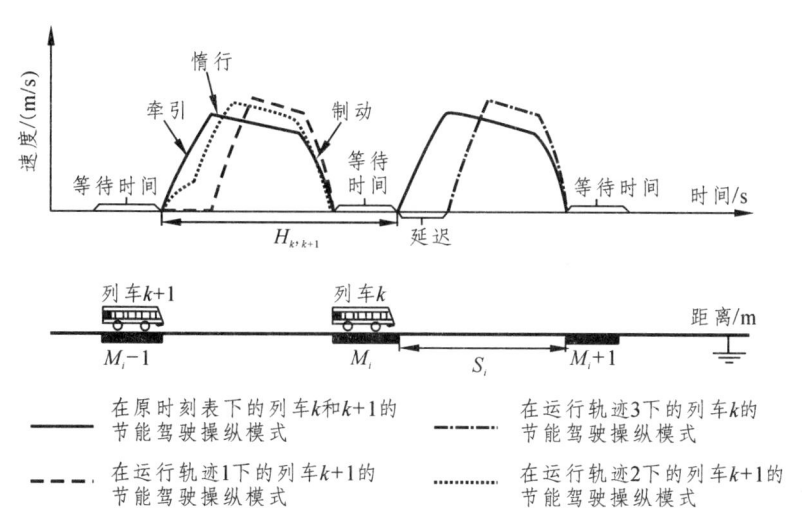

4 面向运输效率和服务提升的多制式列车一体化运行调整与时刻表协同编制方法研究

图 4-6 延误恢复期间前车和后车的节能驾驶操纵模式

为了使列车能耗最小，式（4-1）应满足式（4-2）~式（4-6）的约束。式（4-2）给出了列车牵引力和制动力的取值约束；式（4-3）表示列车在区间运行的速度约束；式（4-4）~式（4-5）表示列车在该区段各阶段的延误运行时间和距离约束；式（4-6）表示列车在区间内运行的最大加速度和减速度约束。

$$\begin{cases} 0 \leqslant f \leqslant f_{\max}(v) \\ 0 \leqslant b \leqslant b_{\max}(v) \end{cases} \tag{4-2}$$

$$\begin{cases} v_{k,i}(t) \leqslant v_{\text{limit}} \\ v_{k+1,i}(t) \leqslant v_{\text{limit}} \end{cases} \tag{4-3}$$

$$\begin{cases} l_{k,i,\text{tr}} + l_{k,i,\text{co}} + l_{k,i,\text{br}} = l_{k,i} & i \in \{i', i'+1, \cdots, i'+n_k\} \\ l_{k+1,i,\text{tr}} + l_{k+1,i,\text{co}} + l_{k+1,i,\text{br}} = l_{k+1,i} & i \in \{i', \cdots, i'+n_{k+1}-1\} \\ l_{k+1,i'-1,\text{tr}} + l_{k+1,i'-1,\text{co}} + l_{k+1,i'-1,\text{setr}} + l_{k+1,i'-1,\text{seco}} + l_{k+1,i'-1,\text{br}} = l_{k+1,i'-1} \end{cases} \tag{4-4}$$

$$\begin{cases} t_{k,i,\text{tr}} + t_{k,i,\text{co}} + t_{k,i,\text{br}} = t_{k,i} & i \in \{i', i'+1, \cdots, i'+n_k\} \\ t_{k+1,i,\text{tr}} + t_{k+1,i,\text{co}} + t_{k+1,i,\text{br}} = t_{k+1,i} & i \in \{i', \cdots, i'+n_{k+1}-1\} \\ t_{k+1,i'-1,\text{tr}} + t_{k+1,i'-1,\text{co}} + t_{k+1,i'-1,\text{setr}} + t_{k+1,i'-1,\text{seco}} + t_{k+1,i'-1,\text{br}} = t_{k+1,i'-1} \end{cases} \tag{4-5}$$

$$\begin{cases} a_{\mathrm{tr}} = f - r(v)/M_0 \leqslant a_{\mathrm{tr}}^{\max} \\ a_{\mathrm{br}} = \left| -b - r(v)/M_0 \right| \leqslant \left| a_{\mathrm{br}}^{\max} \right| \end{cases} \quad (4\text{-}6)$$

此外，为了降低延误恢复期间旅客额外总等待时间，应构建不同延误恢复策略下旅客额外总等待时间。如图 4-7 所示为延误恢复期间旅客的额外等待时间（AWTP）。其中，延误恢复期间的 AWTP 可按式（4-7）计算。为了使 AWTP 最小化，式（4-7）应满足式（4-8）~式（4-11）的约束。式（4-8）和式（4-9）分别代表了列车延误恢复结束时的约束条件，当列车在站和列车在站的延误时间为 0 时，整个延误恢复完成。式（4-10）和式（4-11）分别表示最大和最小运行时间和停留时间。

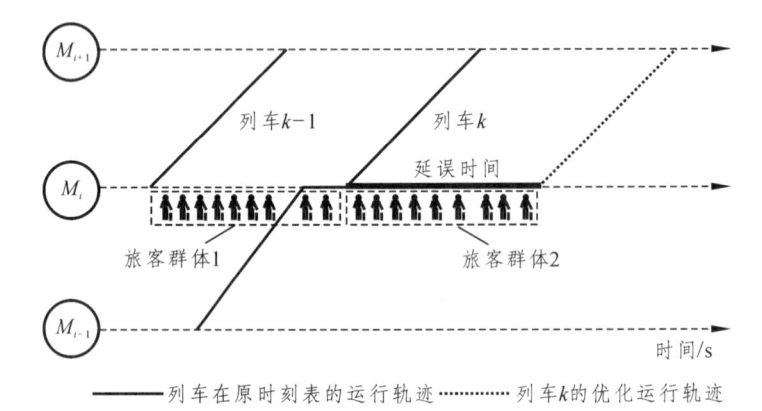

图 4-7 延误恢复期间旅客的额外等待时间

$$D_{\text{delay}}^{\text{total}} = \frac{1}{60} \left[\sum_{i=i'+1}^{i'+n_k+1} d_{k,i}(q_{k,i} - \frac{1}{2} d_{k,i} \lambda_i) + \sum_{i=i'}^{i'+n_{k+1}+1} d_{k+1,i}(q_{k+1,i} - \frac{1}{2} d_{k+1,i} \lambda_i) \right] \quad (4\text{-}7)$$

$$d_{k,i'+n_k+1} = d_{k,i'+n_k} - (t_{i'+n_k}^{\mathrm{c}} - t_{k,i'+n_k}) - (w_{i'+n_k}^{\mathrm{c}} - w_{k,i'+n_k}) = 0 \quad (4\text{-}8)$$

$$d_{k+1,i'+n_{k+1}} = d_{k+1,i'+n_{k+1}-1} - (t_{i'+n_{k+1}-1}^{\mathrm{c}} - t_{k+1,i'+n_{k+1}-1}) - (w_{i'+n_{k+1}-1}^{\mathrm{c}} - w_{k+1,i'+n_{k+1}-1}) = 0 \quad (4\text{-}9)$$

$$t_i^{\min} \leqslant t_{k,i} \leqslant t_i^{\max} \quad (4\text{-}10)$$

$$w_{k,i}^{\min} \leqslant w_{k,i} \leqslant w_{k,i}^{\max} \quad (4\text{-}11)$$

4 面向运输效率和服务提升的多制式列车一体化运行调整与时刻表协同编制方法研究

2. 模型求解

本章利用 MATLAB 软件带有 NSGA-Ⅱ算法功能的求解函数对构建的多目标优化模型进行求解，首先需要对延误车站数量进行确定，并选择合适的权重系数。其编程伪代码见表 4-1 和表 4-2，该模型求解算法实现流程如图 4-8 所示。

表 4-1 延误车站数量的确定

	算法 延误车站数量的确定
1	Set $n_k=0$, $n_{k+1}=0$
2	If $0 < T_k - \sum_{i'}^{i'+n_k-1}(t_i^c - t_{k,i}) - \sum_{i'+1}^{i'+n_k-1}(w_i^c - w_{k,i}) \leqslant t_{i'+n}^c - t_{i'+n}^{\min}$
3	$n_k = n$
4	else if $T_k - \sum_{i'}^{i'+n_k-1}(t_i^c - t_{k,i}) - \sum_{i'+1}^{i'+n_k-1}(w_i^c - w_{k,i}) > t_{i'+n}^c - t_{i'+n}^{\min}$
5	$n_k = n+1$
6	else
7	$n_k = n-1$
8	end
9	End
10	If $0 < T_0' - \sum_{i'}^{i'+n_{k+1}-2}(t_i^c - t_{k+1,i}) - \sum_{i'}^{i'+n_{k+1}-2}(w_i^c - w_{k+1,i}) \leqslant t_{i'+n}^c - t_{i'+n}^{\min}$
11	$n_{k+1} = n$
12	else if $T_0' - \sum_{i'}^{i'+n_{k+1}-2}(t_i^c - t_{k+1,i}) - \sum_{i'}^{i'+n_{k+1}-2}(w_i^c - w_{k+1,i}) > t_{i'+n}^c - t_{i'+n}^{\min}$
13	$n_{k+1} = n+1$
14	else
15	$n_{k+1} = n-1$
16	end
17	End

表 4-2 合适的权重系数确定

算法	确定合适的权重系数
1	Input the initial delay time and bi-objective optimization model (22) to minimize the AWTP and TEC;
2	Input variable i, which is used to represent the weight coefficient ratio λ_D/λ_E;
3	For $i = 1$
4	Calculating the AWTP (represented by D_i) under the weight coefficient ratio i;
5	Calculating the AWTP (represented by D_{i+1}) under the weight coefficient ratio $i + 1$;
6	if $(D_i - D_{i+1})/D_i \leqslant$ the set value
7	Return i;
8	Calculating the AWTP under the weight coefficient ratio i, which can reflect the decision-making tendency to reduce AWTP;
9	end
10	else $i = i + 1$;
11	end
12	end if
13	End for

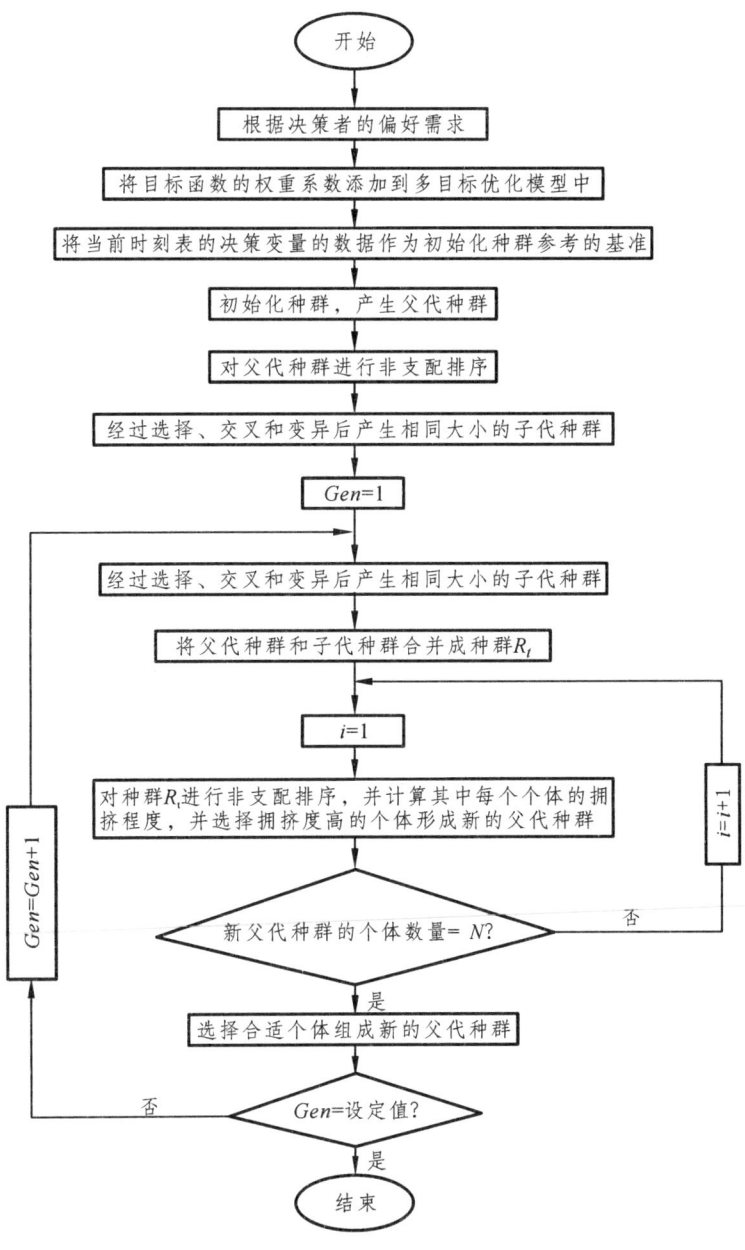

4 面向运输效率和服务提升的多制式列车一体化运行调整与时刻表协同编制方法研究

图 4-8 NSGA-Ⅱ算法的实现流程

3. 实例验证

本章选取一个真实世界的数值案例进行验证（列车在成都地铁 4 号线 M_4 站延误），设置了两个案例来验证短时延误恢复策略的有效性和 NSGA-II 的实用性。案例 A 设定初始延误时间为 110 s；案例 B 设定初始延误时间为 80 s。

该地铁线由 16 个车站组成，编号从 M_1 到 M_{16}。该地铁线的时刻表信息，包括站间的距离和运行时间，以及在车站的停留时间见表 4-3。在车站的最长和最短停留时间为 45 s 和 20 s，高峰期的列车追踪间隔为 180 s，列车质量为 196×10^3 kg。为了保证乘客的舒适性，列车在各区间运行的最大速度为 22.2 m/s，列车的最大加速度和减速度分别为 1 m/s² 和 -1 m/s²，列车的最大牵引力、最大制动力和线路基本阻力的特性曲线如图 4-9 所示。

表 4-3 成都地铁 4 号线的基本信息

车站编号	距离/m	原运行时间	最短运行时间	原停站时间/s
M_1—M_2	2 585	164	152	25
M_2—M_3	2 140	138	113	25
M_3—M_4	1 887	118	105	20
M_4—M_5	2 150	146	134	20
M_5—M_6	1 171	84	76	20
M_6—M_7	985	72	67	35
M_7—M_8	900	70	63	35
M_8—M_9	1 166	84	76	32
M_9—M_{10}	972	75	67	35
M_{10}—M_{11}	1 537	113	98	35
M_{11}—M_{12}	1 140	83	75	20
M_{12}—M_{13}	750	61	56	25
M_{13}—M_{14}	1 630	110	99	30
M_{14}—M_{15}	1 560	105	96	32
M_{15}—M_{16}	820	64	59	28
M_{16}				20
总计	21 393	1 487	1 336	437

4 面向运输效率和服务提升的多制式列车一体化运行调整与时刻表协同编制方法研究

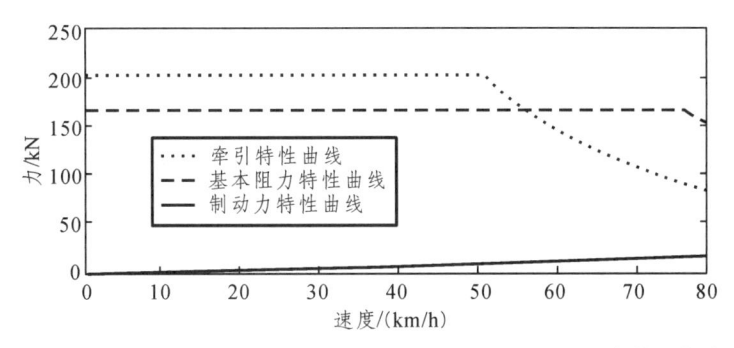

图 4-9 地铁列车最大牵引力、线路基本阻力、最大制动力特性曲线

根据成都地铁运营中心在一周内的高峰时段在 M_1—M_{16} 站采集的刷卡数据，计算出各站单位时间内的进站乘客数，表示乘客平均到达率，如图 4-10 所示。

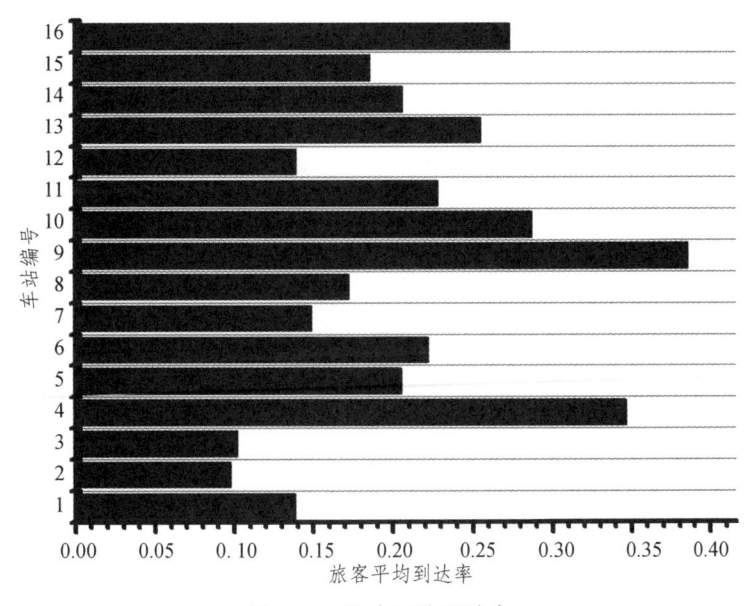

图 4-10 旅客平均到达率

对不同延误恢复策略下各区段的累计 TEC 和各站的累计 AWTP 进行了比较分析，如图 4-11 所示。图 4-11（a）显示了案例 A 中不同延误恢复策略下的累计 TEC 和累计 AWTP 之间的关系，当延误列车到达 M_{11} 站时，延误恢复任务已经完成。对于优化的延误恢复策略，累计 TEC 和累计 AWTP 分别为

232.082 kW·h 和 279.845 min；对于实际的延误恢复策略，这些数值分别为 304.871 kW·h 和 396.212 min。图 4-11（b）显示了案例 B 的关系，当延误的列车到达 M_9 站时，延误恢复的任务已经完成。对于优化后的延误恢复策略，累计 TEC 和累计 AWTP 分别为 170.638 kW·h 和 131.653 min；对于实际延误恢复策略，这些数值分别为 212.382 kW·h 和 165.466 min。

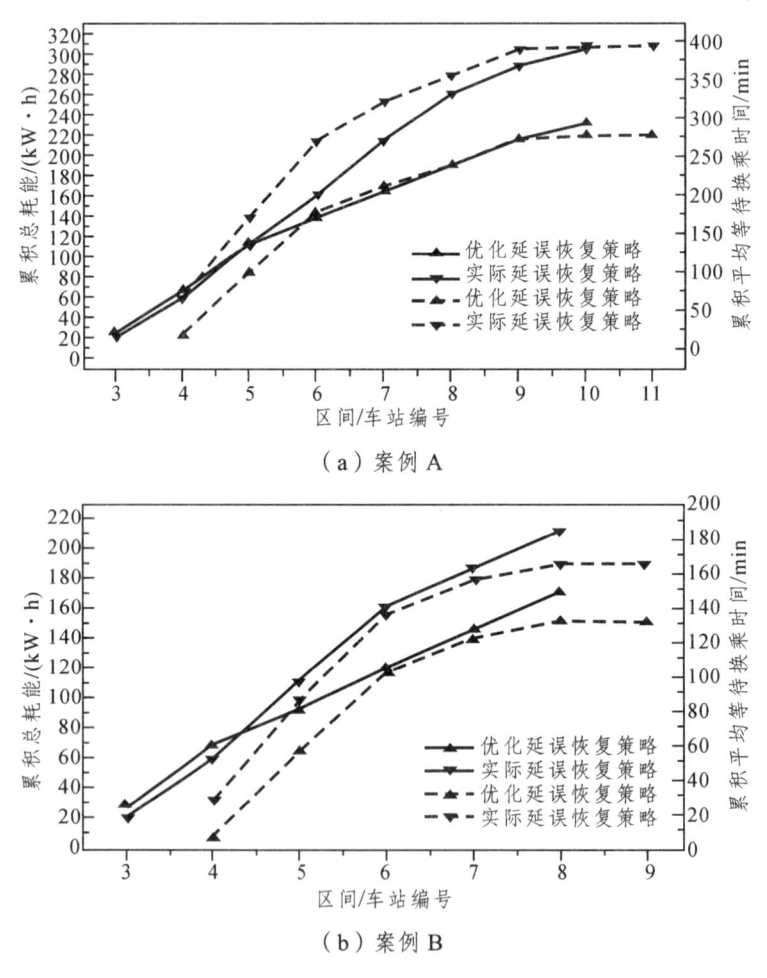

（a）案例 A

（b）案例 B

图 4-11 在延误恢复期间不同延误恢复策略的两个目标函数的累积值

基于 TEC、AWTP 和延误到达站数（NDAS）三个指标，根据优化结果进行性能对比分析，以反映本研究中优化的延误恢复策略的有效性，具体见

4 面向运输效率和服务提升的多制式列车一体化运行调整与时刻表协同编制方法研究

表 4-4。在案例 A 和 B 中，与实际延误恢复策略（ADRS）相比，优化的延误恢复策略（ODRS）可以分别减少 23.88%和 29.37%；此外，与实际延误恢复策略相比，优化的延误恢复策略可以分别减少 19.66%和 20.43%的 TEC 和 AWTP。

表 4-4　优化的和实际的延误恢复策略之间的性能比较

测试案例	延误恢复策略	初始延误/s	TEC/(kW·h)	AWTP/min	NDAS
案例 A	ADRS	110	304.87	396.21	11
	ODRS		232.08	279.84	8
	优化率		23.88%	29.37%	27.27%
案例 B	ADRS	80	212.38	165.47	7
	ODRS		170.64	131.65	5
	优化率		19.66%	20.43%	28.57%

结果表明：ODRS 比 ADRS 能有效地降低 AWTP 和 TEC 值。此外，随着初始延误时长的增加，ODRS 的优化效果将更加明显。

4.7　本章小结

通过本章节研究，其研究成果具有以下研究意义：

（1）多需求导向下的多制式列车一体化运行调整和时刻表协同编制是轨道交通一体化协同运输组织的理论创新。

本章旨在建立多制式列车一体化运行调整方案和运营时刻表协同编制理论，考虑多制式轨道交通路网在不同运营时期和运营时段内对列车节能减排、旅客运输服务质量以及延误干扰调整等多方面实际运输需求，研究多需求导向下的多制式轨道交通列车一体化运行调整和时刻表协同编制方法，以提高多制式轨道交通路网的整体运营效率，为多制式轨道交通系统列车一体化运行调整和时刻表协同编制提供新思路。

（2）列车运行调整和时刻表优化是国内外研究的热点。

国内外越来越多的铁路运输专家和学者开始研究列车运行调整和时刻表优化问题：① 近五年相关国际顶级期刊，如 Transportation Research Part（B、C、E）、IEEE Transactions on Intelligent Transportation Systems 和 Energy 上发表了多篇关于多目标下的列车时刻表综合优化方面的研究论文。② 国际铁路运营管理优化研究协会（International Association of Railway Operations Research，IAROR）已经成功召开了 9 届世界研讨会，发表了大量关于列车运行调整和时刻表综合优化方面的高水平论文。③ Google 趋势、CNKI（中国知网）学术关注度、百度指数等统计数据显示，关于列车运行调整和时刻表优化方面的研究一直都保持着较高的热度。

列车运行调整和时刻表优化问题一直是国内外专家学者和铁路运输企业关注的热点，但多需求导向下的多制式列车一体化运行调整和时刻表协同编制理论体系和方法还有待完善，有必要结合我国多制式轨道交通系统一体化协同运输组织现状进行跟踪研究。

（3）研究应用前景较好。

本章紧密结合我国多制式轨道交通运输组织的实际需求，研究多制式列车一体化运行调整和时刻表协同编制的关键理论，提出多需求导向下的列车一体化运行调整和时刻表协同编制理论和方法。研究成果能为多制式轨道交通系统列车一体化运行调整和时刻表协同编制提供理论支撑，为多需求导向下的列车一体化运行调整和时刻表协同编制提供解决方案，为多制式路网整体运营效率的提升提供有力保障。

综上所述，本章紧跟国内外研究热点，针对我国多制式轨道交通一体化协同运输组织的实际需要，研究多制式列车一体化运行调整和时刻表协同编制问题，完善多需求导向下的列车一体化运行调整和时刻表协同编制理论和方法。研究具有一定的理论创新价值和工程实践意义以及良好的应用前景。

5

不确定客流需求下
面向总体运能提升的
多模式列车运行图
一体化协同编制方法研究

5.1 研究概述

列车运行图作为保障铁路运输安全高效、旅客出行便捷舒适的重要关键，其编制质量直接决定了列车运行效率和旅客服务质量。近年来，我国轨道交通建设快速发展，多模式轨道交通线网不断融合，致使多网融合下的列车运行场景和旅客出行环境变得越来越复杂，运输企业利益与旅客出行服务间的矛盾日益加剧，亟需开展面向铁路运营效益与旅客运输服务耦合需求驱动的多模式列车运行图编制优化研究，以使列车运行图与客流需求达到最佳供需匹配。

现阶段，在研究列车运行图编制优化问题时，既有研究存在以下不足：① 研究对象多为单一轨道交通模式，缺乏基于多模式路网构建的列车运行图编制优化理论与方法研究。② 大多根据给定客流需求编制列车运行图，得到的列车运行图很难适应真实运营条件下客流需求随时间变化波动的复杂情况。③ 仅考虑优化列车运行时刻表和开行数量来调整列车运行线，未考虑列车停站方案的优化。④ 对运行图编制优化模型的求解多依赖于启发式搜索算法，无法保证模型的求解效果，缺乏更为高效的优化求解算法。

本章通过对多模式列车运行图编制理论与方法进行创新研究，拟从以下几方面弥补既有研究的不足：① 设计不确定客流需求数据库的抽样方法，以获取不确定客流需求的近似真实分布情况，构建多模式旅客出行路径选择模型并标定模型参数。② 研究多模式列车运行图协同编制优化机理，构建多模式不确定客流需求下列车运行图编制优化建模和求解方法框架。③ 考虑更为复杂、全面的实际耦合运营需求，构建多模式耦合需求驱动的列车运行图编制优化模型，设置不同备选停站方案集合，以提高列车运行线编制的灵活性，设计拉格朗日松弛算法对模型进行高效求解，以最大化列车运行图的供需匹配效能，提升多模式路网总体运输能力，为旅客提供高效、便捷、舒适的区域出行服务。

5 不确定客流需求下面向总体运能提升的多模式列车运行图一体化协同编制方法研究

5.2 研究背景与意义

轨道交通是国家综合立体交通网的骨干，近年来，我国轨道交通行业取得辉煌成就，以高速铁路、城际铁路、地铁等为代表的单一交通模式基础设施网络建设与发展已处于世界前列。截至 2022 年年底，我国铁路运营里程已达 1.55×10^5 km，城市轨道交通线路运营里程为 9 584 km。此外，2022 年全国实际开行列车 3 316 万列次，完成客运量 194 亿人次，完成进站量 116.9 亿人次，客运周转量 1 560 亿人次·千米。然而，多网融合下的轨道交通综合系统仍存在多模式协同运输效能不足、网络耦合效果不佳等问题，交通强国背景下多模式轨道交通综合系统"四网融合""一体化发展"等已成为制约我国轨道交通行业高质量可持续发展的关键因素。

2019 年 9 月 19 日，中共中央、国务院印发的《交通强国建设纲要》明确指出要推进我国干线铁路、城际铁路、市域（郊）铁路、城市轨道交通"四网融合"，构建区域一体化轨道交通路网。图 5-1 所示为成渝地区多模式轨道交通局部路网。到 2035 年，基本形成"全国 123 出行交通圈"（都市区 1 h 通勤、城市群 2 h 通达、全国主要城市 3 h 覆盖），实现旅客联程运输便捷顺畅，同时全面提升铁路经营管理水平，为我国建设成现代化铁路强国提供有力支撑。不仅如此，科技部还将轨道交通调度控制一体化与联程运输服务技术作为重要内容写入了"交通载运装备与智能交通技术"重点专项 2022 年度项目申报指南，强调了多网融合下的轨道交通一体化联程运输服务是实现旅客便捷出行的重要手段。我国轨道交通系统模式多样、运营主体繁多、路网规模庞大、运行环境复杂、行车密度极高且部分线路通过能力紧张。列车运行图作为保障铁路运输安全高效、绿色智能、区域协同的关键，其编制质量不仅对轨道交通系统运行效率和运营成本有根本性的影响，而且直接决定了旅客乘坐轨道交通出行的满意度。因此，有必要针对多模式列车运行图编制优化问题开展理论创新研究，在充分利用多模式轨道交通路网运输能力的同时，协同编制不同模式下的高质量列车运行图，为旅客提供便捷、舒适、高效的出行和换乘服务。

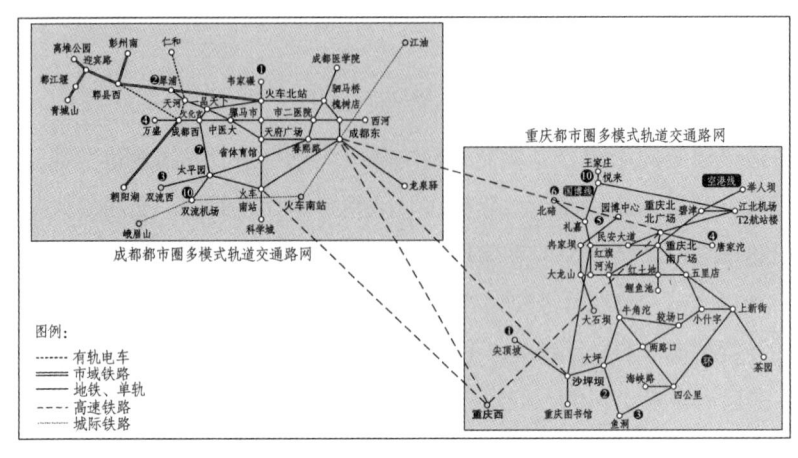

面向总体运能提升的区域多制式轨道交通系统协同运输方法研究

图 5-1 成渝地区多模式轨道交通局部路网

在编制多网融合条件下不同轨道交通模式列车运行图时，既有研究大多根据确定的客流需求，编制满足各自模式实际运营需求的列车运行图，缺乏不确定客流需求下的列车运行图编制优化研究，因而得到的列车运行图很难适应真实运营条件下客流需求随时间变化波动的复杂情况，造成铁路线网运输能力的浪费，无法满足多模式轨道交通路网的多元耦合运输需求，使得路网整体运营组织效率和一体化联程运输服务水平降低。此外，在编制不同轨道交通模式列车运行图时，既有研究较少同时将旅客出行路径选择、列车出行路径选择和列车停站方案进行综合考虑，且对运行图编制优化模型的求解多依赖于启发式搜索算法，无法保证模型的求解效果，缺乏更为高效的优化求解算法，使得优化的列车运行图存在质量不高和适用性不强等问题。再者，既有列车运行图编制优化的相关研究成果仅考虑优化列车运行时刻表和列车开行数量来调整列车运行线，未考虑列车停站方案的优化，且研究对象多为单一轨道交通模式，缺乏基于多模式路网构建的列车运行图编制优化理论与方法。

随着旅客对出行品质要求的不断提高，未来我国部分高速铁路线路将效仿城市轨道交通模式逐渐推广"不固定席位"的方式来提供旅客运输服务，这将为多制式轨道交通一体化联程运输创造条件。届时，不同轨道交通模式客票系统将逐渐统一，为多模式旅客出行信息的获取和处理提供便利，这将

5 不确定客流需求下面向总体运能提升的多模式列车运行图一体化协同编制方法研究

吸引越来越多的学者开展多模式轨道交通一体化协同运输组织方面的研究，为我国多网融合下的轨道交通一体化建设与运营奠定理论基础。

综上所述，为了提高多模式列车运行线与不同场景下客流需求在时空分布上的匹配程度，完善多模式轨道交通局部路网层面列车运行图编制优化建模与算法设计的理论创新及应用，本章首先根据搜集到的多模式路网静态不确定客票数据和列车实际运行图数据，设计不同出行场景下不确定客流需求数据库抽样的智能优化算法，以获取不确定客流需求的近似真实分布情况，以此构建适应任意场景的多模式旅客出行路径选择模型。其次，本章通过研究多模式列车运行图协同编制优化机理，确定了多模式列车运行图协同编制优化方式，然后根据抽样平均近似方法选取的静态不确定客流需求场景数据库，设置列车时空路径选择 0-1 变量和旅客出行路径选择非负整数变量，构建多模式不确定客流需求下列车运行图编制优化模型，充分考虑旅客出行相关和列车运行图编制相关两类约束，借助列生成算法求解思想，以得到旅客出行需求导向的多模式路网列车时刻表编制优化方案。最后，基于以上两部分研究内容，本章引入铁路运营费用和旅客总旅行费用相关优化目标和约束条件，构建多模式耦合需求驱动的列车运行图编制优化模型，并进一步设置不同备选停站方案集合，以提高列车运行线编制的灵活性。设计拉格朗日松弛算法对模型进行高效求解，得到满足铁路运输企业和旅客耦合需求的列车运行图编制方案，并基于 AnyLogic 仿真软件对不同需求导向的多模式列车运行图编制方案执行效果进行可视化展示，辅助调度员编制生成稳定性强、适配性高的多模式耦合需求驱动的列车运行图，实现"需求与供给的动态耦合"，支撑轨道交通复合网络高效运输、便捷服务、绿色运营。

5.3 国内外研究现状及分析

列车运行图编制属于列车计划层面的问题，是铁路行车组织研究的热点问题之一，国内外许多学者对其进行了研究。部分学者从问题特征、模型类型、求解方法以及算例规模等方面进行了较深入的研究，并与既有文献进行对比分析，发现数学建模方法是解决列车运行图编制优化的主要手段。目前针对多模式列车运行图协同编制优化问题的研究较少，既有研究大多侧重于单一轨道交通模式下列车运行图编制优化问题，且大多均以运营需求为导向。因此，本章对列车运行图编制问题的研究综述分为列车导向的运行图编制优化问题研究和旅客导向的运行图编制优化问题研究两个部分，并对国内外研究现状进行分析和总结。

1. 列车导向的运行图编制优化问题研究现状与趋势分析

目前，国内外学者主要从提高线路通过能力、列车接续能力、运行图编图稳定性和灵活铺画能力等方面对列车导向的运行图编制优化问题进行了较为深入的详细研究。

在提高线路通过能力方面，一些学者通过调整列车运行图周期长度，以最小化列车运行图周期长度为优化目标，改变了以往假定列车运行图周期长度为固定值的前提条件，有效提高了铁路线路的列车通过能力利用率。在提高列车接续能力方面，霍世每[147]以换乘客流输送最大和换乘时间最短构建高铁枢纽站列车接续多目标优化模型，并根据列车接续关系是否确定对模型进行拓展。李天琦等[148]考虑了旅客换乘频率和换乘走行时间与列车动态接续间的耦合关系。在提高列车运行图编图稳定性与灵活铺画能力方面，Yan 等[149]构建了列车总旅行时间、列车运行图脆弱性、列车偏离程度以及列车越行次数最小化的多目标线性整数规划模型，设计了一种有效的多目标搜索算法以平衡四个优化目标间的相互作用关系。Sparing 等[150]通过最小化列车运行图周期长度作为衡量其稳定性的指标，进而构建了以运行图周期长度最小化为优化目标的整数规划模型，并考虑了列车区间运行时间、车站停站时间以及列车运行顺序和越行车站对模型优化的影响。周文梁等[151]建立了以列车总旅行时间最小化为优化目标的组合列车运行图编制优化模型，并基于拉格朗日松弛启发式算法思想对模型进行有效求解。徐涵等[152]以列车运行图调整时间和未被满足的列车接续数量加权之和最小化为优化目标，建立了列车运行线灵活接续条件下的非线性整数规划模型。

综上可知，上述已有文献主要从提高线路通过能力、列车接续能力、运

5 不确定客流需求下面向总体运能提升的多模式列车运行图一体化协同编制方法研究

行图编图稳定性和灵活铺画能力等方面对列车导向的运行图编制优化问题方面进行了详细深入的研究，但优化目标缺乏旅客运输需求的考虑，使得优化得到的列车运行图编制方案虽能提高列车运行效率，但不一定适应旅客实际运输需求。此外，已有文献研究对运行图编制优化模型的求解多依赖于启发式搜索算法，无法保证模型的求解效果，缺乏更为高效的优化求解算法。

2. 旅客导向的运行图编制优化问题研究现状与趋势分析

旅客是铁路系统最重要的服务对象，其运输服务水平反映了铁路行业提供运输服务的能力。现有文献关于旅客导向的列车运行图编制优化研究主要集中在通过降低旅客总旅行时间、换乘接续时间、候车等待时间为优化目标以达到提升旅客运输服务水平的目的。这类研究往往考虑了客流、载客量和站台拥挤度等多方面的约束条件，以列车到达时间和出发时间作为决策变量，通过构建旅客总出行时间或总等待时间的数学模型对计划列车运营时刻表进行优化，以得到有利于旅客服务质量提升的列车优化运行图。例如：Zhang 等[153]提出了考虑静态客流需求的列车调度与检修计划联合优化模型，并将该模型应用于解决中国铁路网的实际问题；Shi 等[154]结合旅客控制策略，针对列车时刻表问题，提出了一种具有列车容量约束的综合整数线性规划模型，以减少高频地铁线路的安全隐患，提高旅客运输服务水平；Liu 等[155]提出了一种非线性整数规划模型，结合旅客控制策略对列车调度和列车接续问题进行协同优化，在列车运用效率、旅客服务质量和站台候车人数之间进行权衡；乔俊[156]考虑旅客换乘满意度和列车到发均衡性，构建了多个高速铁路枢纽间列车的换乘接续优化模型；张婷婷等[157]根据换乘客流 OD 生成高速铁路列车衔接方案，以列车衔接时间最少和列车衔接方案服务的客流最大为目标构建了一种多目标混合整数规划模型。Yin 等[158]以高峰时段车站的拥挤程度最小为目标构建了城市轨道交通网列车时刻表协调优化模型，模型考虑了列车的上下车乘客人数以及车内人数，能够较为准确地表示车站拥挤程度，并设计了一种自适应大邻域搜索算法求解。

随着互联网技术和信息化手段的快速发展，铁路运营部门能够获得丰富多样的客票数据和旅客出行信息，因此传统的以服务供给为导向的列车运行图编制优化模式难以提升铁路运输服务水平对旅客的吸引力，越来越多的研究者和从业人员开始致力于解决客流需求驱动的列车运行图编制优化问题，以有效提升铁路客运产品在市场的核心竞争力。

部分文献研究了基于已知客流需求分布优化列车到站和发车时刻，能够更好地从时空分布层面上匹配客流需求与列车运行线供给。国内方面，针对不同时段列车运行频率与客流需求不匹配问题，黄鉴等[159]提出了循环布线方法与模拟退火算法对列车运行线布置进行全局优化。李得伟等[160]分别构建了三种不同越行模式情况下的城际铁路列车运行图编制优化模型，研究结果表明采用非定序任意越行模式相比于其他两种模式能显著地减少旅客乘车时间与候车等待时间。周文梁等[161]建立了城际铁路列车运行图编制优化问题的双层规划模型，上层模型以减少旅客乘车时间与换乘等待时间以及增加旅客的始发终到时间满意度为目标来优化列车运行图，而下层模型为基于给定列车运行图的客流均衡分配模型，设计了一种基于模拟退火算法和GP算法的组合求解算法对模型进行迭代求解，并结合算例验证了模型和算法的有效性。国外方面，Niu等[162]设置了列车是否有旅客上车和是否从车站出发的两类0-1变量，并建立了以旅客总等待时间最小化为优化目标的非线性整数规划模型，利用旅客不同时空到达率来描述不同粒度的客流动态需求。Burggraeve等[163]构造了基于静态确定客流需求下的商业优化软件启发式迭代算法，以实现列车运行图编制优化模型和开行方案优化模型的迭代优化求解。Sun等[164]以旅客等待时间和运行成本最小化作为目标函数，考虑车站旅客出行需求的时变性，提出了一种遗传算法用以寻找模型最优解。

综上可知，为了更好地满足旅客实际运输需求，既有文献以降低旅客总旅行时间、换乘接续时间、候车等待时间为优化目标对旅客需求导向的列车时刻表编制优化问题进行了较为深入的研究。但已有文献主要研究确定客流需求下的列车运行图编制方法，缺乏时变不确定客流需求下的多模式列车运行图协同编制优化研究，使得到的优化运行图无法适应铁路行业复杂多变的客流需求，造成铁路线网运输能力的浪费，也无法保证旅客运输服务水平。

5 不确定客流需求下面向总体运能提升的多模式列车运行图一体化协同编制方法研究

此外，较少研究同时将旅客出行路径选择、列车出行路径选择和列车停站方案进行综合考虑，使得优化的列车运行图存在质量不高和适用性不强等问题。

5.4 主要研究内容

本章综合运用数据挖掘、统计学、运筹学优化、系统科学、计算机科学和协同学等理论与方法，以我国成渝地区的多模式轨道交通局部路网作为研究对象，基于多模式轨道交通路网历史客票数据与列车运行图运行线数据，对多模式耦合需求驱动的列车运行图编制优化方法进行研究，辅助列车调度员编制满足铁路运输企业和旅客耦合需求的列车运行图。本章的主要研究内容包括三个部分：

1. 多模式轨道交通客流数据获取方法与旅客出行路径选择模型构建

（1）多模式客流数据预处理与旅客出行数据分析方法。

通过实地调研获取成渝地区多制式轨道交通局部路网中各条铁路线的历史客票数据，在进行数据清洗与修复之后，对历史客票数据中的旅客出行信息按照时空维度进行甄别和串联。统计不同运营时段下旅客在不同铁路线路车站的出行量和到达量，结合局部路网拓扑结构、列车运行图数据和旅客换乘时间，推算出不同铁路线路在不同时段的客流需求量（断面客流数据），并根据最大值、最小值、平均值以及标准差等统计学指标，分析各条铁路线路在各个运营时段的客流需求波动情况。此外，基于列车运行线时刻数据与客流需求数据，绘制不同铁路线路在不同运营时段下的列车载客能力利用率分布图，用以分析不同铁路线路的客流需求与列车运行线的时空匹配程度。

（2）多模式不确定客流需求数据的集合抽样方法。

本章采用抽样平均近似方法能解决多模式客流需求概率分布存在难以准确测定和估计的问题，以获得尽可能多的不同出行场景下的不确定客流需求数据来填充抽样空间。为了使获取数据尽可能与理论计算下的概率分布平均最优方案相一致，在给定的历史客票数据基础上，设计基于改进拥挤距离的遗传-模拟退火算法对上述不确定客流需求场景数据库进行抽样处理。在遗传-

模拟退火算法中，运用二进制编码方法对不确定客流需求场景数据进行编码，若染色体的基因值为 0,则表示对应的场景客流需求数据不在不确定客流需求数据库中，反之则存在。因此，为增加客流需求场景数据的多样性，将染色体的适应度函数表示为染色体平均拥挤距离（染色体平均拥挤距离等于染色体所有基因拥挤距离的平均值），若染色体基因值为 1，则设计启发式算法计算对应的目标函数值。然后，对计算得到所有基因的目标函数值进行升序排序，而当前基因的拥挤距离则可以用前后基因目标函数值差值的绝对值表示。图 5-2 所示为遗传-模拟退火算法在解决上述问题的流程，通过不断的迭代优化，最终输出全局最优个体的抽样结果以表示多模式不确定客流需求数据的集合抽样结果。

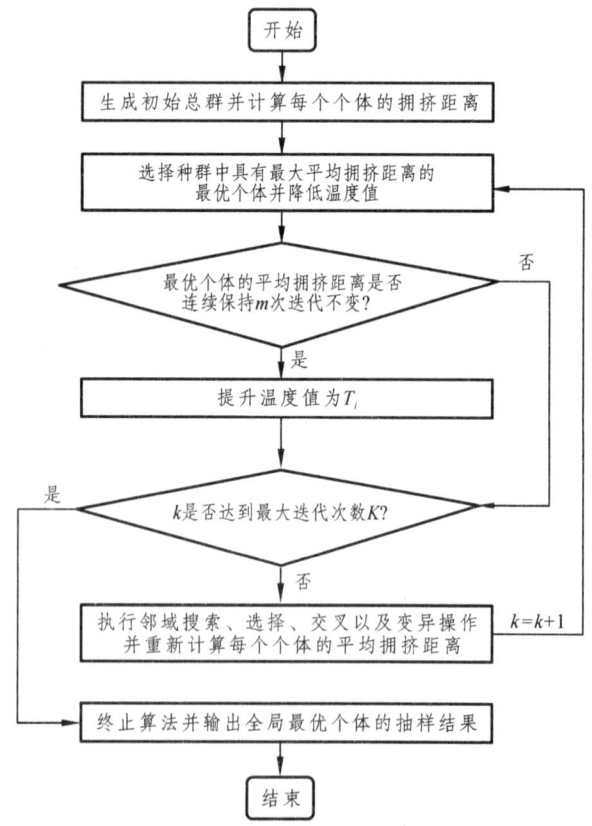

图 5-2 基于遗传-模拟退火算法的多模式不确定客流需求数据的集合抽样流程

5 不确定客流需求下面向总体运能提升的多模式列车运行图一体化协同编制方法研究

（3）多模式旅客出行路径选择模型构建方法。

基于实地调研获取的多模式局部路网所有铁路线路的列车实际运行图、旅客出行与到达时间偏好以及旅客对不同出行环节的敏感度，在尽可能减少旅客换乘次数（限制换乘次数上限）的前提下，采用 k 短路算法搜索旅客总旅行时间最短或广义出行费用最低的 k 条出行路径，构造多模式旅客可行出行路径集合 L_m，作为旅客出行路径选择备选方案。多模式旅客出行路径选择受到出行路径总票价 $\sum_{r_m \in R_m} x_{im}^{r_m}$（$R_m$ 为旅客 m 从起点到终点按顺序经过的轨道交通模式数量）、出行时间偏好 x_{im}^{dd}（用出行时间偏差值表示）、到达时间偏好 x_{im}^{ad}（用到达时间偏差值表示）、乘车总时间 $\sum_{r_m \in R_m} y_{im}^{r_m}$、换乘走行总时间 x_{im}^{tt}、换乘次数 x_{im}^{tn}、换乘接续等待时间 x_{im}^{tw} 等多种因素的影响，并假设旅客对不同轨道交通模式的换乘走行时间和换乘接续等待时间的时间敏感度相同。基于随机效用理论构造旅客选择出行路径的出行效用函数 U_{im}，其按式（5-1）计算：

$$U_{im}=V_{im}+\gamma_{im} \tag{5-1}$$

式中，V_{im} 为根据可观测或可量化的变量（票价、旅行时间等）计算得到的确定项；γ_{im} 为根据不可观测或无法量化的变量（旅行舒适度、安全性和换乘便捷性）引起的随机波动项。

V_{im} 一般可表示为各个影响因素对应变量的线性组合，其按式（5-2）计算：

$$V_{im}=\sum_{r_m \in R_m} \alpha_{im}^{r_m} x_{im}^{r_m}+\alpha_{im}^{dd} x_{im}^{dd}+\alpha_{im}^{ad} x_{im}^{ad}+\sum_{r_m \in R_m} \beta_{im}^{r_m} y_{im}^{r_m}+\alpha_{im}^{tt} x_{im}^{tt}+\alpha_{im}^{tn} x_{im}^{tn}+\alpha_{im}^{tw} x_{im}^{tw} \tag{5-2}$$

参考既有文献对旅客出行选择的计算方法，利用 Logit 模型可计算出旅客 m 选择出行路径 i 的概率 p_{im}，即

$$p_{im}=\exp(V_{im})\Big/\sum_{j \in L_m} \exp(V_{jm}) \tag{5-3}$$

基于获得的历史客票实际数据，结合既有文献对相关参数的取值，利用逐步回归法对 V_{im} 的参数进行测定。因此，多模式旅客 m 选择出行路径 i 的总

面向总体运能提升的区域多制式轨道交通系统协同运输方法研究

旅行时间 T_{im} 计算方法见式（5-4），而多模式旅客 m 选择出行路径 i 的广义出行费用 C_{im} 计算方法见式（5-5）。

$$T_{im}=\sum_{r_m\in R_m}y_{im}^{r_m}+x_{im}^{tt}+x_{im}^{tw} \tag{5-4}$$

$$C_{im}=\sum_{r_m\in R_m}\phi_{im}^{r_m}x_{im}^{r_m}+\phi_{im}^{dd}x_{im}^{dd}+\phi_{im}^{ad}x_{im}^{ad}+\sum_{r_m\in R_m}\varphi_{im}^{r_m}y_{im}^{r_m}+\phi_{im}^{tt}x_{im}^{tt}+\phi_{im}^{tn}x_{im}^{tn}+\phi_{im}^{tw}x_{im}^{tw}+\gamma_{im} \tag{5-5}$$

其中，在编制多模式不确定客流需求下的列车运行图（第二部分研究内容）时，考虑列车载客能力限制，根据式（5-4）为旅客选择出行路径；而在编制多模式耦合需求驱动的列车运行图（第三部分研究内容）时，同样考虑列车载客能力限制，则根据式（5-5）为旅客选择出行路径。

2. 多模式不确定客流需求下列车运行图编制优化方法

（1）多模式列车运行图协同编制优化机理研究。

基于多模式轨道交通路网各模式间运营管理较为独立的现状，研究多模式列车运行图协同编制优化机理，以确定多模式列车运行图协同编制优化方式，以编制出能够满足实际运营需求的多模式列车运行图，具体实现流程如下。

第一步：运用协同学理论基本原理，将多模式轨道交通路网看作成一个复杂大系统，这个大系统由国家铁路干线（高速铁路、城际铁路等）、市域铁路以及城市轨道交通（地铁、单轨、有轨电车等）三个子系统构成。

第二步：选取能够反映三个子系统运营特点的同类型指标（投资规模、年周转量、年运输量、运营里程、线路数量、车站数量和开行列车数量等）作为大系统的序参量，根据选取的序参量，建立基于有序度的多模式列车运行图协同编制优化模型。考虑到选取的序参量量纲与数量级不同，应先对选取的序参量进行无量纲处理，即按式（5-6）计算，并计算出各序参量对子系统的贡献度，按式（5-7）计算。

第三步：采用熵值赋权法计算序参量的信息熵来确定各序参量所占权重，即式（5-8）。结合第二步计算得到的各序参量对子系统的贡献度，计算出三个子系统有序度，即式（5-9）。对比三个子系统有序度高低，确定出多模式轨道交通路网内各模式列车运行图编制优化顺序。

$$x'_{jt} = x_{jt}/x_{jt}^{\max} \quad j \in [1,2,\cdots,K], t \in [1,2,\cdots,M] \quad （5-6）$$

$$\mu_i(e_{ij}) = [\lg(e_{ij}) - \lg(\beta_{ij})]/[\lg(\alpha_{ij}) - \lg(\beta_{ij})] \quad （5-7）$$

$$\lambda_{ij} = \omega_j \Big/ \sum_{j=1}^{K} \omega_j \quad （5-8）$$

$$\omega_j = 1 + \kappa \cdot \sum_{t=1}^{M} \big[\sigma_{jt} \cdot \ln(\sigma_{jt})\big] \quad （5-9）$$

$$\sigma_{jt} = x'_{jt} \Big/ \sum_{t=1}^{M} x'_{jt} \quad （5-10）$$

$$\mu_i(e_i) = \sum_{i=1}^{N} \big[\lambda_{ij} \cdot \mu_i(e_{ij})\big] \quad （5-11）$$

式中，N 为子系统个数；K 为序参数数量；M 为样本的容量；x_{jt} 为第 j 个序参量的第 t 个样本的值；$x_{jt}^{\max}$ 为 x_{jt} 的最大值；x'_{jt} 为 x_{jt} 无量纲处理后的值；e_{ij} 为第 i 个子系统的第 j 个序参量；$\mu_i(e_{ij})$ 为序参量 e_{ij} 对子系统 i 的贡献度；α_{ij}、β_{ij} 分别为序参量 e_{ij} 的取值上限和取值下限；λ_{ij} 为序参量 e_{ij} 的权重；ω_j 为指标 j 的信息熵值；σ_{jt} 为第 j 个序参量的第 t 个样本占所有样本的权重；κ 为一个常数，与样本的容量有关；$\mu_i(e_i)$ 为子系统 i 的有序度。

最后，确定了成渝地区多模式轨道交通局部路网为"国家铁路干线优先、城轨市域次之"的多模式列车运行图协同编制优化方式，为多模式列车运行图编制优化方法提供了理论支撑，为多模式列车运行图协同编制优化提供了思路。

（2）多模式不确定客流需求下列车运行图编制优化模型构建。

基于任一多模式路网场景下的静态不确定客流需求数据库信息以及多模式局部路网所有铁路线路的基础设施数据和列车实际运行图数据，分别得到不同场景下多模式局部路网所有客流出行 OD 需求量以及编制多模式列车运行图所需参数的取值。列车运行图所需参数主要为列车最大和最小区间运行时间、列车最大和最小车站停站时间、列车最小安全追踪间隔时间、区间长度、车站到发线数量、折返时间等相关参数。考虑多模式列车运行图协同编制优化方式的影响，设置列车时空路径选择 0-1 变量和旅客出行路径选择非负整数变量，采用 SAA 方法（抽样平均近似方法）构建多模式不确定客流需求下列车运行图编制优化模型，在原列车开行趟次不变的条件下，以最小化多模式路网列车偏离原计划程度和旅客总旅行时间加权之和为优化目标。充分考虑旅客出行相关和列车运行图编制相关两类约束。其中，旅客出行相关约束包括旅客出行路径选择约束、列车载客容量约束等，列车运行图编制相关约束包括列车时空路径选择约束、列车运行时刻相关约束（区间运行时间、车站停站时间、安全追踪间隔时间等）、国家铁路干线列车最佳到发时段约束等。以求得现有铁路运输资源不变前提下，旅客总旅行时间最低的优化乘车方案和多模式列车运行图编制优化方案。

（3）基于列生成算法思想的求解算法设计与实现。

由于列车运行图编制优化问题早已被证实是 NP-hard 问题，因此，随着路网规模的增大，多模式不确定客流需求下列车运行图编制优化模型的变量和约束条件数量会显著增加，直接使用市面上主流的商业优化软件难以进行有效求解，因而需要引入高效的优化算法作为辅助。本章借助列生成算法思想，设计迭代优化算法对整个问题进行分解，具体求解步骤如下。

第一步：将列车运行图编制优化模型的决策变量（列车时空路径选择 0-1 变量和旅客出行路径选择非负整数变量）松弛为连续变量用以构造限制主问题，利用商业优化软件（CPLEX 或 Gurobi）和设计的 Dijkstra 路径搜索算法分别对旅客出行相关和列车运行图编制相关两类约束构成的限制主问题以及列车时空路径搜索和旅客出行径路搜索两个子问题进行迭代求解。

第二步：对两个子问题生成的检验数进行验证。当生成的检验数小于 0 时，则将迭代生成的新列变量（旅客出行径路选择变量以及列车时空路径选择变量）添加到限制主问题中，并对限制主问题进行再次求解；否则判断生成的新列变量是否违背了两类约束（旅客出行相关和列车运行图编制相关约束）限制条件，在限制主问题中添加被违背的具体约束条件，然后返回第一步并重复以上迭代过程。反之，当两个子问题的检验数均大于 0 且迭代生成

5 不确定客流需求下面向总体运能提升的多模式列车运行图一体化协同编制方法研究

的新列变量能满足两类约束限制条件，则表明迭代结果为原问题的最优解。

第三步：将限制主问题中的决策变量（列车时空路径选择变量和旅客出行路径选择变量）恢复为 0-1 变量和非负整数变量，利用商业优化软件进行求解，得到原问题的整数可行解，终止算法并输出求解得到的旅客出行需求导向的多模式路网列车运行图编制优化方案。

本章设计的列生成算法迭代求解流程如图 5-3 所示。

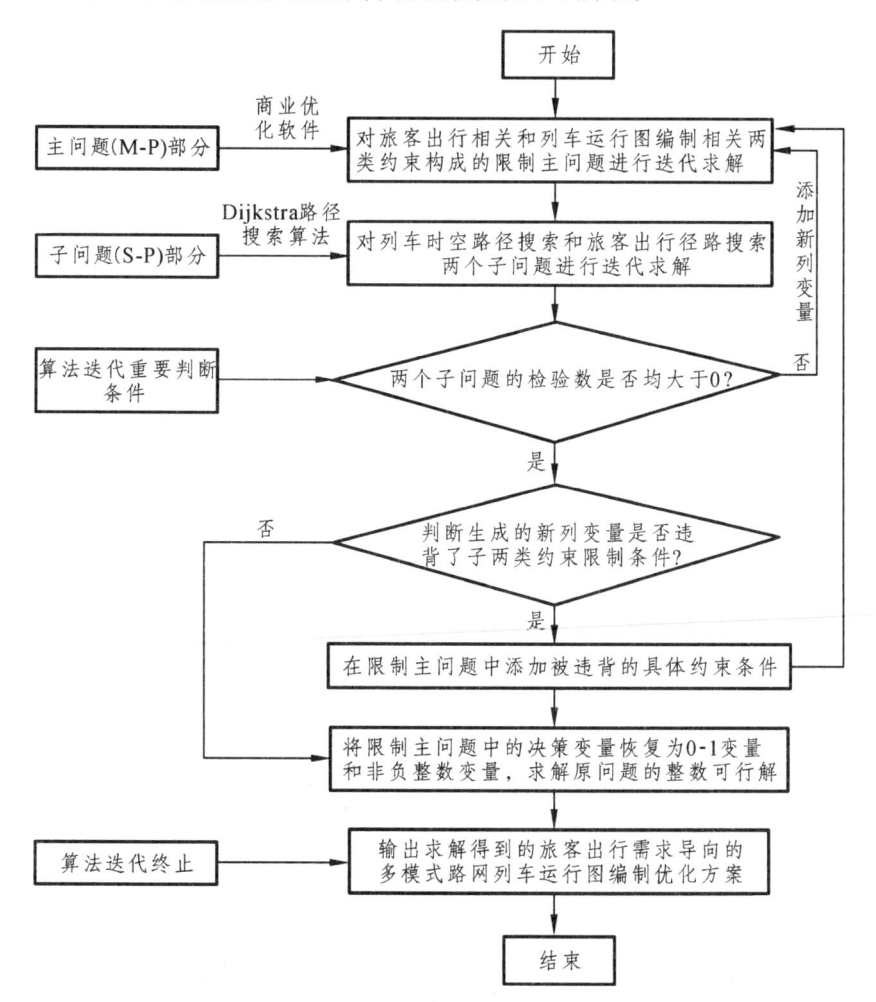

图 5-3 基于列生成算法的列车运行图编制优化模型迭代求解流程

3. 多模式耦合需求驱动的列车运行图编制优化模型和算法

基于第一部分研究的底层基础模型以及第二部分研究提供的解决思路，为第三部分构建多模式耦合需求驱动的列车运行图编制优化模型和算法奠定了基础，该部分为前两部分的递进和拓展研究，旨在获取满足铁路运输企业和旅客耦合需求的列车运行图编制优化方案，为多模式耦合需求的列车运行图编制提供理论和技术支持。具体研究方案如下：

（1）多模式耦合需求驱动的列车运行图编制优化模型构建。

以第二部分研究工作得到的多模式不确定客流需求下列车运行图编制优化模型为基础，建立多模式耦合需求驱动的列车运行图编制优化模型。在模型中引入列车运营成本和旅客票价等相关变量和约束，在目标函数中将铁路运营费用和旅客总旅行费用考虑其中，以最小化多模式路网列车偏离原计划程度、铁路运营费用和旅客总旅行费用加权之和为优化目标。在模型约束条件方面，除了充分考虑旅客出行相关和列车运行图编制相关两类约束外，还要考虑旅客出行成本相关约束和列车运营成本相关变量及约束。其中旅客出行成本相关变量及约束可参考第一部分研究得到的旅客广义出行费用得到。此外，根据不确定客流需求场景数据库，结合局部路网所有铁路线路的基础设施数据和列车实际运行图数据，在原计划列车停站方案的邻域内对多模式路网列车运行图中的所有列车设置不同的备选可行停站方案集合，用以对优化生成的列车时空路径、列车运行时刻以及旅客出行路径进行再优化和调整。通过上述建模，得到满足多模式耦合需求驱动的列车运行图编制优化模型。

（2）基于拉格朗日松弛的启发式优化求解算法及结果分析。

由于多模式耦合需求驱动的列车运行图编制优化模型考虑了铁路运输企业和旅客耦合需求，模型的变量数量、目标函数数量及约束条件数量相较第二部分研究方案构建的多模式不确定客流需求下列车运行图编制优化模型有所增加，模型的复杂度进一步提高，给求解的时效性带来了挑战。模型复杂度的提高与旅客出行路径选择、列车停站方案选择以及列车时空路径选择等带来的各耦合约束条件及变量数的增加有关。旅客出行路径选择不仅要受到

5 不确定客流需求下面向总体运能提升的多模式列车运行图一体化协同编制方法研究

广义出行费用的限制，还要考虑列车停站方案选择的影响，而列车时空路径选择不仅要受到列车运行图编制相关约束和旅客出行相关约束限制，还要受到铁路运营费用的影响。因此，设计基于拉格朗日松弛的启发式优化求解算法，以高效求解此模型，具体求解步骤如下：

第一步：从优化模型新增的耦合约束中选取一个合理约束（可以选择不同约束，对比求解效果），将其进行松弛并添加到目标函数中。

第二步：基于路径生成迭代算法获得一个较好的下界解，并设计启发式算法获取一个可行的上界解，计算当前最优间隙值。

第三步：进一步改变拉格朗日乘子及迭代步长（拉格朗日乘子和迭代步长的更新方程设计也是本章的一个重要研究点），设置最大迭代次数 K，不断迭代，让上界解向下界解逐渐逼近，以期在短时间内获得较高质量的可行解。

第四步：当迭代次数 k 到达最大迭代次数时，终止算法并输出此时的下界解值、上界解以及最优间隙值，否则，返回并重复以上步骤。

进一步对比常规算法的求解时间和解的质量，可体现改进拉格朗日松弛算法解决此类问题的高效性。本章设计的拉格朗日松弛算法迭代求解流程如图 5-4 所示。

此外，基于我国成渝地区的多模式局部铁路网实际线路数据，将本部分求解结果与第二部分得到的求解结果进行对比分析，开发基于 AnyLogic 仿真软件开发的多模式轨道交通网络列车运行组织与客流输送一体化仿真验证平台，对不同需求导向的多模式列车运行图编制方案执行效果进行仿真演示，并根据旅客总旅行时间、铁路运营费用和旅客总旅行费用等优化目标效果，对不同需求导向的多模式列车运行图编制方案进行综合评价。

本章节的总体研究技术路线如图 5-5 所示。

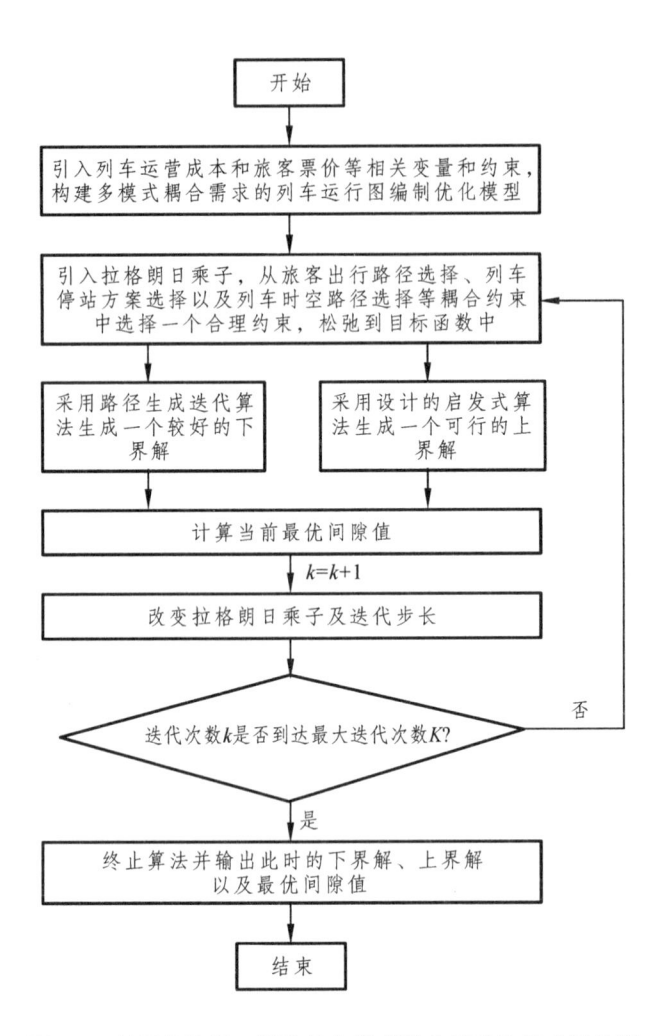

面向总体运能提升的区域多制式轨道交通系统协同运输方法研究

图 5-4 基于拉格朗日松弛的启发式优化算法迭代求解流程

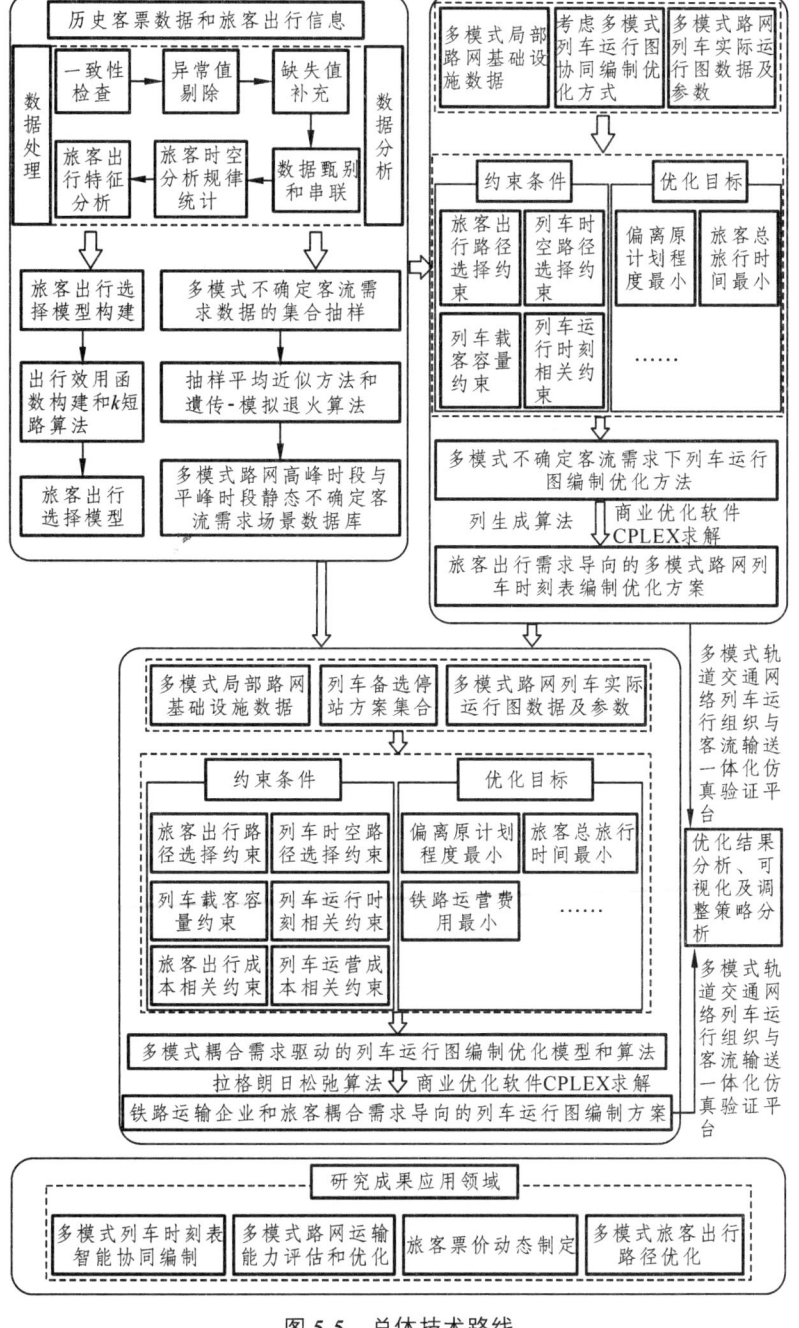

5 不确定客流需求下面向总体运能提升的多模式列车运行图一体化协同编制方法研究

图 5-5 总体技术路线

5.5 主要研究方法

1. 现场调研

深入中国铁路成都局集团有限公司调度中心、成都地铁运营有限公司调度所、成都现代有轨电车有限责任公司调度所和重庆市轨道交通（集团）有限公司进行实地调研，熟悉不同模式轨道交通列车运行调度工作的流程，并重点了解调度员在编制列车时刻表和旅客阶段运输计划的流程和存在的问题。调研收集的数据包括相关路网的拓扑结构、基本线网数据、历史客票数据、列车实际运行图数据、列车运行图编制规章制度等。同时，广泛阅读国内外相关文献，学习相关技术和方法，为本研究的实施提供必要的技术和理论支撑。

2. 数据挖掘

对实地调研收集到的历史客票数据进行清洗与修复，包括对客票数据进行异常值剔除、缺失值修复和一致性检查等。运用数理统计方法对历史客票数据的客流需求波动性和时空分布规律进行分析，挖掘不同出行场景下的旅客时空出行特征信息，为多模式旅客出行路径选择模型和列车运行图编制优化模型提供基础数据支撑。

3. 系统优化

以成渝地区的多模式轨道交通局部路网为研究背景，根据处理后的历史客票大数据和列车实际运行图，考虑旅客总旅行时间、铁路运营费用和旅客总旅行费用最小化等多模式路网耦合需求，基于运筹学图与网络优化问题建模思路，构建了多模式耦合需求驱动的列车运行图编制优化模型。运用最优化理论中的列生成、拉格朗日松弛算法对模型进行高效求解，降低了模型的复杂度，确保了该问题求解的时效性。

4. 计算机仿真

基于 Anylogic 软件开发的多模式轨道交通网络列车运行组织与客流输送

5 不确定客流需求下面向总体运能提升的多模式列车运行图一体化协同编制方法研究

一体化仿真验证平台，利用计算机仿真技术对满足不同实际运营需求的多模式列车运行图编制方案执行效果进行对比分析及可视化分析，针对同一多模式路网，加载不同运营场景，根据本研究方法生成不同的列车运行图编制优化方案，对不同方案的效果进行评估。

5.6 本章小结

本章的研究内容主要是以多模式轨道交通路网实际运营耦合需求为驱动，基于局部路网不确定客流需求场景数据和列车实际运行图数据，考虑多模式列车运行图协同编制优化方式的影响，研究多模式耦合需求导向的列车运行图编制优化问题并提炼亟待解决的关键问题。

首先，设计不同出行场景下不确定客流需求数据库抽样的智能优化算法，基于处理后的历史客票大数据，利用随机效应理论构建多模式旅客出行路径选择模型，并对其主要参数进行标定。其次，为提升列车运行图编制方案适应多模式不确定客流需求的能力，研究多模式不确定客流需求下列车运行图编制优化方法，构建旅客需求导向的列车运行图编制优化模型并求解。最后，在上述研究基础上，考虑更为复杂的实际运营需求，引入更多相关变量、目标函数和约束条件，构建多模式耦合需求驱动的列车运行图编制优化模型并设计更加高效的求解算法，以期在规定时间内获得高质量的优化方案。

本章研究内容的创新之处总结为以下两点：

（1）多模式不确定客流需求下列车运行图编制优化方法。

为提高多模式路网列车运行图编制方案与不同场景下客流需求在时空分布上的匹配程度，项目充分考虑旅客出行相关和列车运行图编制相关两类约束的限制，根据不确定客流需求时空分布特征和规律，通过更改列车区间运行时间、列车停站时间、列车追踪间隔时间以及列车停站方案等措施来调整列车运行线。然后，基于运筹学图与网络优化问题建模思路，构造了多模式局部路网列车与旅客离散时空网络，考虑多模式列车运行图协同编制优化方式的影响，创造性地构建了多模式不确定客流需求下列车运行图编制优化模型，并设计列生成、拉格朗日松弛等算法降低了模型的复杂度，实现对模型的高效求解，得到符合多模式路网实际运营需求的列车运行图。

（2）多模式耦合需求驱动的列车运行图编制优化模型和高效求解算法。

基于研究得到的不确定客流需求场景数据库和多模式旅客出行路径选择模型以及多模式不确定客流需求下列车运行图编制优化方法，考虑铁路运营费用、旅客总旅行费用等更为复杂的实际运营耦合需求，构建多模式耦合需求驱动的列车运行图编制优化模型，充分考虑旅客出行路径选择、列车时空路径选择、列车安全追踪间隔时间、列车区间运行时间、车站停站时间、列车载客容量等一系列约束条件。同时进一步考虑在原计划列车停站方案的邻域内对多模式路网列车运行图中的所有列车设置不同的备选停站方案集合，以提高列车运行线编制的灵活性。针对模型求解的复杂性，设计了拉格朗日松弛算法，该算法能够保证在规定的时间内获得较高质量的可行解，以最大化列车运行图的供需匹配效能，为旅客提供高效、便捷、舒适的区域出行服务。

6

面向总体运输能力提升的
多制式列车时刻表
协同编制模型与算法研究

协同运输组织方法众多，包含开行方案设计、时刻表编制、列车运行调整、车站作业计划等在内的多个方面，但考虑本章研究方向为面向总体运能提升的区域多制式轨道交通系统协同运输方法，所以本章应重点研究对系统总体运能提升有影响的系统协同运输方法。而实际上许多协同运输方法的研究对象是"车"不是"人"，例如：列车运行调整和车站作业计划等，如果对这些协同运输方法进行研究，其最终研究结论可能是造成系统总体通过能力的提升而并非系统总体运输能力的提升。因此，本章重点从时刻表协同编制方法、列车运行调整和跨制式旅客中转换乘组织等方面对能够实现系统动态总体运能提升的协同运输组织方法做定量研究。

6.1 问题描述与假设

现有的区域轨道交通系统中，由于各制式轨道交通系统运营管理、信息传递相对独立，轨道交通系统间的协同运输水平较差，从而出现诸多运输问题。如图 6-1 所示，当城市轨道交通时刻表与铁路时刻表接续不当，会出现跨制式换乘旅客过早或过晚到达中转换乘车站的现象。跨制式换乘旅客过早到达中转换乘车站会增加其在换乘车站的换乘等待时间，从而降低跨制式旅客运输组织效率和运输服务质量；而过晚到达中转换乘车站则无法完成换乘，从而降低了区域轨道交通系统跨制式中转换乘车站的旅客中转换乘能力。

为解决此类运输组织问题，本书从区域多制式轨道交通协同运输组织方法入手，重点研究城市轨道交通系统与铁路系统的时刻表协同编制方法，以减少计划时间内旅客在单制式轨道交通系统车站的平均等待时间和跨制式旅客从城市轨道交通系统换乘到铁路系统的等待时间，从而提升旅客运输服务质量，吸引和促使更多的旅客选择轨道交通出行方式，提高区域轨道交通系统动态总体运输能力。此外，在实现城市轨道交通系统与铁路系统时刻表协同编制的同时，考虑企业运营成本，实现列车节能驾驶，以降低列车运能能耗，能够提高列车开行计划的可行性。在计划时段范围内，保证列车运营成本不变的前提下，开行更多趟次的列车，以提高区域轨道交通系统的旅客总体运能。

6 面向总体运输能力提升的多制式列车时刻表协同编制模型与算法研究

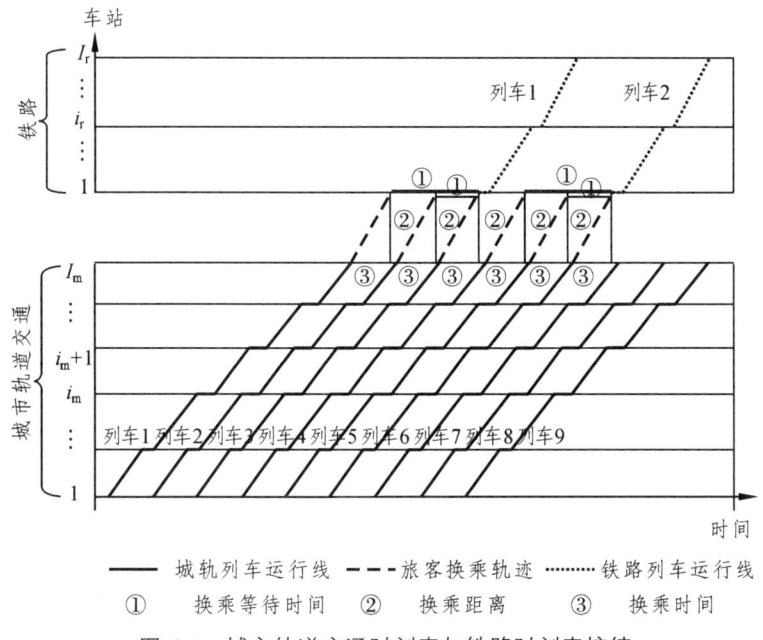

图 6-1 城市轨道交通时刻表与铁路时刻表接续

为了更好地实现区域多制式轨道交通系统间的协同运输，保证跨制式旅客出行便捷，运用物理线网协同配置方法，在跨制式轨道交通线路间修建同站台换乘车站，以降低旅客换乘走行时间和提高换乘便捷性。以城市轨道交通线路换乘铁路线路为例，如图 6-2 所示，跨制式换乘旅客分别从两种不同的城市轨道交通线路（地铁与轻轨）换乘到铁路线路，它们分别与铁路衔接于不同的中转换乘车站。但这两个跨制式中转换乘车站均采用同站台为旅客提供中转换乘服务。旅客同站台换乘具有以下优点：

（1）跨制式换乘旅客乘坐城市轨道交通线路到中转换乘站时，只需通过两道闸机（连接铁路方向的城市轨道交通制式出站口闸机和铁路进站口闸机，这两道闸机的位置一般设置在车站的同一层并彼此靠近），即可到达铁路系统的换乘列车候车站台。这样减少了旅客的换乘时间，提高了换乘效率。

（2）乘坐城市轨道交通列车到达中转换乘站的跨制式旅客，如果要换乘铁路列车，只需要从衔接铁路方向的城轨出站口闸机出站即可，反之，则从车站的非换乘出站口闸机出站。这样可以方便收集单制式出行和跨制式换乘旅客的站间 OD 数据，为本章区域多制式轨道交通系统的协同时刻表优化研究提供数据支持。

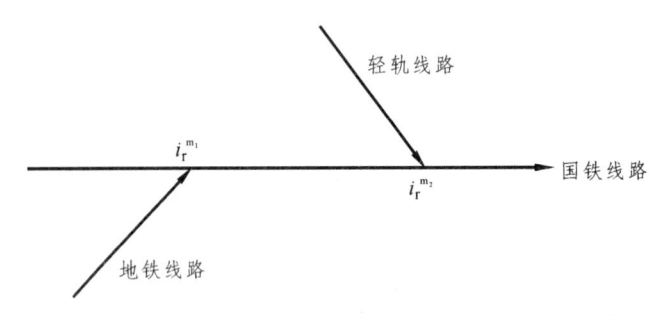

图 6-2 跨制式换乘旅客在区域轨道交通系统内的换乘线路

图 6-3 显示了旅客从城轨线路换乘到铁路线路的全过程。

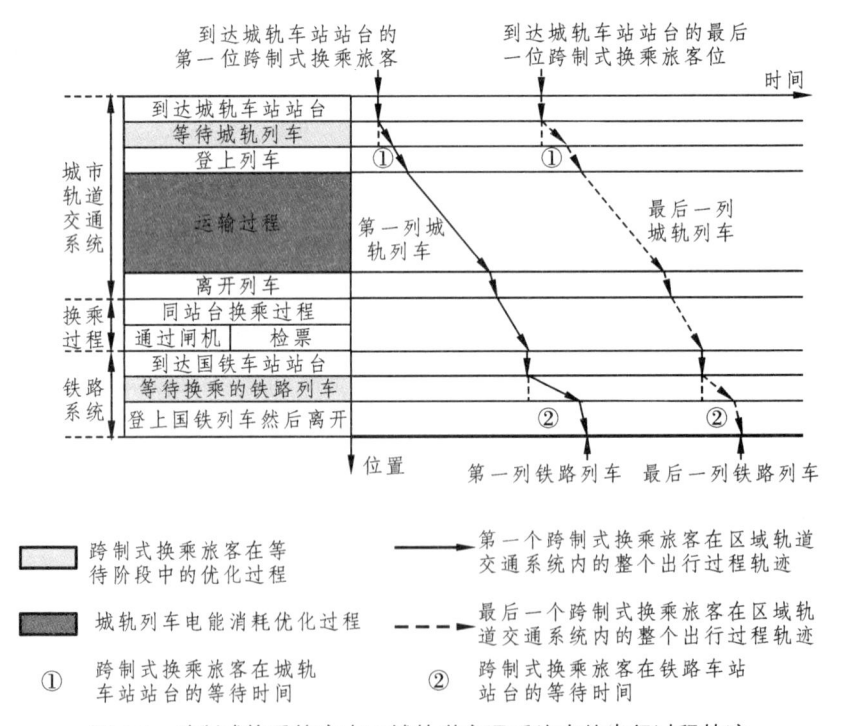

图 6-3 跨制式换乘旅客在区域轨道交通系统内的出行过程轨迹

跨制式换乘旅客如果想通过乘坐城轨列车到达中转换乘站，再乘坐换乘

6 面向总体运输能力提升的多制式列车时刻表协同编制模型与算法研究

的铁路列车到达最终目的地，那么必须经历三个主要过程：

（1）城轨出行过程：到达城市轨道交通车站站台→等待列车→登上列车→运输过程→到达换乘站。

（2）换乘出行过程：换乘出站口闸机→购票或取票（目前大多数高铁站均支持身份证扫描进站，因此该环节可以取消）→检票口→检票→铁路进站口闸机（中转换乘站采用同站台）。

（3）铁路出行过程：到达铁路候车站台→等待换乘列车→登上列车→前往目的地。

此外，图 6-3 给出了计划时段内在轨道交通系统中出行时间特殊的两位跨制式出行旅客的轨迹路线，分别为计划时段内第一位跨制式中转换乘旅客在区域轨道交通系统内的轨迹和最后一位跨制式中转换乘旅客在区域轨道交通系统内的轨迹。黄色区域为跨制式换乘旅客在等待环节的可优化过程，红色区域表示城市轨道交通列车运行的电耗可优化过程。可以看出，换乘旅客的全程等待时间主要由城轨站台的等待时间和铁路站台的等待时间组成。因此，通过适当地调整城轨列车的时刻表，可使城轨列车的时刻表与铁路时刻表相协调，以减少跨制式换乘乘客的中转等待时间。此外，城轨列车的电耗主要取决于区间运行时牵引阶段的电耗和制动阶段的再生制动能量回收。基于此，可以适当地调整列车在区间的运行时间和站点的停留时间，以最大限度地减少牵引阶段的电耗并最大限度地利用再生制动能量。

为了后续构建的旅客运输服务质量提升和企业运营成本优化模型能够成立，此处必须做出以下假设：

（1）假设 1：考虑物理线网协同配置方法在不同轨道交通制式间旅客运输的应用，本章研究的衔接城轨和铁路线路的跨制式换乘车站采用相同站台。

（2）假设 2：本章忽略了附加阻力（如直线曲线和坡度）对列车的影响，仅考虑了牵引力、制动力和线路的基本阻力。

（3）假设 3：为保证列车能够安全停车，在制动阶段时，除使用再生制动方式，本章考虑其他非再生制动方法的使用。为了简化列车运动学方程的计算过程，其他制动方法对列车造成的最大减速度等于再生制动力对列车造成的最大减速度。

（4）假设4：假设跨制式换乘旅客到达城轨车站站台后都能登上最先到达车站的城轨列车离开。

（5）假设5：铁路时刻表编制的影响因素众多，且不宜随便改变，为保证跨制式旅客的换乘便利，在时刻表优化时，以城轨时刻表的调整和优化为主。

（6）假设6：本章不考虑乘坐除轨道交通之外的其他运输方式到达跨制式中转换乘站和铁路车站的旅客群体及其在站台候车的等待时间。

（7）假设7：旅客输送具有双向性（上行和下行），假设旅客上、下行输送互不影响，为了研究与建模方便，本章研究以单向旅客输送为例。

（8）假设8：本章假设跨制式换乘旅客的流量是动态的，而单制式旅客的流量被定义为非动态的。

6.2 符号与变量定义

便于后续模型的建立和描述，对本文模型的主要符号和变量做如下定义，如表6-1所示。

表6-1 符号与变量

符号和变量	描述
$M=\{m_1,m_2\}, m\in M$	城市轨道交通制式的集合，m表示其中任意一种城市轨道交通制式 m_1 或 m_2
m_1, m_2, r	地铁、轻轨、铁路制式
$S_m=\{1,2,\cdots,s_m,\cdots,S_m\}$	城市轨道交通线路区间编号
$S_r=\{1,2,\cdots,s_r,\cdots,S_r\}$	铁路线区间编号
$K_m=\{1,2,\cdots,K_m\}$	城市轨道交通线路列车编号
$K_r=\{1,2,\cdots,K_r\}$	铁路列车编号
$I_m=\{1,2,\cdots,i_m,\cdots,I_m\}$	城市轨道交通线路车站编号
$I_r=\{1,2,\cdots,i_r,\cdots,I_r\}$	铁路车站编号

6 面向总体运输能力提升的多制式列车时刻表协同编制模型与算法研究

续表

符号和变量	描述
$i_r^{m_1}, i_r^{m_2}$	地铁与轻轨线路分别与铁路线路的衔接车站，$i_r^{m_1}=I_{m_1}, i_r^{m_2}==I_{m_2}$
$t=\{t_o,\cdots,t,t',\cdots,t_d\}$	时间编号，t_o 表示整个系统计划时段范围的起始时刻，t_d 表示结束时刻，t 表示随机时刻，$t'>t$，s
t',t'',t'''	时间编号，t',t'',t''' 表示很短的时间，满足 $t'>t, t''>t, t'''>t$，s
τ,τ'	时间编号，τ,τ' 表示很短的时间，s
(t,t')	时间区段，表示从 t 到 t' 的时间段，s
$(t_{m,o},t_{m,d}],(t'_{r,o},t'_{r,d}],(t_{m,d}^{transfer},t_{m,d}^{transfer}]$	轨道交通制式计划时段范围，s
i,j,i_m,j_m,i_r,j_r	车站编号，$i_m,j_m \in I_m, j_m>i_m$ 以及 $i_r,j_r \in I_r, j_r>i_r$
$(i_m,j_m),(i_r,j_r)$	有向区段，表示从车站 i_m 或 i_r 到车站 j_m 或 j_r
s_m, s_r	区间编号
k, k_m, k_r	列车编号
l_{s_m}	城市轨道交通线区间距离
l_{s_r}	铁路区间距离
$t_{s_m}^{min}, t_{s_m}^{max}$	城市轨道交通区间 s_m 的最短和最长运行时间，s
$t_{k_m s_m}$	城市轨道交通列车 k_m 在区间 s_m 的运行时间，s
H_m^{min}, H_m^{max}	城市轨道交通列车最短追踪间隔时间和最长追踪间隔时间，s
$D_{i_m}^{min}, D_{i_m}^{max}$	城市轨道交通车站 i_m 的最短和最长停站时间，s
$Q_{k_m i_m}, Q_{k_r i_r}$	轨道交通列车 k_m 或 k_r 离开车站 i_m 或 i_r 时的旅客容量，人
Q_m^{max}	城市轨道交通列车的最大旅客容量，人
$od_{i_m j_m tt'}, od_{i_r j_r tt'}$	在计划时段 $(t,t']$ 内，车站 i_m 或 i_r 到车站 j_m 或 j_r 的旅客 OD 运输需求，人

续表

符号和变量	描述
$od_{i_m I_m tt'}^m$	在计划时段 (t,t') 内，车站 i_m 到车站 I_m 的旅客 OD 运输需求，人
$od_{i_m i_m tt'}^{transfer}$	在计划时段 (t,t') 内，车站 i_m 到车站 i_r 的跨制式换乘旅客 OD 运输需求，人
$n_{i_m t(t+\tau)}$	在时刻 t 时，在车站 i_m 等待上车的旅客数，人
Q_m	在计划时段 $[t_{m,o}, t_{m,d}]$ 内，需要城市轨道交通运输的旅客总量，人
$Q_m^{transfer}$	在计划时段 $[t_{m,o}, t_{m,d}]$ 内，需要城市轨道交通运输的跨制式换乘旅客总量，人
η_1	电能到牵引力做功的转化率，一般取 0.7
η_2	再生制动能量到电能的转化率，一般取 0.9
$\eta_电$	电费率，元/（kW·h）
l_{s_m}	城市轨道交通线路区间 s_m 的距离，m
$l_{s_m,tr}, l_{s_m,co}, l_{s_m,br}$	城市轨道交通列车在区间 s_m 的牵引阶段的距离；区间 s_m 的惰行阶段的距离；区间 s_m 的制动阶段的距离，m
E_{s_m}	单列城市轨道交通列车在区间 s_m 的电耗，kW·h
$E_{s_m}^{ec}$	不考虑再生制动能量的回收和利用下，单列城市轨道交通列车在区间 s_m 的电耗，kW·h
$E_{s_m,tr}$	单列城市轨道交通列车在区间 s_m 的牵引阶段的能源消耗，kW·h
$E_{s_m,obr}$	单列城市轨道交通列车在区间 s_m 的制动阶段下的其他制动方式的能源消耗，kW·h
t_{s_m}	城市轨道交通线路区间 s_m 的运行时间，s
v	列车的速度，m/s

续表

符号和变量	描述
$v_{k_m,s_m,tr}, v_{k_m,s_m,co}, v_{k_m,s_m,br}$	城市轨道交通列车 k_m 在区间 s_m 牵引阶段开始时的速度；列车 k_m 在区间 s_m 惰行阶段开始时的速度；列车 k_m 在区间 s_m 制动阶段开始时的速度，m/s
v_m^{lim}	城市轨道交通列车在区间限制运行的速度，m/s
$F_{m,tr}(v)$	城市轨道交通列车牵引力，kN
$F_{m,br}(v)$	城市轨道交通列车制动力，kN
$R_m(v)$	城市轨道交通线路基本阻力公式，一般表示为 $R_m(v)=a_0 v^2+b_0 v+c_0$，其中 a_0, b_0 和 c_0 是常数，kN
$F_{m,tr}^{max}$	城市轨道交通列车的最大牵引力，kN
$F_{m,br}^{max}$	城市轨道交通列车的最大制动力，kN
M_m^{total}	城市轨道交通列车的总质量，10^3 kg
$a_{m,tr}^{max}$	城市轨道交通列车的最大加速度，m/s²
$a_{m,br}^{max}$	城市轨道交通列车的最大减速度，m/s²
$t_{k_m,s_m,tr}, t_{k_m,s_m,co}, t_{k_m,s_m,br}$	城市轨道交通列车 k_m 在区间 s_m 不同阶段的运行时间，s
$D_{k_m i_m}$	城市轨道交通列车 k_m 在车站 i_m 的停站时间，s
$H_{k_m(k_m+1)}$	城市轨道交通列车之间的运行追踪间隔，s

6.3 基于时刻表协同编制的系统动态总体运能优化模型

6.3.1 旅客运输服务质量提升优化模型

本节通过构建不同影响因素对系统动态总体运能影响的数学优化模型，研究时刻表协同编制对系统总体运能的定量影响。由于旅客运输信息服务与共享对系统总体运能的影响多为难以量化的定性研究，以及根据实际调研报告显示旅客对全出行链时间不敏感，而更加在乎出行过程中等待时间的长短，因此，本节重点研究单制式旅客候车等待时间和跨制式旅客换乘等待时间对系统动态总体运能影响的数学优化模型。

随着智能刷卡技术的广泛应用，城市轨道交通线路的时空客流数据可以轻松获得，用以分析计划时段范围内旅客的时空运输需求。城市轨道交通系统中存在的时空客流包括单制式城轨客流和跨制式换乘客流。当同时存在两种动态客流时，旅客等待时间的优化模型将变得非常复杂，在规定的时间内难以获得最优解。此外，本节的研究重点是通过城轨时刻表与铁路时刻表的协同，以提高跨制式换乘旅客的换乘效率和缩短其在换乘车站的等候时间，从而提升旅客运输服务质量，增加旅客选择轨道交通方式的出行量。因此，本节在模型假设中仅考虑跨制式换乘客流为时空动态客流，而将单制式轨道交通客流定义为非时空动态客流。为了更好地构建单制式旅客站台候车等待时间优化模型和跨制式旅客换乘等待时间优化模型，首先对与这两种类型旅客到站候车时间相关的主要变量及变量之间的关系进行如下定义。

假设 $od_{i_m j_m t(t+\tau)}$ 为时间段 $(t,t+\tau]$ 从车站 i_m 到车站 j_m 的城轨旅客到达率，$od_{i_m i_r t(t+\tau)}^{\text{transfer}}$ 为时间段 $(t,t+\tau]$ 从车站 i_m 到车站 j_r 的跨制式换乘旅客到达率，$od_{i_m t(t+\tau)}$ 为时间段 $(t,t+\tau]$ 到达车站 i_m 的旅客到达率。这三个变量的关系见公式（6-1），那么由此可以得到在时间段 $(t,t']$ 内城轨旅客和跨制式换乘旅客的运输需求，按式（6-2）、式（6-3）计算。

$$od_{i_m t(t+\tau)} = \sum_{j_m = i_m + 1}^{I_m} od_{i_m j_m t(t+\tau)} + od_{i_m i_r t(t+\tau)} \quad j_m > i_m \tag{6-1}$$

$$\begin{cases} od_{i_m j_m tt'} = (t'-t) od_{i_m j_m t(t+\tau)} \\ od_{i_m j_m t(t+\tau)} = od_{i_m j_m (t+\tau)(t+2\tau)} = \cdots = od_{i_m j_m (t'-\tau)t'} \end{cases} \tag{6-2}$$

$$\begin{cases} od_{i_m i_r tt'}^{\text{transfer}} = od_{i_m i_r t(t+\tau)}^{\text{transfer}} + od_{i_m i_r (t+\tau)(t+2\tau)}^{\text{transfer}} + \cdots + od_{i_m i_r (t'-\tau)t'}^{\text{transfer}} \\ od_{i_m i_r t(t+\tau)}^{\text{transfer}} \neq od_{i_m i_r (t+\tau)(t+2\tau)}^{\text{transfer}} \neq \cdots \neq od_{i_m i_r (t'-\tau)t'}^{\text{transfer}} \end{cases} \tag{6-3}$$

1. 单制式旅客站台候车等待时间优化模型

在单制式城市轨道交通系统中，当城轨列车到达车站时，它将停留一段时间以供旅客上下车。定义 $A_{k_m i_m t t'}$ 为时段 $(t,t']$ 内列车 k_m 到达车站 i_m 下车的人数，$B_{k_m i_m tt''}$ 为时段 $(t,t'']$ 内列车 k_m 到达车站 i_m 上车的人数，那么可以轻易地得到 $Q_{k_m i_m}$ 即列车 k_m 离开车站 i_m 时车载人数。进一步，结合式（6-1）~式（6-3），可以得到式（6-4）~式（6-6）。假设变量 $b_{k_m i_m t(t+\tau)}$ 为时段 $(t,t+\tau]$ 内旅客在车站 i_m 的上车率，$a_{k_m i_m t(t+\tau)}$ 为时段 $(t,t+\tau]$ 内旅客在车站 i_m 的下车率。那么，可以得到上下车人数与上下车率之间的关系，见式（6-10）。在已知列车自重和旅客平均体重的前提下，可利用式（6-10）计算出列车的总重量 M_m^{total}。

$$Q_{k_m i_m} = Q_{k_m i_m - 1} + B_{k_m i_m tt''} - A_{k_m i_m tt'} \quad m \in M \tag{6-4}$$

$$B_{k_m i_m tt''} = \begin{cases} \sum_{j_m = i_m + 1}^{I_m} od_{i_m j_m tt''} + od_{i_m i_t tt''} & i_m \in [1, I_m) \\ 0 & i_m = I_m \end{cases} \quad j_m > i_m \quad m \in M \tag{6-5}$$

$$A_{k_m i_m tt'} = \begin{cases} 0 & i_m = 1 \\ \sum_{i=1}^{i_m - 1} od_{ii_m tt'} & i_m \in (1, I_m] \end{cases} \quad i_m > i \quad m \in M \tag{6-6}$$

$$\begin{cases} t' = t + H_{(k_m - 1) k_m} \\ t'' = t + D_{k_m i_m} \end{cases} \quad m \in M \tag{6-7}$$

$$\begin{cases} B_{k_m i_m tt''} = \sum_{t \in (t, t']} b_{k_m i_m t(t+\tau)} \\ A_{k_m i_m tt'} = \sum_{t \in (t, t']} a_{k_m i_m t(t+\tau)} \end{cases} \quad m \in M \tag{6-8}$$

证明 1：根据式（6-4），对于任意车站 $i_m \in I_m$，可以列出其迭代方程组为

$$\begin{cases} Q_{k_m 2} = Q_{k_m 1} + B_{k_m 1 tt''} - A_{k_m 1 tt'} \\ Q_{k_m 3} = Q_{k_m 2} + B_{k_m 2 tt''} - A_{k_m 1 tt'} \\ \cdots\cdots \\ Q_{k_m I_m} = Q_{k_m (I_m - 1)} + B_{k_m (I_m - 1) tt''} - A_{k_m (I_m - 1) tt'} \end{cases} \quad m \in M \tag{6-9}$$

对所有的迭代方程组左右相加可以得到，$Q_{k_m I_m}$ 与 $B_{k_m i_m tt''}$ 之间的关系式为

$$Q_{k_m I_m} = Q_{k_m 1} + \sum_{i_m = 1}^{I_m - 1} B_{k_m i_m tt''} - \sum_{i_m = 1}^{I_m - 1} A_{k_m i_m tt'} \quad m \in M \tag{6-10}$$

根据文献[165]的研究成果，假设参数 $n_{i_m t(t+\tau)}$ 表示时刻 t 在车站 i_m 等待上车

的旅客数，可通过上述关于旅客到达率、上车率的公式以及时间跨度计算得出。那么 $n_{i_m t_{m,o}}$ 则表示计划时段 $(t_{m,o}, t_{m,d}]$ 开始时刻，在城轨车站 i_m 等待上车的旅客数。由此，可以计算出计划时段 $(t_{m,o}, t_{m,d}]$ 内，所有旅客在城轨车站的总等待时长 WT_m^{total} 为

$$WT_m^{total} = \sum_{i_m=1}^{I_m} \sum_{t=t_{m,o}}^{t_{m,d}} \tau \cdot n_{i_m t(t+\tau)} \quad m \in M \tag{6-11}$$

$$(t, t+\tau] \in \{(t_{m,o}, t_{m,o}+\tau], \cdots, (t, t+\tau], \cdots, (t_{m,d}-\tau, t_{m,d}]\}$$

$$n_{i_m t(t+\tau)} = n_{i_m(t-\tau)t} + od_{i_m t(t+\tau)} - b_{k_m i_m t(t+\tau)} \tag{6-12}$$

式中，$n_{i_m(t-\tau)t}$ 为时刻 $t-\tau$ 在车站 i_m 等待上车的旅客数；$od_{i_m t(t+\tau)}$ 为车站 i_m 的旅客到达率，其数值为时间段 $(t, t+\tau]$ 内到达车站 i_m 的旅客数；$b_{k_m i_m t(t+\tau)}$ 为在车站 i_m 时旅客的上车率，其数值为时间段 $(t, t+\tau]$ 内旅客在车站 i_m 的上车人数。考虑到旅客能够上车的前提条件为列车必须到达车站，因此 $b_{k_m i_m t(t+\tau)} > 0$，否则 $b_{k_m i_m t(t+\tau)} = 0$。

2. 跨制式旅客换乘等待时间优化模型

与单制式的城轨旅客的出行目的不同，跨制式换乘旅客乘坐城轨列车的目的是换乘铁路列车。跨制式换乘旅客会根据要换乘的铁路列车的时刻表来制定自身的行程时刻表，因此，由城市轨道交通制式出发的跨制式换乘旅客的行程时刻表 $(t_{m,o}^{transfer}, t_{m,d}^{transfer}]$ 的范围是小于计划时段 $(t_{m,o}, t_{m,d}]$ 的范围。

本节运用时间段 $(t_{m,o}^{transfer}, t_{m,d}^{transfer}]$ 来表示城市轨道交通制式内所有跨制式换乘旅客的行程时刻表的限界，根据上文分析，该时刻表必须满足时间约束条件式（6-13），由此，可以得到跨制式换乘旅客在城轨车站的等待时间优化模型，即式（6-14）。式（6-15）给出了跨制式换乘旅客在城轨车站的等待人数与上车率和车站到达率之间的关系。

$$\begin{cases} (t_{m,o}^{transfer}, t_{m,d}^{transfer}] \subset (t_{m,o}, t_{m,d}] & m \in M \\ t_{m,d}^{transfer} < \tau_{K_r t_r^{i_m}}^{depar} - t^{check} - T^{transfer} & m \in M \end{cases} \tag{6-13}$$

6　面向总体运输能力提升的多制式列车时刻表协同编制模型与算法研究

$$WT_{\mathrm{m}}^{\mathrm{transfer}} = \sum_{i_{\mathrm{m}}=1}^{I_{\mathrm{m}}} \sum_{t=t_{\mathrm{m,o}}^{\mathrm{transfer}}}^{t_{\mathrm{m,d}}^{\mathrm{transfer}}} \tau \cdot n_{i_{\mathrm{m}}t(t+\tau)}^{\mathrm{transfer}} \quad \mathrm{m} \in M \quad （6\text{-}14）$$

$$n_{i_{\mathrm{m}}t(t+\tau)}^{\mathrm{transfer}} = n_{i_{\mathrm{m}}(t-\tau)t}^{\mathrm{transfer}} + od_{i_{\mathrm{m}}t(t+\tau)}^{\mathrm{transfer}} - b_{k_{\mathrm{m}}i_{\mathrm{m}}t(t+\tau)}^{\mathrm{transfer}} \quad \mathrm{m} \in M \quad （6\text{-}15）$$

证明 2：根据式（6-15），对于任意车站 $t \in (t_{\mathrm{m,o}}^{\mathrm{transfer}}, t_{\mathrm{m,d}}^{\mathrm{transfer}}]$，可以列出其迭代方程组为

$$\begin{cases} n_{i_{\mathrm{m}}(t_{\mathrm{m,o}}^{\mathrm{transfer}}+\tau)}^{\mathrm{transfer}} = n_{i_{\mathrm{m}}(t_{\mathrm{m,o}}^{\mathrm{transfer}}-\tau)t_{\mathrm{m,o}}^{\mathrm{transfer}}}^{\mathrm{transfer}} + od_{i_{\mathrm{m}}t_{\mathrm{m,o}}^{\mathrm{transfer}}(t_{\mathrm{m,o}}^{\mathrm{transfer}}+\tau)}^{\mathrm{transfer}} - b_{k_{\mathrm{m}}i_{\mathrm{m}}t_{\mathrm{m,o}}^{\mathrm{transfer}}(t_{\mathrm{m,o}}^{\mathrm{transfer}}+\tau)}^{\mathrm{transfer}} \\ n_{i_{\mathrm{m}}(t_{\mathrm{m,o}}^{\mathrm{transfer}}+\tau)(t_{\mathrm{m,o}}^{\mathrm{transfer}}+2\tau)}^{\mathrm{transfer}} = n_{i_{\mathrm{m}}t_{\mathrm{m,o}}^{\mathrm{transfer}}(t_{\mathrm{m,o}}^{\mathrm{transfer}}+\tau)}^{\mathrm{transfer}} + od_{i_{\mathrm{m}}(t_{\mathrm{m,o}}^{\mathrm{transfer}}+\tau)(t_{\mathrm{m,o}}^{\mathrm{transfer}}+2\tau)}^{\mathrm{transfer}} - b_{k_{\mathrm{m}}i_{\mathrm{m}}(t_{\mathrm{m,o}}^{\mathrm{transfer}}+\tau)(t_{\mathrm{m,o}}^{\mathrm{transfer}}+2\tau)}^{\mathrm{transfer}} \quad \mathrm{m} \in M \\ \cdots\cdots \\ n_{i_{\mathrm{m}}(t_{\mathrm{m,d}}^{\mathrm{transfer}}-\tau)t_{\mathrm{m,d}}^{\mathrm{transfer}}}^{\mathrm{transfer}} = n_{i_{\mathrm{m}}(t_{\mathrm{m,d}}^{\mathrm{transfer}}-2\tau)(t_{\mathrm{m,d}}^{\mathrm{transfer}}-\tau)}^{\mathrm{transfer}} + od_{i_{\mathrm{m}}(t_{\mathrm{m,d}}^{\mathrm{transfer}}-\tau)t_{\mathrm{m,d}}^{\mathrm{transfer}}}^{\mathrm{transfer}} - b_{k_{\mathrm{m}}i_{\mathrm{m}}(t_{\mathrm{m,d}}^{\mathrm{transfer}}-\tau)t_{\mathrm{m,d}}^{\mathrm{transfer}}}^{\mathrm{transfer}} \end{cases}$$

（6-16）

对所有的迭代方程组左右相加，可以得到 $n_{i_{\mathrm{m}}(t_{\mathrm{m,d}}^{\mathrm{transfer}}-\tau)t_{\mathrm{m,d}}^{\mathrm{transfer}}}^{\mathrm{transfer}}$、$od_{i_{\mathrm{m}}t_{\mathrm{m,o}}^{\mathrm{transfer}}t_{\mathrm{m,d}}^{\mathrm{transfer}}}^{\mathrm{transfer}}$ 之间的关系式为

$$n_{i_{\mathrm{m}}(t_{\mathrm{m,d}}^{\mathrm{transfer}}-\tau)t_{\mathrm{m,d}}^{\mathrm{transfer}}}^{\mathrm{transfer}} = n_{i_{\mathrm{m}}(t_{\mathrm{m,o}}^{\mathrm{transfer}}-\tau)t_{\mathrm{m,o}}^{\mathrm{transfer}}}^{\mathrm{transfer}} + od_{i_{\mathrm{m}}t_{\mathrm{m,o}}^{\mathrm{transfer}}t_{\mathrm{m,d}}^{\mathrm{transfer}}}^{\mathrm{transfer}} - b_{k_{\mathrm{m}}i_{\mathrm{m}}t_{\mathrm{m,o}}^{\mathrm{transfer}}t_{\mathrm{m,d}}^{\mathrm{transfer}}}^{\mathrm{transfer}} \quad \mathrm{m} \in M \quad （6\text{-}17）$$

此外，换乘旅客乘坐城轨列车到达具有同站台换乘的跨制式换乘车站后，只需要经过两道闸门就可以到达铁路站台。当跨制式换乘旅客通过闸机口刷卡时，城轨公司可以获得对应的刷卡数据，并分析出这部分跨制式换乘旅客的时空出行需求。因此，在已知跨制式换乘旅客通过闸机口的时间，检票时间和换乘的铁路列车发车时间的情况下，可进一步获得计划时段内所有城轨列车到达换乘站的时间以及每列城轨列车上所乘坐的跨制式换乘旅客人数，从而表示出跨制式换乘旅客在换乘车站的总等待时间。

本节运用矩阵的计算方法对跨制式旅客在换乘车站的等待时间进行表示。详细步骤如下：

（1）步骤 1：利用向量 $N(K_{\mathrm{m}} \times 1)$ 表示计划时段内各城市轨道交通制式 $\mathrm{m} \in M$，所有城轨列车到达换乘车站的时间，即

$$N(K_{\mathrm{m}} \times 1) = [\tau_{1,I_{\mathrm{m}}}^{\mathrm{arrival}}, \tau_{2,I_{\mathrm{m}}}^{\mathrm{arrival}}, \cdots, \cdots, \tau_{K_{\mathrm{m}},I_{\mathrm{m}}}^{\mathrm{arrival}}] \quad （6\text{-}18）$$

（2）步骤 2：构建一个全新的矩阵 $N'(K_\mathrm{m} \times 1)$，它可以通过列车-时间矩阵 $N[K_\mathrm{m} \times (K_\mathrm{m}-1+I_\mathrm{m}-2+3S_\mathrm{m})]$ 乘以一个所有矩阵元素均为 1 的矩阵 $N[(K_\mathrm{m}-1+I_\mathrm{m}-2+3S_\mathrm{m}) \times 1]$。实际上这个全新的矩阵从数学角度上就等于步骤 1 中建立的向量 $N(K_\mathrm{m} \times 1)$。

$$N'(K_\mathrm{m} \times 1) = N[K_\mathrm{m} \times (K_\mathrm{m}-1+I_\mathrm{m}-2+3S_\mathrm{m})] \cdot N[(K_\mathrm{m}-1+I_\mathrm{m}-2+3S_\mathrm{m}) \times 1]$$

$$= \begin{bmatrix} H_{1,2}, H_{2,3}, \cdots, H_{K_\mathrm{m}-1,K_\mathrm{m}}, t_{K_\mathrm{m},1,\mathrm{tr}}, t_{K_\mathrm{m},1,\mathrm{co}}, t_{K_\mathrm{m},1,\mathrm{br}}, D_{K_\mathrm{m},2}, t_{K_\mathrm{m},2,\mathrm{tr}}, \cdots, t_{K_\mathrm{m},S_\mathrm{m},\mathrm{br}} \\ H_{1,2}, H_{2,3}, \cdots, H_{K_\mathrm{m}-2,K_\mathrm{m}-1}, t_{K_\mathrm{m}-1,1,\mathrm{tr}}, t_{K_\mathrm{m}-1,1,\mathrm{co}}, t_{K_\mathrm{m}-1,1,\mathrm{br}}, D_{K_\mathrm{m}-1,2}, t_{K_\mathrm{m}-1,2,\mathrm{tr}}, \cdots, t_{K_\mathrm{m}-1,S_\mathrm{m},\mathrm{br}}, 0 \\ \vdots \\ H_{1,2}, H_{2,3}, \cdots, H_{k'_\mathrm{m}-1,k'_\mathrm{m}}, t_{k'_\mathrm{m},1,\mathrm{tr}}, t_{k'_\mathrm{m},1,\mathrm{co}}, t_{k'_\mathrm{m},1,\mathrm{br}}, D_{k'_\mathrm{m},2}, t_{k'_\mathrm{m},2,\mathrm{tr}}, \cdots, t_{k'_\mathrm{m},S_\mathrm{m},\mathrm{br}}, \underbrace{\cdots,0,\cdots,0}_{K_\mathrm{m}-k'_\mathrm{m}} \\ \vdots \\ H_{1,2}, H_{2,3}, \cdots, H_{k_\mathrm{m}-1,k_\mathrm{m}}, t_{k_\mathrm{m},1,\mathrm{tr}}, t_{k_\mathrm{m},1,\mathrm{co}}, t_{k_\mathrm{m},1,\mathrm{br}}, D_{k_\mathrm{m},2}, t_{k_\mathrm{m},2,\mathrm{tr}}, \cdots, t_{k_\mathrm{m},S_\mathrm{m},\mathrm{br}}, \underbrace{\cdots,0,\cdots,0}_{K_\mathrm{m}-k_\mathrm{m}} \\ \vdots \\ H_{1,2}, t_{2,1,\mathrm{tr}}, t_{2,1,\mathrm{co}}, t_{2,1,\mathrm{br}}, D_{2,2}, t_{2,2,\mathrm{tr}}, \cdots, t_{2,S_\mathrm{m},\mathrm{br}}, \underbrace{\cdots,0,\cdots,0}_{K_\mathrm{m}-2} \\ t_{1,1,\mathrm{tr}}, t_{1,1,\mathrm{co}}, t_{1,1,\mathrm{br}}, D_{1,2}, t_{1,2,\mathrm{tr}}, \cdots, t_{1,S_\mathrm{m},\mathrm{br}}, \underbrace{\cdots,0,\cdots,0}_{K_\mathrm{m}-1} \end{bmatrix} \cdot \begin{bmatrix} 1 \\ 1 \\ 1 \\ \vdots \\ 1 \\ 1 \\ \vdots \\ 1 \\ 1 \\ 1 \end{bmatrix}$$

$$= \begin{bmatrix} \sum_1^{K_\mathrm{m}-1} H_{k_\mathrm{m},k_\mathrm{m}+1} + \sum_{s_\mathrm{m}=1}^{S_\mathrm{m}} D_{K_\mathrm{m},s_\mathrm{m}} + \sum_{i_\mathrm{m}=2}^{I_\mathrm{m}-1} t_{K_\mathrm{m},i_\mathrm{m}} \\ \sum_1^{K_\mathrm{m}-2} H_{k_\mathrm{m},k_\mathrm{m}+1} + \sum_{s_\mathrm{m}=1}^{S_\mathrm{m}} D_{K_\mathrm{m}-1,s_\mathrm{m}} + \sum_{i_\mathrm{m}=2}^{I_\mathrm{m}-1} t_{K_\mathrm{m}-1,i_\mathrm{m}} \\ \vdots \\ \sum_1^{k'_\mathrm{m}-1} H_{k'_\mathrm{m},k'_\mathrm{m}+1} + \sum_{s_\mathrm{m}=1}^{S_\mathrm{m}} D_{k'_\mathrm{m},s_\mathrm{m}} + \sum_{i_\mathrm{m}=2}^{I_\mathrm{m}-1} t_{k'_\mathrm{m},i_\mathrm{m}} \\ \vdots \\ \sum_1^{k_\mathrm{m}-1} H_{k_\mathrm{m},k_\mathrm{m}+1} + \sum_{s_\mathrm{m}=1}^{S_\mathrm{m}} D_{k_\mathrm{m},s_\mathrm{m}} + \sum_{i_\mathrm{m}=2}^{I_\mathrm{m}-1} t_{k_\mathrm{m},i_\mathrm{m}} \\ \vdots \\ H_{1,2} + \sum_{s_\mathrm{m}=1}^{S_\mathrm{m}} D_{2,s_\mathrm{m}} + \sum_{i_\mathrm{m}=2}^{I_\mathrm{m}-1} t_{2,i_\mathrm{m}} \\ \sum_{s_\mathrm{m}=1}^{S_\mathrm{m}} D_{1,s_\mathrm{m}} + \sum_{i_\mathrm{m}=2}^{I_\mathrm{m}-1} t_{1,i_\mathrm{m}} \end{bmatrix} = \begin{bmatrix} \tau^{\mathrm{arrival}}_{K_\mathrm{m},I_\mathrm{m}} \\ \tau^{\mathrm{arrival}}_{K_\mathrm{m}-1,I_\mathrm{m}} \\ \vdots \\ \tau^{\mathrm{arrival}}_{k'_\mathrm{m},I_\mathrm{m}} \\ \vdots \\ \tau^{\mathrm{arrival}}_{k_\mathrm{m},I_\mathrm{m}} \\ \vdots \\ \tau^{\mathrm{arrival}}_{2,I_\mathrm{m}} \\ \tau^{\mathrm{arrival}}_{1,I_\mathrm{m}} \end{bmatrix} = N(K_\mathrm{m} \times 1) \quad (6\text{-}19)$$

（3）步骤3：构建一个矩阵 $N''(K_r \times 1)$，用来表示所有换乘铁路列车停止检票的时间，即式（6-20）。$\tau_{k_r i_r^m}^{\text{depart}}$ 表示换乘铁路列车 k_r 离开跨制式中转换乘车站 i_r^m 的时刻。t^{check} 表示铁路列车的检票时间，其包括了通过闸机的时间。T^{transfer} 表示同站台换乘时间。为了计算出跨制式换乘旅客乘坐不同城轨列车到达换乘车站的总等待时间，本节设置了一个矩阵 $T(K_r \times K_m)$，即式（6-21）。其中，$\varDelta_2$ 用来表示跨制式换乘旅客乘坐城轨列车 k_m' 到达换乘车站 I_m 的铁路站台之后等待的时间。式（6-23）是换乘旅客能够成功换乘的判定条件，如果换乘成功，那么他们的换乘等待时间用 $\varDelta_2$ 表示，否则为 0。

$$N''(K_r \times 1) = (\tau_{1 i_r^m}^{\text{depart}} - t^{\text{check}}, \tau_{2 i_r^m}^{\text{depart}} - t^{\text{check}}, \ldots, \tau_{k_r i_r^m}^{\text{depart}} - t^{\text{check}}, \ldots, \tau_{K_r i_r^m}^{\text{depart}} - t^{\text{check}}) \quad m \in M$$

（6-20）

$$T(K_r \times K_m) = \begin{bmatrix} \tau_{1 i_r^m}^{\text{depart}} - t^{\text{check}} - T^{\text{transfer}} - \tau_{K_m, I_m}^{\text{arrival}}, \cdots, \tau_{1 i_r^m}^{\text{depart}} - t^{\text{check}} - T^{\text{transfer}} - \tau_{k_m', I_m}^{\text{arrival}}, \cdots, \\ \tau_{1 i_r^m}^{\text{depart}} - t^{\text{check}} - T^{\text{transfer}} - \tau_{1, I_m}^{\text{arrival}} \\ \tau_{2 i_r^m}^{\text{depart}} - t^{\text{check}} - T^{\text{transfer}} - \tau_{K_m, I_m}^{\text{arrival}}, \cdots, \tau_{2 i_r^m}^{\text{depart}} - t^{\text{check}} - T^{\text{transfer}} - \tau_{k_m', I_m}^{\text{arrival}}, \cdots, \\ \tau_{2 i_r^m}^{\text{depart}} - t^{\text{check}} - T^{\text{transfer}} - \tau_{1, I_m}^{\text{arrival}} \\ \cdots \cdots \\ \tau_{k_r i_r^m}^{\text{depart}} - t^{\text{check}} - T^{\text{transfer}} - \tau_{K_m, I_m}^{\text{arrival}}, \cdots, \tau_{k_r i_r^m}^{\text{depart}} - t^{\text{check}} - T^{\text{transfer}} - \tau_{k_m', I_m}^{\text{arrival}}, \cdots, \\ \tau_{k_r i_r^m}^{\text{depart}} - t^{\text{check}} - T^{\text{transfer}} - \tau_{1, I_m}^{\text{arrival}} \\ \cdots \cdots \\ \tau_{K_r i_r^m}^{\text{depart}} - t^{\text{check}} - T^{\text{transfer}} - \tau_{K_m, I_m}^{\text{arrival}}, \cdots, \tau_{K_r i_r^m}^{\text{depart}} - t^{\text{check}} - T^{\text{transfer}} - \tau_{k_m', I_m}^{\text{arrival}}, \cdots, \\ \tau_{K_r i_r^m}^{\text{depart}} - t^{\text{check}} - T^{\text{transfer}} - \tau_{1, I_m}^{\text{arrival}} \end{bmatrix}$$

（6-21）

$$\varDelta_2 = \tau_{k_r i_r^m}^{\text{depart}} - t^{\text{check}} - T^{\text{transfer}} - \tau_{k_m', I_m}^{\text{arrival}} \tag{6-22}$$

$$\text{judge} \begin{cases} \text{if } \varDelta_2 > 0 \Rightarrow \varDelta_2 = \tau_{k_r i_r^m}^{\text{depart}} - t^{\text{check}} - T^{\text{transfer}} - \tau_{k_m', I_m}^{\text{arrival}} \\ \text{else } \varDelta_2 \leqslant 0 \Rightarrow \varDelta_2 = 0 \end{cases} \quad m \in M \tag{6-23}$$

（4）步骤 4：构建一个新的矩阵 $N'''(K_m \times K_r)$，其中的每个元素用来表示计划时段 $(t_{m,o}, t_{m,d})$ 内，各城市轨道交通制式每列城轨列车运输到中转换乘站的跨制式换乘旅客数量，用式（6-24）表示。$q_{k'_m, k_r}$ 表示乘坐城轨列车 k'_m 到达铁路换乘站，并准备换乘铁路列车 $q_{k'_m, i'_m, k_r}$ 的跨制式旅客人数，它可以用式（6-25）计算得出；$q_{k'_m, i'_m, k_r}$ 表示由城轨车站 i'_m 乘坐城轨列车 k'_m 且到达换乘站后将换乘铁路列车 k_r 的旅客数量；$q''_{i'_m, k_r}$ 和 $q'_{i'_m, k_r}$ 分别表示第 $q''_{i'_m}$ 和第 $q'_{i'_m}$ 到达城轨车站 i'_m 且将换乘铁路列车 k_r 的跨制式换乘旅客，满足式（6-26）的约束。

$$N'''(K_m \times K_r) = \begin{bmatrix} q_{K_m,1}, q_{K_m,2}, \cdots, q_{K_m,k_r}, \cdots, q_{K_m,K_r} \\ \cdots\cdots \\ q_{k'_m,1}, q_{k'_m,2}, \cdots, q_{k'_m,k_r}, \cdots, q_{k'_m,K_r} \\ \cdots\cdots \\ q_{2,1}, q_{2,2}, \cdots, q_{2,k_r}, \cdots, q_{2,K_r} \\ q_{1,1}, q_{1,2}, \cdots, q_{1,k_r}, \cdots, q_{1,K_r} \end{bmatrix} \quad m \in M \quad (6\text{-}24)$$

$$\begin{cases} q_{k'_m, k_r} = \sum_{i'_m=2}^{I_m-1} q_{k'_m, i'_m, k_r} \quad m \in M \\ q_{k'_m, i'_m, k_r} = q''_{i'_m, k_r} - q'_{i'_m, k_r} + 1 \quad m \in M \end{cases} \quad (6\text{-}25)$$

$$\begin{cases} \tau^{\text{leave}}_{k'_m, i'_m} - \tau^{\text{transfer}}_{i'_m, q''_{i'_m, k_r}} \geq 0, \tau^{\text{leave}}_{k'_m, i'_m} - \tau^{\text{transfer}}_{i'_m, q''_{i'_m}+1, k_r} < 0 \\ \tau^{\text{leave}}_{k'_m-1, i'_m} - \tau^{\text{transfer}}_{i'_m, q'_{i'_m, k_r}} < 0, \tau^{\text{leave}}_{k'_m-1, i'_m} - \tau^{\text{transfer}}_{i'_m, q'_{i'_m}-1, k_r} \geq 0 \\ \tau^{\text{transfer}}_{i'_m, q''_{i'_m, k_r}} \geq \tau^{\text{transfer}}_{i'_m, q'_{i'_m, k_r}} \end{cases} \quad (6\text{-}26)$$

（5）步骤 5：将矩阵 $N'''(K_m \times K_r)$ 和矩阵 $T(K_r \times K_m)$ 相乘之后得到矩阵 $W(K_m \times K_m)$，该矩阵主对角线的所有元素之和就等于各城轨制式在计划时段内所有换乘旅客在铁路中转换乘站的总等待时间，即式（6-28）。

$$\begin{cases} W(1,1) = q_{K_m,1}(\tau_{1i_r^m}^{\text{depart}} - t^{\text{check}} - T^{\text{transfer}} - \tau_{K_m,I_m}^{\text{arrival}}) + \cdots + q_{K_m,k_r}(\tau_{k_r i_r^m}^{\text{depart}} - t^{\text{check}} - T^{\text{transfer}} - \\ \qquad\qquad \tau_{K_m,I_m}^{\text{arrival}}) + \cdots + q_{K_m,K_r}(\tau_{K_r i_r^m}^{\text{depart}} - t^{\text{check}} - T^{\text{transfer}} - \tau_{K_m,I_m}^{\text{arrival}}) \\ \cdots\cdots \\ W(k',k') = q_{k'_m,1}(\tau_{1i_r^m}^{\text{depart}} - t^{\text{check}} - T^{\text{transfer}} - \tau_{k'_m,I_m}^{\text{arrival}}) + \cdots + q_{k'_m,k_r}(\tau_{k_r i_r^m}^{\text{depart}} - t^{\text{check}} - T^{\text{transfer}} - \\ \qquad\qquad \tau_{k'_m,I_m}^{\text{arrival}}) + \cdots + q_{k'_m,K_r}(\tau_{K_r i_r^m}^{\text{depart}} - t^{\text{check}} - T^{\text{transfer}} - \tau_{k'_m,I_m}^{\text{arrival}}) \\ \cdots\cdots \\ W(K,K) = q_{1,1}(\tau_{1i_r^m}^{\text{depart}} - t^{\text{check}} - T^{\text{transfer}} - \tau_{1,I_m}^{\text{arrival}}) + \cdots + q_{1,k_r}(\tau_{k_r i_r^m}^{\text{depart}} - t^{\text{check}} - T^{\text{transfer}} - \\ \qquad\qquad \tau_{1,I_m}^{\text{arrival}}) + \cdots + q_{1,K_r}(\tau_{K_r i_r^m}^{\text{depart}} - t^{\text{check}} - T^{\text{transfer}} - \tau_{1,I_m}^{\text{arrival}}) \end{cases}$$

（6-27）

$$WT_{\text{transfer}}^{\text{total}} = \sum_{k'_m=1}^{K_m} W(k'_m, k'_m) \quad m \in M$$

（6-28）

6.3.2 企业运营成本优化模型

1. 城市轨道交通列车运行成本优化模型

根据参考文献[166]、[167]的研究结果,考虑到相邻城轨车站(如地铁、轻轨)间距较短和区间运行时间较短,因此单列城轨列车在站间区间运行时的过程主要包括三个阶段:牵引阶段、惰行阶段、制动阶段。本节研究的城轨列车采用再生制动模式进行制动阶段的能源回收,因此从理论而言,列车仅在牵引阶段消耗能量。但是,即使采用了再生制动模式,其他非再生制动模式也是有必要存在的,如:使用空气制动,电磁制动等作为辅助制动措施,以使列车能够安全可靠地停车。从工程角度而言,列车的动能不能完全转换为再生制动能量。当列车的速度变得越来越慢时,由再生电流切割磁场以使列车减速的制动力将越来越小,甚至在列车完全停止之前等于零。若没有其他辅助制动措施,无法保证列车的安全停车。

本节考虑了在城轨列车制动阶段使用其他非再生制动模式辅助列车制动的方法。当列车速度低于$v_{s_m,\text{obr}}$时,非再生制动力将自动启动,以确保列车可以安全可靠地停止,如图6-4所示。但是使用非再生制动会消耗电能。因此,

区间 s_m 中的单列列车的电耗（单位为 kW·h，1 kW·h=3 600 kJ）可用式（6-29）计算，那么单列城轨列车运行一趟的列车运行成本见式（6-30）。

$$E_{s_m}^{ec} = E_{s_m,tr} + E_{s_m,obr}$$
$$= \frac{1}{3\,600\eta_1}[\int_0^{v_{s_m,co}} F_{m,tr}(v)dl + \frac{1}{2}M_m^{total}v_{s_m,obr}^2 - \int_0^{v_{s_m,obr}} R_m(v)dl] \quad m \in M \quad (6\text{-}29)$$

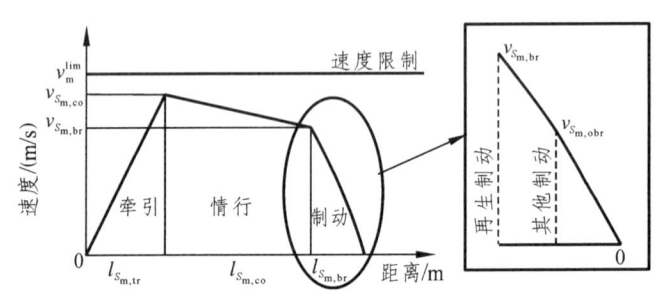

$$C_m^{singel} = \eta_{电} \sum_{s_m=1}^{S_m} E_{s_m}^{ec} \quad m \in M \quad (6\text{-}30)$$

图 6-4 城轨列车区间运行主要阶段

式（6-31）~式（6-32）代表列车的动态约束，式（6-33）~式（6-41）代表列车的运动学约束。其中，式（6-34）~式（6-35）可以通过微分方程（6-33）推导出列车在该区间的每个阶段的运行时间和距离。

$$F_{m,tr}(v) \leq F_{m,tr}^{max} \quad m \in M \quad (6\text{-}31)$$

$$F_{m,br}(v) \leq F_{m,br}^{max} \quad m \in M \quad (6\text{-}32)$$

$$\begin{cases} \dfrac{dv}{dl} = \dfrac{F_{m,tr}(v) - F_{m,br}(v) - R_m(v)}{M_m^{total}v} \\ \dfrac{dt}{dl} = \dfrac{1}{v} \end{cases} \quad m \in M \quad (6\text{-}33)$$

$$\begin{cases} l_{s_m,tr} = \int_0^{v_{s_m,co}} \dfrac{M_m^{total}v}{F_{m,tr}(v) - R_m(v)}dv \\ l_{s_m,co} = \int_{v_{s_m,co}}^{v_{s_m,co}} \dfrac{M_m^{total}v}{-R_m(v)}dv \quad m \in M \\ l_{s_m,br} = \int_{v_{s_m,br}}^{0} \dfrac{M_m^{total}v}{-F_{m,br}(v) - R_m(v)}dv \end{cases} \quad (6\text{-}34)$$

$$\begin{cases} t_{s_m,\text{tr}} = \int_0^{v_{s_m,\text{co}}} \dfrac{M_m^{\text{total}}}{F_{m,\text{tr}}(v) - R_m(v)} \mathrm{d}v \\ t_{s_m,\text{co}} = \int_{v_{s_m,\text{co}}}^{v_{s_m,\text{br}}} \dfrac{M_m^{\text{total}}}{-R_m(v)} \mathrm{d}v \qquad \text{m} \in M \\ t_{s_m,\text{br}} = \int_{v_{s_m,\text{br}}}^{0} \dfrac{M_m^{\text{total}}}{-F_{m,\text{br}}(v) - R_m(v)} \mathrm{d}v \end{cases} \qquad (6\text{-}35)$$

$$t_{s_m} = t_{s_m,\text{tr}} + t_{s_m,\text{co}} + t_{s_m,\text{br}} \qquad (6\text{-}36)$$

$$l_{s_m} = l_{s_m,\text{tr}} + l_{s_m,\text{co}} + l_{s_m,\text{br}} \qquad (6\text{-}37)$$

$$0 \leqslant \dfrac{F_{m,\text{tr}}(v) - R_m(v)}{M_m^{\text{total}}} \leqslant a_{m,\text{tr}}^{\max} \quad \text{m} \in M \qquad (6\text{-}38)$$

$$0 \leqslant \dfrac{F_{m,\text{br}}(v) + R_m(v)}{M_m^{\text{total}}} \leqslant \left| a_{m,\text{br}}^{\max} \right| \quad \text{m} \in M \qquad (6\text{-}39)$$

$$0 \leqslant \dfrac{F_{m,\text{obr}} + R_m(v)}{M_m^{\text{total}}} \leqslant \left| a_{m,\text{br}}^{\max} \right| \quad \text{m} \in M \qquad (6\text{-}40)$$

$$v \leqslant v_m^{\lim} \qquad (6\text{-}41)$$

近几年，再生制动技术被广泛应用于轨道交通领域，并为列车节能减排起到了重要作用。由于再生制动技术的运用，传统的列车运行能耗不再只包括牵引力做功和非再生制动设备制动做功两个部分。理论上，当一条轨道交通线路采用了再生制动设备对列车进行制动时，列车制动阶段除了保障列车安全停车的非再生制动设备做功外，基本不再消耗其他能耗进行制动。因此，再生制动模式是一种广泛应用于铁路运输系统中的节能技术。它可以在列车的制动阶段回收列车的再生制动能量，为同时处于牵引运行阶段的相邻列车提供列车运行的能量。为了更好地利用再生制动能量，首先得清楚再生制动能量回收和利用的基本原理。

（1）如果回收的再生制动能量足以为处于同一供电区段的正在进行牵引阶段运行的其他列车提供能量，那么多余的能量将转化为热能；相反，如果回收的再生制动能量不足以为处于同一供电区段的正在进行牵引阶段运行的其他列车提供能量，则不足的部分将由供电区段的电力系统来提供。

（2）从再生制动中回收的能量将优先提供给处于同一供电区段且处于牵引阶段运行的相邻列车。

在计划时段 $(t_{m,o}, t_{m,d}]$ 期间，当所有列车 $1, 2, \cdots, k_m, k_m+1, \cdots, K_m$ 在同一供电区段服务的区间内连续运行时，存在许多重叠区域，即不同列车的牵引阶段和制动阶段之间重叠，重叠时间决定了再生制动能量的利用率，如图 6-5 所示。因此，为了使再生制动能量的利用率最大化，应当优化相邻列车之间的追踪间隔时间、列车在车站的停留时间以及列车在车站间的运行时间，在约束条件允许的前提下，以最大限度地提高再生制动能量的利用率。

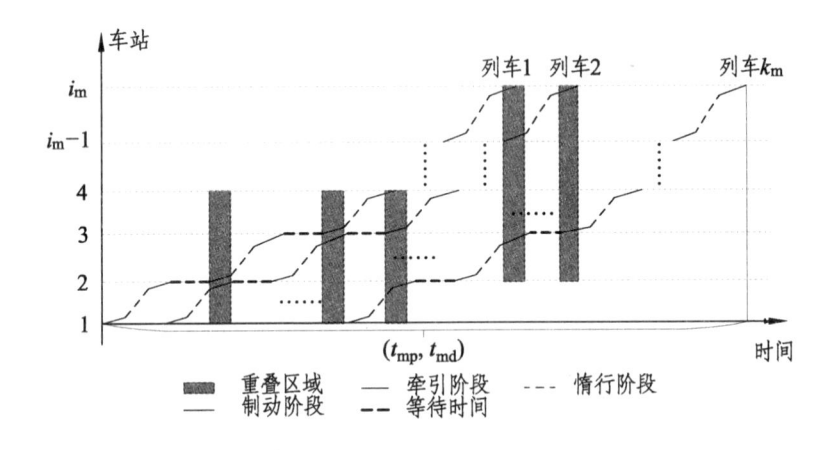

图 6-5 城轨列车再生制动能量利用示意

假设列车 k_m 正处于区间 s_m 的制动阶段，那么该列车能够回收的最大再生制动能量可按式（6-42）计算。

$$E_{k_m, s_m, \text{br}}^{\text{R,E}} = \frac{1}{3\,600} \eta_2 \phi_{k_m, s_m}^{\text{U,R}} \int_{l_{k_m, s_m, \text{obr}}}^{l_{k_m, s_m, \text{br}}} F_{m, \text{br}}(v) \mathrm{d}l \quad \text{m} \in M \qquad (6\text{-}42)$$

式中，$\phi_{k_m, s_m}^{\text{U,R}}$ 为再生制动能量利用率，其与重叠时间成正比，按式（6-43）计算。其为再生制动能量利用率的约束条件，最大取值为 1。

6 面向总体运输能力提升的多制式列车时刻表协同编制模型与算法研究

$$\begin{cases} \phi_{k_m,s_m}^{U,R} = \min\{\sum_{k'_m \in K_m}\sum_{s'_m \in S_m} \dfrac{t_{(k_m \cap k'_m, s_m \cap s'_m)}^{overlap}}{t_{k_m,s_m,br}}, 1\} \\ k_m \neq k'_m, k_m \in K_m, s_m \neq s'_m, s_m \in S_m, \phi_{k_m,s_m}^{U,R} \in [0,1] \end{cases} \quad m \in M \quad (6\text{-}43)$$

基于以上计算和分析,可以计算出在计划时段内可以回收和利用的总的再生制动能量,即式(6-44)。式(6-44)是其他列车牵引阶段可利用的总再生制动能量的约束条件,其计算过程符合再生制动能量利用的基本原理"1"。

$$E_{total}^{reg}(t_{m,o}, t_{m,d}) = \sum_{k_m=1}^{K_m}\sum_{s_m=1}^{S_m} E_{k_m,s_m,br}^{R,E} \quad m \in M \quad (6\text{-}44)$$

式中,$E_{k_m,s_m,br}^{R,E}$ 为列车 k_m 在区间 s_m 的回收的再生制动能量,kW·h;$t_{(k_m \cap k'_m, s_m \cap s'_m)}^{overlap}$ 为列车 k_m 在区间 s_m 的制动阶段与其他列车处于牵引阶段时的重叠时间;$E_{total}^{reg}(t_{m,o}, t_{m,d})$ 为计划时段 $(t_{m,o}, t_{m,d})$ 内可以回收和利用的总的再生制动能量。

从式(6-43)可以得出,优化再生制动能量利用率的关键在于重叠时间的计算。本节建立了一个列车-时间矩阵来构建重叠时间的计算模型。这个矩阵的构成基本元素为列车追踪间隔时间、列车在各阶段(牵引阶段,惰行阶段和制动阶段)的运行时间以及列车在车站的停留时间。列车时间-矩阵的横轴表示列车的运行时间,纵轴表示列车车次序号。为了使该矩阵的每一行中的元素数相同,本节将元素"列车到达"添加到列车-时间矩阵中,表示列车到达跨制式中转换乘车站之后的状态,其在矩阵中的数学表示为"0"。此外,本节使用不同的变量来表示列车-时间矩阵除"列车到达"之外的其他元素。因此,可以获得列车-时间矩阵的数学模型,即式(6-45)。矩阵每一行中的元素数等于 $(K_m - 1 + I_m - 2 + 3S_m)$。

基于以上研究,为了更好地表示重叠时间计算模型,本节构建了列车 k_m 在区间 s_m 制动阶段开始时的时刻和列车 k'_m 在区间 s'_m 牵引阶段开始时的时刻,即式(6-46)~式(6-47)。假设 $\tau_{k_m,s_m,br} = \tau_{k'_m,s'_m,tr}$,那么重叠时间计算模型见式(6-48)。

$$\text{列车-时间矩阵} = \begin{bmatrix} H_{1,2}, H_{2,3}, \cdots, H_{K_m-1,K_m}, t_{K_m,1,tr}, t_{K_m,1,co}, t_{K_m,1,br}, D_{K_m,2}, t_{K_m,2,tr}, \cdots, t_{K_m,s_m,br} \\ H_{1,2}, H_{2,3}, \cdots, H_{K_m-2,K_m-1}, t_{K_m-1,1,tr}, t_{K_m-1,1,co}, t_{K_m-1,1,br}, D_{K_m-1,2}, t_{K_m-1,2,tr}, \cdots, t_{K_m-1,s_m,br}, 0 \\ \vdots \\ H_{1,2}, H_{2,3}, \cdots, H_{k'_m-1,k'_m}, t_{k'_m,1,tr}, t_{k'_m,1,co}, t_{k'_m,1,br}, D_{k'_m,2}, t_{k'_m,2,tr}, \cdots, t_{k'_m,s_m,br}, \underbrace{\cdots,0,\cdots,0}_{K_m-k'_m} \\ \vdots \\ H_{1,2}, H_{2,3}, \cdots, H_{k_m-1,k_m}, t_{k_m,1,tr}, t_{k_m,1,co}, t_{k_m,1,br}, D_{k_m,2}, t_{k_m,2,tr}, \cdots, t_{k_m,s_m,br}, \underbrace{\cdots,0,\cdots,0}_{K_m-k_m} \\ \vdots \\ H_{1,2}, t_{2,1,tr}, t_{2,1,co}, t_{2,1,br}, D_{2,2}, t_{2,2,tr}, \cdots, t_{2,s_m,br}, \underbrace{\cdots,0,\cdots,0}_{K_m-2} \\ t_{1,1,tr}, t_{1,1,co}, t_{1,1,br}, D_{1,2}, t_{1,2,tr}, \cdots, t_{1,s_m,br}, \underbrace{\cdots,0,\cdots,0}_{K_m-1} \end{bmatrix}$$

（6-45）

$$\begin{cases} (\tau_{k_m,s_m,br}, \tau'_{k_m,s_m,br}) = \left\{ \left[\left(\sum_1^{s_m} t_{k_m,s_m} - t_{k_m,s_m,br}\right) + \sum_2^{i_m} D_{k_m,i_m} + \sum_1^{k_m-1} H_{k_m,k_m+1} \right], \right. \\ \left. \left(\sum_1^{s_m} t_{k_m,s_m} + \sum_2^{i_m} D_{k_m,i_m} + \sum_1^{k_m-1} H_{k_m,k_m+1} \right) \right\} \\ s_m = i_m, k_m \in K_m, s_m \in S_m, i_m \in I_m, m \in M \end{cases}$$

（6-46）

$$\begin{cases} (\tau_{k'_m,s'_m,tr}, \tau'_{k'_m,s'_m,tr}) = \left\{ \left(\sum_1^{s'_m-1} t_{k'_m,s'_m} + \sum_2^{i'_m} D_{k'_m,i'_m} + \sum_1^{k'_m-1} H_{k'_m,k'_m+1} \right), \right. \\ \left. \left[\left(\sum_1^{s'_m-1} t_{k'_m,s'_m} + t_{k'_m,s'_m,tr}\right) + \sum_2^{i'_m} D_{k'_m,i'_m} + \sum_1^{k'_m-1} H_{k'_m,k'_m+1} \right] \right\} \\ s'_m = i'_m, k'_m \in K_m, s'_m \in S'_m, i'_m \in I'_m, m \in M \end{cases}$$

（6-47）

$$\begin{cases} \text{if } \tau_{k_m,s_m,br} = \tau_{k'_m,s'_m,tr} \quad m \in M \\ \text{then } t^{\text{overlap}}_{(k_m \cap k'_m, s_m \cap s'_m)} = \min\{(\tau'_{k_m,s_m,br} - \tau_{k_m,s_m,br}), (\tau'_{k'_m,s'_m,tr} - \tau_{k'_m,s'_m,tr})\} \\ k_m, k'_m \in K_m, s_m, s'_m \in S_m, m \in M \end{cases}$$

（6-48）

式中，$\tau_{k_m,s_m,br}$ 为列车 k_m 在区间 s_m 制动阶段的开始时刻，s；$\tau'_{k_m,s_m,br}$ 为列车 k_m 在区间 s_m 制动阶段的结束时刻，s；$\tau_{k'_m,s'_m,tr}$ 为列车 k'_m 在区间 s'_m 牵引阶段的开始时刻，s；$\tau'_{k'_m,s'_m,tr}$ 为列车 k'_m 在区间 s'_m 牵引阶段的结束时刻，s。

因此，在计划时段$(t_{m,o},t_{m,d})$内，考虑再生制动能源利用下的各城轨制式所有列车运行电耗成本按式（6-49）计算。式（6-50）~式（6-52）表示时刻表约束，并给出了列车在区间运行时间的上限和下限，列车追踪间隔时间和车站停站等待时间。

$$C_m^{total}(t_{m,o},t_{m,d}) = \eta_{电}(\sum_{k_m=1}^{K_m}\sum_{s_m=1}^{S_m}E_{s_m}^{ec} - E_{total}^{reg}(t_{m,o},t_{m,d})) \quad m \in M \quad （6-49）$$

$$H_m^{min} \leqslant H_{k_m,k_m+1} \leqslant H_m^{max} \quad m \in M \quad （6-50）$$

$$D_{i_m}^{min} \leqslant D_{k_m,i_m} \leqslant D_{i_m}^{max} \quad m \in M \quad （6-51）$$

$$t_{s_m}^{min} \leqslant t_{k_m,s_m} \leqslant t_{s_m}^{max} \quad m \in M \quad （6-52）$$

2. 铁路列车运行成本优化模型

Khmelnitsky[168]通过使用具有非线性约束的微分方程描述了列车的运行过程，将区间运行的铁路列车节能驾驶策略划分为四个阶段（图 6-6），即牵引阶段、巡航阶段、惰行阶段、制动阶段。铁路列车在铁路线路上行驶，在运行过程中会受到牵引力、基本线路阻力、制动力和空气阻力的影响，且铁路列车的质量较大，列车的启动或制动所需的牵引力或制动力相对较大。另外，列车在区间的高速运行会导致很大的空气阻力，这与城轨列车区间运行不同，这种空气阻力是不容忽视的。关于制动方面，铁路列车采取电阻制动等方式，使得列车在制动阶段不消耗电能。

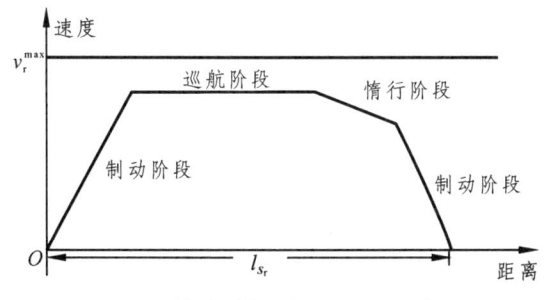

图 6-6 铁路列车区间运行主要阶段

结合已有文献研究成果[168]可知，式（6-53）是用于计算铁路列车（型号：

CRH3）在运行过程中的空气阻力的数学公式；式（6-54）为在计划运行时段 $(t'_{r,o}, t'_{r,d})$ 内所有铁路列车在线路上运行的总电耗；式（6-55）为在计划运行时段 $(t'_{r,o}, t'_{r,d})$ 内所有铁路列车在线路上运行的总成本。

$$A_r(v) = 6.8676v^2 + (2.4423 \times 10^{-6}v^2 + 9.953 \times 10^{-5}v + 2.6357 \times 10^{-3})M_r^{\text{total}} \quad (6\text{-}53)$$

$$E_r^{\text{total}}(t'_{r,o}, t'_{r,d}) = \frac{1}{3600\eta_1} \sum_{k_r=1}^{K_r} \sum_{s_r=1}^{S_r} \sum_{p_r=1}^{P_r} \int_0^{l_{k_r s_r p_r}} f_r(v) \mathrm{d}l \quad (6\text{-}54)$$

$$C_r^{\text{total}}(t'_{r,o}, t'_{r,d}) = \eta_{\text{电}} E_r^{\text{total}}(t'_{r,o}, t'_{r,d}) \quad (6\text{-}55)$$

式（6-56）为列车的动态约束，式（6-57）~式（6-60）为列车的运动学约束。

$$\begin{cases} 0 \leqslant f_r(v) \leqslant F_r^{\max} \\ 0 \leqslant b_r(v) \leqslant B_r^{\max} \\ 0 \leqslant v \leqslant v_r^{\max} \end{cases} \quad (6\text{-}56)$$

$$l_{k_r s_r p_r} = \int_{v_{k_r s_r (p_r-1)}}^{v_{k_r s_r p_r}} \frac{M_r^{\text{total}} v}{f_r(v) - b_r(v) - r_r(v) - A_r(v)} \mathrm{d}v$$
$$k_r \in K_r, s_r \in S_r, p_r \in P_r \quad (6\text{-}57)$$

$$l_{s_r} = \sum_{p_r \in P_r} l_{k_r s_r p_r} \quad k_r \in K_r, s_r \in S_r \quad (6\text{-}58)$$

$$0 \leqslant \frac{f_r(v) - A_r(v) - r_r(v)}{M_r^{\text{total}}} \leqslant \hat{a}_r^{\text{acc}} \quad (6\text{-}59)$$

$$0 \leqslant \frac{b_r(v) + r_r(v) + A_r(v)}{M_r^{\text{total}}} \leqslant |\hat{a}_r^{\text{dec}}| \quad (6\text{-}60)$$

式中，$A_r(v)$ 为铁路列车运行的空气阻力，kN；M_r^{total} 为 CRH3 型高速列车的平均总质量，10^3 kg；$f_r(v)$ 为列车的牵引力，kN；$b_r(v)$ 为列车的制动力，kN；$F_r^{\max}$ 为铁路列车的最大牵引力，kN；$B_r^{\max}$ 为铁路列车的最大制动力，kN；$\hat{a}_r^{\text{acc}}$ 为铁路列车的最大牵引加速度，m/s²；$\hat{a}_r^{\text{dec}}$ 为铁路列车的最大制动减速度，m/s²。

6.3.3 多目标优化模型构建

基于以上研究，本节构建多目标优化模型（MOOM），即式（6-61），其包括三个子目标函数：$\sum_{m \in M} WT_m^{total}$、$\sum_{m \in M} WT_{transfer}^{total}$ 和 $C_{train}^{total}(t_{m,o}, t_{r,d}')$。

$$\begin{cases} \sum_{m \in M} WT_m^{total} = \sum_{m \in M} \sum_{i_m=1}^{I_m} \sum_{t=t_{m,o}}^{t_{m,d}} \tau \cdot n_{i_m t(t+\tau)} \\ \sum_{m \in M} WT_{transfer}^{total} = \sum_{m \in M} \sum_{k_m'=1}^{K_m} W(k_m', k_m') \\ C_{train}^{total}(t_{m,o}, t_{r,d}') = \sum_{m \in M} \eta_{电}(\sum_{k_m=1}^{K_m} \sum_{s_m=1}^{S_m} E_{s_m}^{ec} - E_{total}^{reg}(t_{m,o}, t_{m,d})) + \eta_{电} E_r^{total}(t_{r,o}', t_{r,d}') \end{cases} \quad (6-61)$$

式中，$\sum_{m \in M} WT_m^{total}$ 为系统内所有城市轨道交通制式的单制式旅客在城轨车站的等待时间（The waiting time of passengers，TWTP）；$\sum_{m \in M} WT_{transfer}^{total}$ 为跨制式换乘旅客换乘等待时间（The waiting time of transfer passengers，TWTTP）；$C_{train}^{total}(t_{m,o}, t_{r,d}')$ 为企业运营成本（Business operation cost，BOC）。

受假设条件 5 的影响，本节在区域轨道交通系统时刻表协同编制方法方面，主要以城市轨道交通系统的时刻表优化为主。

其中式（6-31）~式（6-41）以及式（6-56）~式（6-60）为列车的运动学和动力学约束。式（6-50）~式（6-52）为列车时刻表的约束，由区间运行时间的上限和下限，列车开行间隔时间和车站停站时间组成。式（6-62）确保了所有跨制式换乘旅客都可以在给定的计划时间内完成运输。式（6-63）定义了 $(t_{m,o}, t_{m,d}]$ 和 $(t_{r,o}', t_{r,d}']$ 两个计划时段的范围。特别说明：列车到达车站后，所有在车站等待的跨制式换乘旅客都可以顺利上车（假设 4），因此，本节不考虑地铁站台拥挤状况和列车通行能力的约束。式（6-64）~式（6-65）是换乘旅客能够成功换乘的判定条件，如果换乘成功，那么旅客的换乘等待时间用 Δ_2 表示，否则为 0。q_{k_m', i_m', k_r} 为在城轨车站 i_m' 登上城轨列车 k_m' 并前往换乘铁路列车 k_r 的跨制式换乘旅客数量，其需满足约束条件式（6-66）。式（6-68）定义列车到站时间、停留时间和发车时间之间的关系，以防止列车超车。

$$\sum_{i_m=1}^{I_m-1} q_{i_m,(t_{m,o},t_{m,d})}^{\text{transfer}} = \sum_{k'_m=1}^{K_m} \sum_{k_r=1}^{K_r} q_{k'_m,k_r} \quad m \in M \tag{6-62}$$

$$\begin{cases} \sum_1^{K_m-1} H_{k_m,k_m+1} + \sum_{s_m=1}^{S_m} D_{K_m,s_m} + \sum_{i_m=2}^{I_m-1} t_{K_m,i_m} = t_{m,o} - t_{m,d} \quad m \in M \\ \tau_{K_r,I_r}^{\text{arrival}} - \tau_{1i_r^m}^{\text{depar}} = t'_{r,d} - t'_{r,o} \end{cases} \tag{6-63}$$

$$\Delta_2 = \tau_{k_r,i_r^m}^{\text{depar}} - t^{\text{check}} - T^{\text{transfer}} - \tau_{k'_m,I_m}^{\text{arrival}} \tag{6-64}$$

$$\text{judge} \begin{cases} \text{if } \Delta_2 > 0 \Rightarrow \Delta_2 = \tau_{k_r,i_r^m}^{\text{depar}} - t^{\text{check}} - T^{\text{transfer}} - \tau_{k'_m,I_m}^{\text{arrival}} \quad m \in M \\ \text{else } \Delta_2 \leqslant 0 \Rightarrow \Delta_2 = 0 \end{cases} \tag{6-65}$$

$$\begin{cases} q_{k'_m,k_r} = \sum_{i'_m=2}^{I_m-1} q_{k'_m,i'_m,k_r} \quad m \in M \\ q_{k'_m,i'_m,k_r} = q''_{i'_m,k_r} - q'_{i'_m,k_r} + 1 \quad m \in M \end{cases} \tag{6-66}$$

$$\begin{cases} \tau_{k'_m,i'_m}^{\text{leave}} - \tau_{i'_m,q''_m,k_r}^{\text{transfer}} \geqslant 0, \tau_{k'_m,i'_m}^{\text{leave}} - \tau_{i'_m,q'_m+1,k_r}^{\text{transfer}} < 0 \\ \tau_{k'_m-1,i'_m}^{\text{leave}} - \tau_{i'_m,q'_m,k_r}^{\text{transfer}} < 0, \tau_{k'_m-1,i'_m}^{\text{leave}} - \tau_{i'_m,q'_m-1,k_r}^{\text{transfer}} \geqslant 0 \\ \tau_{i'_m,q''_m,k_r}^{\text{transfer}} \geqslant \tau_{i'_m,q'_m,k_r}^{\text{transfer}} \end{cases} \tag{6-67}$$

$$\begin{cases} \tau_{k_m,i_m}^{\text{arrival}} = \tau_{k_m+1,i_m}^{\text{arrival}} - H_{k_m,k_m+1} \\ \tau_{k_m,i_m}^{\text{leave}} = \tau_{k_m+1,i_m}^{\text{leave}} - H_{k_m,k_m+1} \quad k_m \in K_m, i_m \in I_m \\ \tau_{k_m,i_m}^{\text{leave}} = \tau_{k_m,i_m}^{\text{arrival}} + D_{k_m,i_m} \end{cases} \tag{6-68}$$

研究时刻表协同编制对系统动态总体运能的定量影响的关键在于研究多目标优化模型中三个子目标函数（系统动态总体运能三个影响因素），即 $\sum_{m \in M} WT_m^{\text{total}}$、$\sum_{m \in M} WT_{\text{transfer}}^{\text{total}}$ 和 $C_{\text{train}}^{\text{total}}(t_{m,o},t'_{r,d})$ 对系统动态总体运能的定量影响。将不同权重系数下的多目标优化模型的优化结果（三个目标函数值）代入本节构建的基于时刻表协同编制的系统动态总体运能优化模型中，可以计算出区域多制式轨道交通系统时刻表协同编制对系统动态总体运能的数值影响，即式(6-69)，其为时刻表协同编制优化后的系统动态总体运能。其中,式(6-70)为该系统的静态总体运能。

$$\begin{cases} Q_{\text{total}}^{\text{dynamic}}(t_{\text{m,o}}, t_{\text{r,d}}') = Q_{\text{total}}^{\text{static}}(t_{\text{m,o}}, t_{\text{r,d}}') + \sum_{m \in M} (\frac{\alpha(wt_{\text{m}}^{\text{opt}}) - \alpha(wt_{\text{m}}^{\text{cur}})}{\alpha(wt_{\text{m}}^{\text{cur}})}) Q_{\text{m,total}}^{\text{cur}} + \\ \qquad\qquad \sum_{m \in M} (\frac{\alpha(wt_{\text{m,r}}^{\text{opt}}) - \alpha(wt_{\text{m,r}}^{\text{cur}})}{\alpha(wt_{\text{m,r}}^{\text{cur}})}) Q_{(\text{m,r}),\text{total}}^{\text{cur}} + \\ \qquad\qquad \sum_{m \in M} \frac{(C_{\text{train}}^{\text{cur}}(t_{\text{m,o}}, t_{\text{r,d}}') - C_{\text{train}}^{\text{opt}}(t_{\text{m,o}}, t_{\text{r,d}}'))}{C_{\text{m}}^{\text{single}}} Q_{\text{m}}^{\text{single}} \\ Q_{\text{m,total}}^{\text{cur}} = Q_{\text{total}}^{\text{static}}(t_{\text{m,o}}, t_{\text{r,d}}') - Q_{(\text{m,r}),\text{total}}^{\text{cur}} \quad m \in M \end{cases} \quad (6\text{-}69)$$

$$Q_{\text{total}}^{\text{static}}(t_{\text{m,o}}, t_{\text{r,d}}') = \sum_{m \in M} \sum_{k_{\text{m}}=1}^{K_{\text{m}}} \sum_{i_{\text{m}}=1}^{I_{\text{m}}} b_{k_{\text{m}} i_{\text{m}} t_{\text{m,o}} t_{\text{m,d}}} + \sum_{m \in M} \sum_{k_{\text{m}}=1}^{K_{\text{m}}} \sum_{k_{\text{r}}=1}^{K_{\text{r}}} q_{k_{\text{m}} k_{\text{r}}} \quad (6\text{-}70)$$

本节使用不同的权重系数来表达决策者的不同偏好需求，并且在不同的权重系数下进行优化，可获得不一样的优化结果。为了进一步分析不同权重系数对不同优化目标的影响，本节定义了 WT-时刻表、TWT-时刻表和 BOC-时刻表，来比较不同决策偏好下的协同优化时刻表对三个优化目标的影响程度。

（1）WT-时刻表：单制式城轨旅客等待时间时刻表，指在优化过程中遵循 $\sum_{m \in M} WT_{\text{m}}^{\text{total}} > \sum_{m \in M} WT_{\text{transfer}}^{\text{total}} > C_{\text{train}}^{\text{total}}(t_{\text{m,o}}, t_{\text{r,d}}')$ 的优先级进行优化后的优化时刻表。

（2）TWT-时刻表：跨制式旅客换乘等待时间时刻表，指在优化过程中遵循 $\sum_{m \in M} WT_{\text{transfer}}^{\text{total}} > \sum_{m \in M} WT_{\text{m}}^{\text{total}} > C_{\text{train}}^{\text{total}}(t_{\text{m,o}}, t_{\text{r,d}}')$ 的优先级进行优化后的优化时刻表。

（3）BOC-时刻表：企业运营成本时刻表，它表示在优化过程中遵循 $C_{\text{train}}^{\text{total}}(t_{\text{m,o}}, t_{\text{r,d}}') > \sum_{m \in M} WT_{\text{m}}^{\text{total}} > \sum_{m \in M} WT_{\text{transfer}}^{\text{total}}$ 的优先级进行优化后的优化时刻表。

本节通过研究运营成本和等待时间两种不同量纲的目标函数在数值的数量级间的比值，从而确定这两种不同量纲的目标函数在采用哪种数量级的权重系数比例时得到的优化结果可以体现决策者的偏好，而且这种方式早在文献[169]、[170]中被学者运用和验证过，因此这种权重系数的确定方法将更加合理。

假设 λ_1 为目标函数 $\sum_{m \in M} WT_m^{total}$ 的权重系数，λ_2 为目标函数 $\sum_{m \in M} WT_{transfer}^{total}$ 的权重系数，λ_3 为目标函数 $C_{train}^{total}(t_{m,o}, t'_{r,d})$ 的权重系数。本节使用不同的权重系数比来表达决策者的不同偏好需求，关于权重系数比值的选取，在文献[125]的研究结果中表明：当运营成本与等待时间的权重系数比超过 10^4 时，可以得到有利于降低运营成本的协同优化时刻表；当等待时间与运营成本的权重系数比不超过 1 时，可以得到以利于减少等待时间的协同优化时刻表。因此，本节对三个优化目标分别进行两两配对，采用三组不同的权重系数比进行优化，可得到倾向于三个优化目标分别最优情况下的协同优化时刻表。①决策者认为降低城轨旅客等待时间，提高旅客服务质量可以吸引更多的旅客选择轨道交通方式出行，那么权重系数比应选择 $\lambda_1 : \lambda_2 = 10 : 1$，基于这种权重系数比优化后得到的协同优化时刻表为 WT-时刻表。②决策者认为减少跨制式旅客换乘等待时间，提高跨制式换乘旅客运行效率和服务质量可以缩短轨道交通设施设备占用周期，以提升轨道交通设施设备服务频率，增加单位时间内的旅客服务频次，此时权重系数比应选择 $\lambda_2 : \lambda_3 = 1 : 1$，基于这种权重系数比优化后得到的协同优化时刻表为 TWT-时刻表。③决策者认为降低列车的平均运营成本，在同等运营成本的前提下，增加列车发车量可有效提升系统动态总体运能，那么权重系数比应选择 $\lambda_1 : \lambda_3 = 1 : 10\,000$，基于这种权重系数比优化后得到的协同优化时刻表为 BOC-时刻表。

6.3.4 多目标优化模型求解方法

现实中的大多数问题都属于多目标优化问题，即不可能同时使所有子目标都达到最优，因此每个子目标函数都必须要有权重的设置，而权重系数如何选取，这已经成为众多学者所关注的重中之重。同时，以生物进化论作为理论依据的遗传算法，已经发展的相当成熟。如果将两者结合起来，利用遗传算法的全局搜索能力，避免传统的多目标优化方法在寻优过程中陷入局部最优解,可以使解的个体保持多样性,因此,依据遗传算法的多目标优化寻优策略已经被广泛应用于各个领域中。

式(6-62)是一个典型的大规模多目标非线性优化问题,也是一个 NP-hard 问题[171],其决策变量的实际数量取决于实际问题规模的大小(例如:计划时段内的城轨车站数量和列车数量)。因此,一般的精确算法难以解决如此大规模复杂的非线性优化问题,急需一种有效的启发式求解算法来求解出达到允许误差范围内的目标函数的较优解。在现有文献中,遗传算法和基于拉格朗日的算法是解决多目标优化问题的两种常见方法。考虑到目标是高度非线性的数学模型,并且不能轻易将约束转化为线性约束,因此很难使用传统的线性规划算法来求解,因此,本节使用带有精英策略的多目标优化算法 NSGA-Ⅱ 对模型进行求解[172-173]。

NSGA-Ⅱ算法是基于原始 NSGA 算法下的一种成熟的多目标智能优化算法。克服了 NSGA 算法中非支配排序而导致的计算复杂度高、缺乏精英策略和需要指定共享参数的缺点。与 NSGA 算法相比,NSGA-Ⅱ算法提供以下改进,使其能够有效运用于多目标优化模型的求解。

(1)快速占优排序算法:可以降低非占优排序的计算复杂度,并将优化算法从原始 mN^3 降低到 mN^2(m 是目标函数的数量,N 是种群的大小)。

(2)精英策略:这种方法通过结合亲本种群及其后代种群来扩大采样空间,以竞争的方式产生新一代,保留了亲本种群中的优越个体,使得优化结果的准确性得到提升。

(3)拥挤比较算子:该方法不仅克服了 NSGA 算法中人工共享参数的缺点,而且将拥挤程度作为种群中个体的比较标准。因此,帕累托域中的个体均匀地扩展到整个帕累托域,从而确保了种群的多样性。

NSGA-Ⅱ算法解决的多目标优化模型表达式一般见式(6-73)。该算法的精英策略的关键在于设置拥挤比较算子,其中的参数选取并不是传统的人工共享参数,而是引入了拥挤度的概念。所谓拥挤度就是种群中给定个体周围个体的数量,即密度,用 i_d 表示,其直观上用个体 i 周围的包含个体 i 但不包含其余个体的最大矩形的长来表示。因此,NSGA-Ⅱ算法中计算拥挤度的步骤如下：

（1）将每个点的拥挤度 i_d 置为 0。

（2）对种群进行非支配排序，使得每个优化目标函数种群边界上的两个个体间的拥挤度无限大，$o_d = l_d = \infty$。

（3）对该种群中的其他个体之间的拥挤度进行计算。

$$i_d = \sum_{j=1}^{m} (|f_j^{i+1} - f_j^{i-1}|) \quad (6\text{-}71)$$

式中，i_d 为 i 的拥挤度；f_j^{i+1} 为 $i+1$ 点的第 j 的目标函数值；f_j^{i-1} 为 $i-1$ 点的第 j 的目标函数值。

$$\min \begin{cases} f_1(x_1, x_2, \cdots, x_n) \\ f_2(x_1, x_2, \cdots, x_n) \\ \cdots \cdots \\ f_j(x_1, x_2, \cdots, x_n) \end{cases} \quad (6\text{-}72)$$

$$g_i(x) \geqslant 0, \quad i=1,2,\cdots,p$$
$$h_i(x) \geqslant 0, \quad i=1,2,\cdots,q$$

式中，$f_j(x_1, x_2, \cdots, x_n)$ 为多目标优化模型的第 j 个目标函数；$g_i(x)$ 和 $h_i(x)$ 为约束条件；$(x_1, x_2, \cdots, x_n)$ 为设计变量。

除了 NSGA-II 算法之外，较常见和用到的就是 NSGA、PAES、SPEA 和 MOEA/D 算法。相比于其他算法，NSGA-II 算法具有减少计算量，提高优化结果准确性的优点。图 6-7 展示了几种主要的多目标优化算法的优缺点。

结合 MATLAB 软件自带的求解多目标优化模型的 NSGA-II 算法求解函数，本节所提出的 NSGA-II 算法的基本步骤如下所示，基本流程图如图 6-8 所示。

第一步：采用实数编码方法随机产生种群大小为 N 的父代种群 P_t。然后，利用遗传算法的基本操作（选择、交叉和变异）选出合适的个体组成新的父代种群并运用遗传算法中的单点交叉算子和单点变异算子生成新个体。产生相同大小的后代种群 Q_t。两个种群混合，形成一个新的种群 R_t，种群规模为 $2N$。

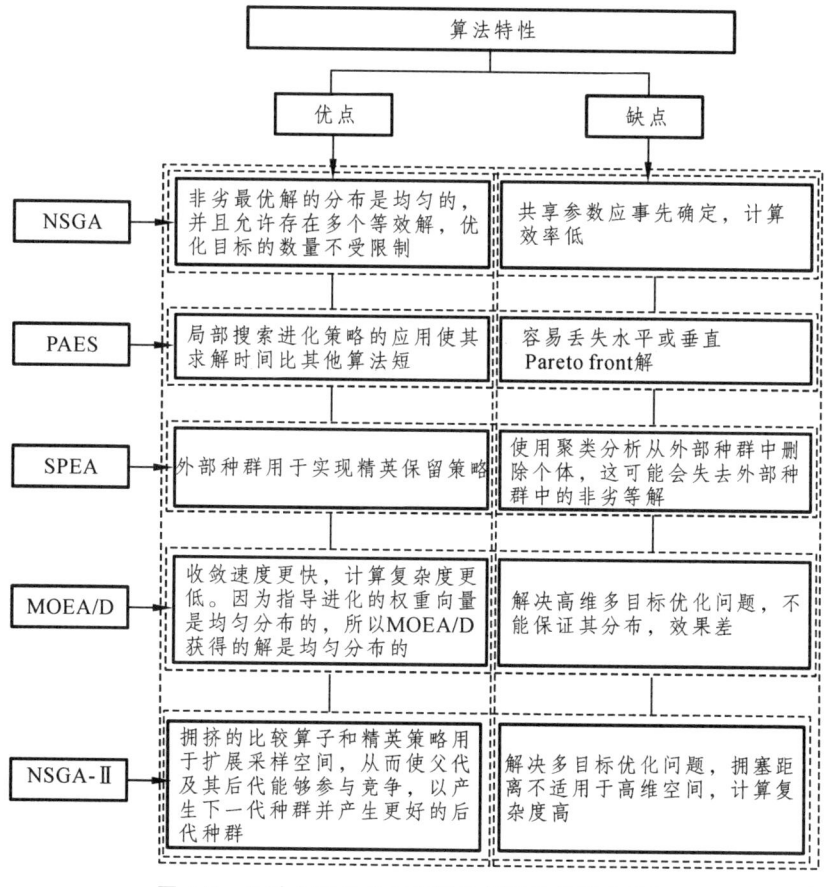

6 面向总体运输能力提升的多制式列车时刻表协同编制模型与算法研究

算法	优点	缺点
NSGA	非劣最优解的分布是均匀的，并且允许存在多个等效解，优化目标的数量不受限制	共享参数应事先确定，计算效率低
PAES	局部搜索进化策略的应用使其求解时间比其他算法短	容易丢失水平或垂直Pareto front解
SPEA	外部种群用于实现精英保留策略	使用聚类分析从外部种群中删除个体，这可能会失去外部群中的非劣等解
MOEA/D	收敛速度更快，计算复杂度更低。因为指导进化的权重向量是均匀分布的，所以MOEA/D获得的解是均匀分布的	解决高维多目标优化问题，不能保证其分布，效果差
NSGA-II	拥挤的比较算子和精英策略用于扩展采样空间，从而使父代及其后代能够参与竞争，以产生下一代种群并产生更好的后代种群	解决多目标优化问题，拥塞距离不适用于高维空间，计算复杂度高

图 6-7 几种主要的多目标优化算法的优缺点分析

第二步：对新种群体进行快速非支配排序，其伪代码见表6-2。选择帕累托等级高的个体组成新一代父代种群，不足的个体从下一个帕累托等级中选取，通过计算下一帕累托等级所有个体的拥挤度，其伪代码见表6-3，选择拥挤度高的个体补足新的父代种群。以上操作可为新一代父代群体 P_{t+1} 的组成选择合适的个体。

第三步：在以上操作步骤中，可以产生新的子代种群 Q_{t+1}，然后查看 Gen（代数）是否满足设定值的要求，如果满足直接输出结果，不满足则返回第一步，将 Q_{t+1} 和 P_{t+1} 继续混合，形成新种群 R_{t+1}。继续重复这些步骤，直到满足输出条件为止。

面向总体运能提升的区域多制式轨道交通系统协同运输方法研究

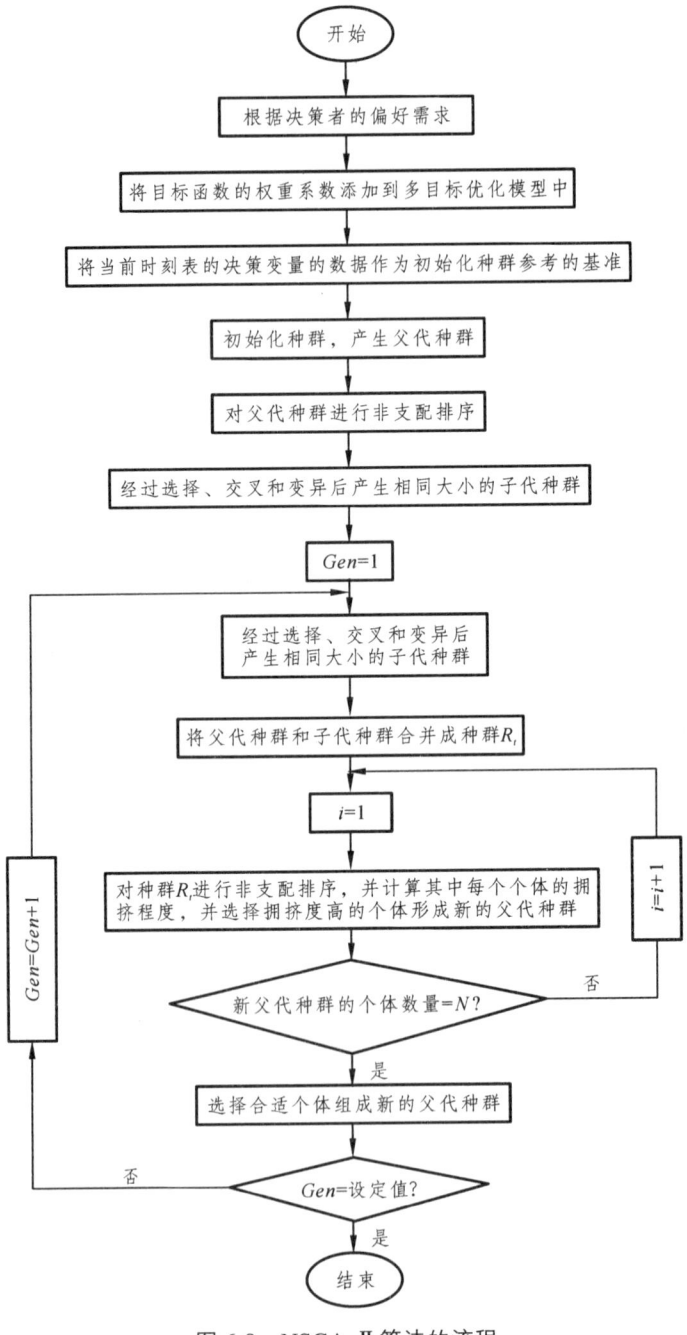

图 6-8 NSGA-II 算法的流程

表 6-2 快速非支配排序

	算法　快速非支配排序
1	For each $a \in P$
2	$S_a = \phi$ $n_a = 0$
3	For each $b = P$
4	If $a < b$ then
5	$S_a = S_a \cup \{b\}$
6	Else if $b < a$ then
7	$n_a = n_a + 1$
8	End
9	If $n_a == 0$ then
10	$rank(a) = 1; F_1 = F_1 \cup \{a\}$
11	End
12	End
13	Initialize $i = 1$
14	While $F_i \neq \phi$
15	$Q \neq \phi$
16	For each $a \in F_i$
17	For each $b \in S_a$
18	$n_b = n_b - 1$
19	If $n_b == 0$ then
20	$rank(b) = i + 1 ; Q = Q \cup \{b\}$
21	End
22	End
23	End
24	$i = i + 1; F_i = Q$
25	End

表 6-3 拥挤度计算

算法	拥挤度计算
1	While $F_i \neq \phi$
2	Set the $F_i(n) = 0$; $O_{max} = 2$
3	For each $m = 1 : O_{max}$
4	$I = \text{sort}(F_i, O)$
5	$I(1) = \infty$ and $I(N) = \infty$
6	For each $k = 2 : N - 1$
7	$I(k) = I(k) + [I(k+1)] \cdot O - I(k-1) \cdot O)/(f_o^{max} - f_o^{min})$
8	End
9	End
10	$i = i + 1$
11	End

6.4 模型求解步骤与逻辑流程

模型求解逻辑流程如图 6-9 所示，模型求解步骤归纳为模型层、优化层和结果层三个主要部分。

1. 模型层

第一步：考虑单制式旅客和跨制式换乘旅客的时空运输需求，在矩阵计算规则的约束下，利用列车-时间矩阵推导出城市轨道交通制式旅客在区域轨道交通系统内的等待时间优化模型和跨制式换乘旅客在跨制式换乘过程中的总等候时间优化模型。

第二步：运用运动学方程建立单列列车在非再生制动模式下的电耗和运营成本优化模型。然后，依托建立的列车-时间矩阵，推导出再生制动模式下的多列车的电耗和运营成本优化模型。

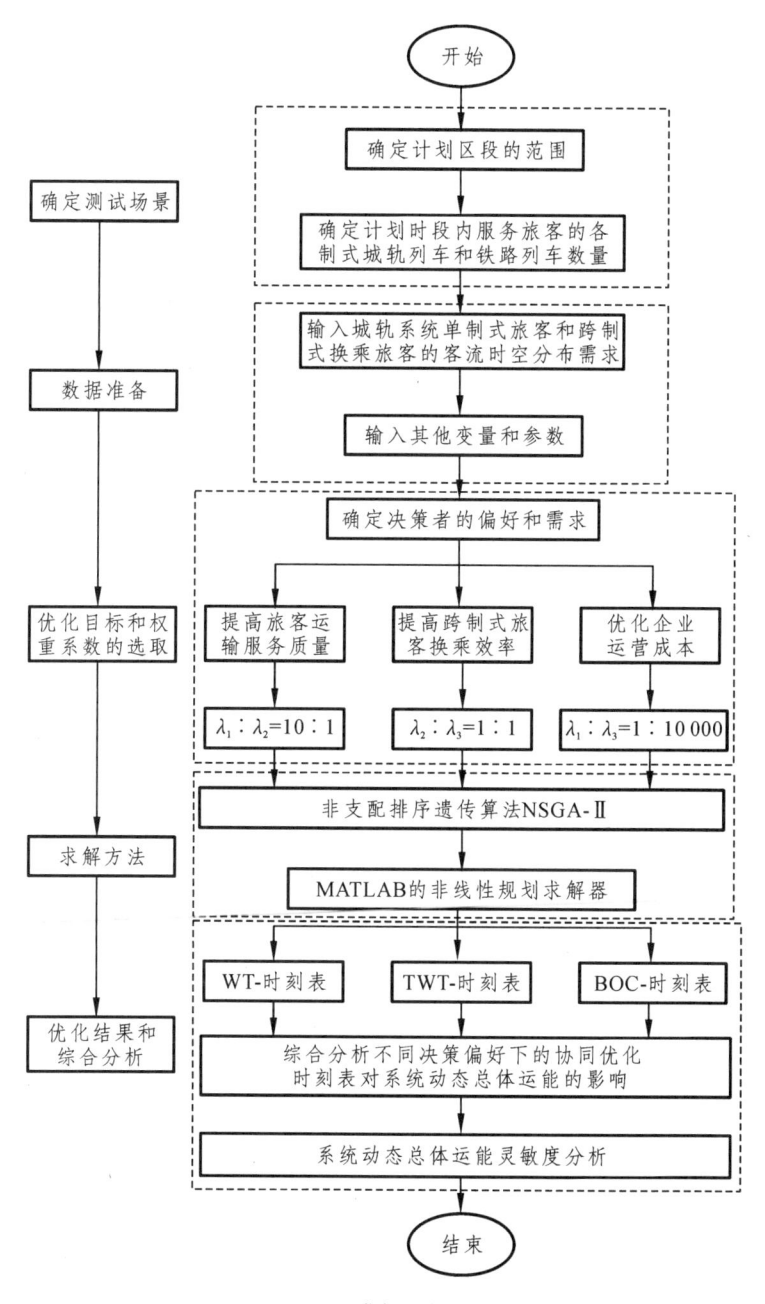

6 面向总体运输能力提升的多制式列车时刻表协同编制模型与算法研究

图 6-9 求解逻辑流程

面向总体运能提升的区域多制式轨道交通系统协同运输方法研究

第三步：考虑时刻表协同编制对旅客运输服务质量和企业运营成本的影响以及旅客运输服务质量和企业运营成本对系统动态总体运能影响的递推关系，建立了基于时刻表协同编制下的区域轨道交通系统动态总体运能优化模型。

2. 优化层

第四步：研究运营成本和等待时间两种不同量纲的目标函数在数值数量级的比值，确定这两种不同量纲的目标函数采用哪种数量级的权重系数比值时能够得到体现决策者偏好的优化结果。

第五步：确定测试案例和准备基础数据。

第六步：在优化模型和约束中输入已知变量和参数的初始数据，例如城轨列车的运动学数据（例如：列车重量、牵引力、制动力和线路的基本阻力等），列车时刻表数据（例如：停站时间、区间运行时间和列车追踪间隔时间等）以及旅客运输时空需求数据（例如：跨制式换乘旅客人数和到达城轨站台的时间等）。

第七步：生成初始解，根据当前城轨列车时刻表的运行数据，先随机生成一组解（由种群大小决定）。任意一组解为一条染色体，其中包括的基因数为决策变量的个数。将数值分配给优化模型的决策变量，并视为父代种群。

第八步：使用遗传算法中的选择、交叉和变异（遗传算法的单点交叉算子和单点变异算子等步骤）产生与亲代种群大小相同的子代种群。

第九步：将父代种群与子代种群合并成一个新的种群，使用NSGA-Ⅱ的非支配排序方法[124]对亲代种群进行排序以及计算个体拥挤度大小，并选择合适的个体组成新的父代种群。

第十步：比较种群代数是否达到迭代要求，如未达到即返回上述步骤，如达到则输出。

第十一步：利用MATLAB软件带有NSGA-Ⅱ算法功能的求解函数对构建的多目标优化模型进行求解，其主要参数的选择：种群大小为500，代数为

200，最佳个体系数为 0.3，停止迭代的代数为 200，交叉概率为 0.6，变异概率为 0.002，适应度函数的误差为 1×10^{-100}。

3. 结果层

第十二步：经过优化后，得到基于不同权重系数比下的不同优化目标的帕累托解。

第十三步：选择适当的帕累托解（多目标优化模型的加权和最小），以满足决策者的需求和偏好，作为优化解输出。

第十四步：输出最优解的数值，如优化后的列车停站时间、区间运行时间和列车追踪间隔时间。形成满足决策者需求和偏好的 WT-时刻表、TWT-时刻表和 BOC-时刻表，综合分析不同优化目标下的时刻表协同编制对系统动态总体运能的影响。

第十五步：进行各类型旅客等待时间和企业运营成本对系统动态总体运能影响的灵敏度分析。

第十六步：根据以上优化结果和分析结果给出提高区域轨道交通系统动态总体运能的意见和建议。

6.5 案例分析

为了验证本章构建的多目标优化模型的实用性和算法的有效性。本章以成都地铁 2 号线（中医大省医院地铁站到犀浦地铁站）与铁路成灌线（犀浦高铁站—青城山高铁站的快速铁路线路）构成的区域轨道交通系统作为实际案例进行研究。如图 6-10 所示，给出了一个包含地铁系统和铁路系统在内的典型复合轨道交通系统。它主要由地铁线路、跨制式中转换乘平台、铁路线路三部分组成。

面向总体运能提升的区域多制式轨道交通系统协同运输方法研究

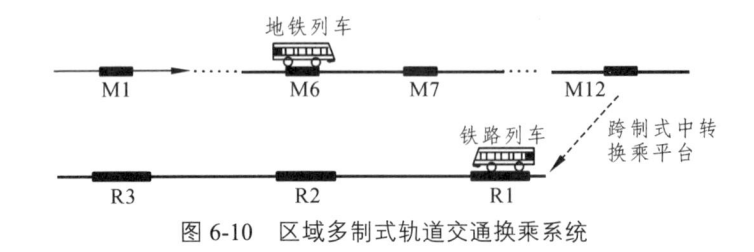

图 6-10 区域多制式轨道交通换乘系统

6.5.1 基础数据和参数设置

1. 旅客时空运输需求数据设置

本节的地铁客流数据来源于历史运营数据，包括客流时空运输需求数据和列车运营时刻表数据。例如，本节的地铁客流数据来源于成都轨道交通集团有限公司提供的自动票价收费（Automatic Fare Collection System）数据。由于铁路时刻表受众多种因素影响，列车发到站时刻和停站时间一般不轻易进行改变，因此，地铁的计划时段范围应根据犀浦—青城山的快速铁路线路的铁路时刻表和旅客的实际出行时间范围来确定。另外，为了确保本节的案例研究具有代表性，本节选择了不同场景的实际案例进行验证，两个实际案例的计划时段范围分别处于地铁平峰运营时段和地铁高峰运营时段，具体见表 6-4。

表 6-4 计划时段范围设置

	计划时段范围	
	$(t_{m_1,o}, t_{m_1,d}]$	$(t_{m_1,o}^{transfer}, t_{m_1,d}^{transfer}]$
案例 A	(10:20,11:30]	(10:20,11:21]
案例 B	(17:40,18:50]	(17:40,18:40]

图 6-11 所示为地铁 2 号线在平峰运营时段和高峰运营时段的 OD 客流需求，图 6-12 所示为不同计划时段范围内地铁车站的旅客平均到达率。

此外，由于案例中的成都地铁 2 号线东线只是成都地铁 2 号线的一部分，因此，当地铁列车到达中医大省医院车站时，地铁列车应已携带一定数量的旅客。假设在平峰运营时段，列车携带的旅客人数为 800 人；高峰运营时段列车携带的旅客为 1 000 人。此外，假设列车携带的这部分旅客的终到车站均

6 面向总体运输能力提升的多制式列车时刻表协同编制模型与算法研究

为犀浦地铁站，意味着列车携带的这部分旅客不会影响计划时段内所有旅客等待时间的计算，而只是影响列车总质量的计算（旅客平均体重按 60 kg 考虑），因此，这样考虑下的旅客运输过程将更符合实际情况。

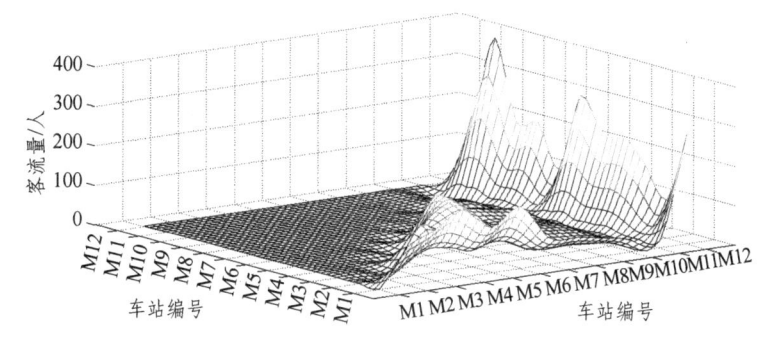

（a）从 10:20 到 11:30 的成都地铁 2 号线 OD 客流需求（平峰运营时段）

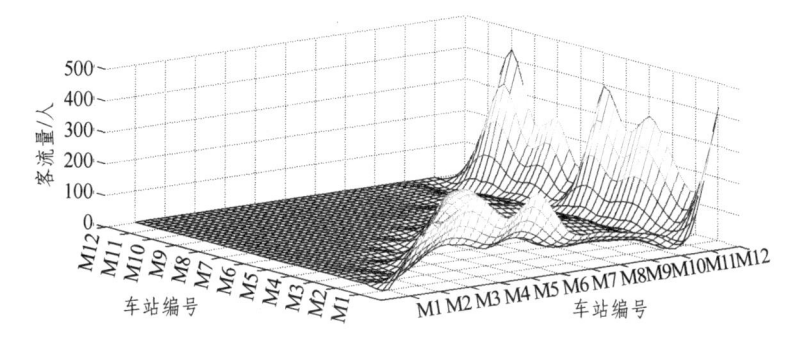

（b）从 17:40 到 18:50 的成都地铁 2 号线 OD 客流需求（高峰运营时段）

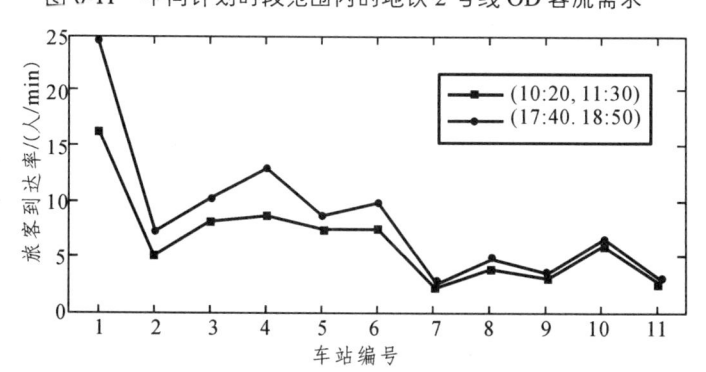

图 6-11　不同计划时段范围内的地铁 2 号线 OD 客流需求

图 6-12　不同计划时段范围内的成都地铁 2 号线车站的旅客平均到达率

此外，由于犀浦地铁站与犀浦高铁站在物理线网衔接上采取了同站台换乘，旅客信息服务上使用了安检互认方式，因此，旅客在犀浦地铁站与犀浦高铁站间的跨制式换乘将变得十分便捷。图 6-13 所示为犀浦地铁站与高铁站的同站台换乘平台的俯视图。

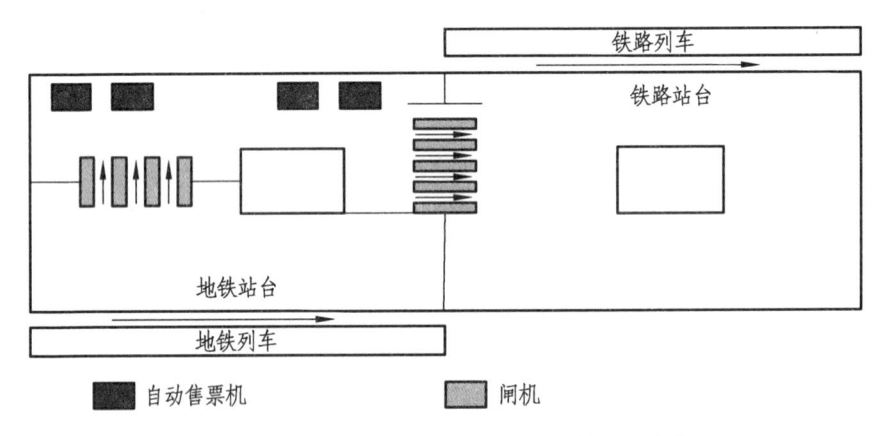

图 6-13　犀浦地铁站与高铁站的同站台换乘平台俯视

当旅客从犀浦地铁站换乘到犀浦高铁站时，跨制式换乘旅客离开地铁列车后，仅需通过两道闸机就能进入铁路候车站台候车，因此，跨制式中转换乘旅客的中转换乘时间将非常短。图 6-14 所示为平峰运营时段和高峰运营时段下地铁站跨制式换乘旅客到达率。

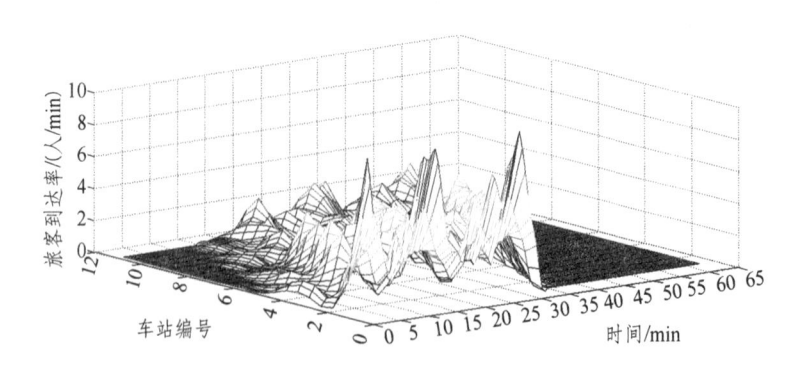

（a）从 10:20 到 11:22 的地铁车站跨制式中转换乘旅客到达率（平峰运营时段）

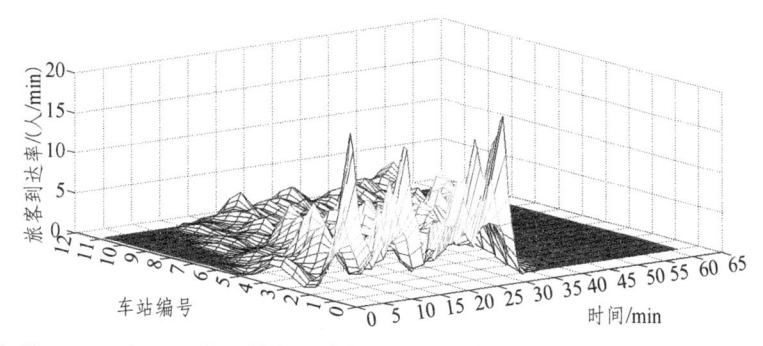

(b）从 17:40 到 18:41 的地铁车站跨制式中转换乘旅客到达率（高峰运营时段）

图 6-14 不同计划时段范围内的成都地铁 2 号线车站跨制式中转换乘旅客到达率

2. 时刻表数据和参数设置

成都地铁 2 号线东线线路长度为 14.947 km，由 12 座车站和 11 个运行区间构成，基本线网数据和当前运营时刻表数据见表 6-5。地铁 2 号线运营时段为（6:10, 22:45]，其高峰运营时段为（7:30, 9:30]和（17:00, 19:00]，其他时段均为平峰运营时段。平峰下地铁列车追踪间隔时间为 410 s，高峰下地铁列车追踪间隔时间为 280 s。图 6-15 给出了地铁列车牵引力，线路基本阻力和制动力特性曲线。犀浦—青城山铁路线主要车站为犀浦站、都江堰站和青城山站，线路全长为 50 km。其计划时段范围内的列车信息和时刻表数据见表 6-6。图 6-16 所示为 CRH3 高铁列车的牵引力、线路基本阻力、空气阻力和制动力特性曲线。其他主要参数见表 6-7。

表 6-5 成都地铁 2 号线东线线路基本数据

车站编号	车站名称	距离/m	区间运行时间/s			停站时间/s		
			当前	最大	最小	当前	最大	最小
M1	中医大省医院	1 345	91	109	82	30	40	20
M2	白果林	1 161	78	94	70	25	40	20
M3	蜀汉路东	1 170	81	97	73	25	40	20
M4	一品天下	900	67	80	60	30	40	20
M5	羊犀立交	1 540	113	136	102	25	40	20

续表

车站编号	车站名称	距离/m	区间运行时间/s			停站时间/s		
			当前	最大	最小	当前	最大	最小
M6	茶店子	992	72	86	65	30	40	20
M7	迎宾大道	1 113	83	100	75	25	40	20
M8	金科北路	1 110	81	97	73	25	40	20
M9	金周路	2 190	143	172	129	25	40	20
M10	百草路	1 766	121	145	109	25	40	20
M11	天河路	1 660	107	128	96	25	40	20
M12	犀浦					30	40	20

表 6-6 犀浦—青城山快速铁路线的列车信息和时刻表数据

列车序号	犀浦		都江堰		青城山	计划时段范围 $(t'_{r,o}, t'_{r,d}]$
	离开时刻	到达时刻	离开时刻	到达时刻	
高铁 1	10:54	11:13	11:16	11:24	(10:54, 11:56]
高铁 2	11:07	11:31	11:33	11:41	
高铁 3	11:22	11:46	11:48	11:56	
高铁 1	18:12	18:32	18:36	18:44	(18:12, 19:11]
高铁 2	18:23	18:47	18:49	18:57	
高铁 3	18:41	19:01	19:03	19:11	
最大运行速度/(km/h)	200				120	
距离/km	42				8	

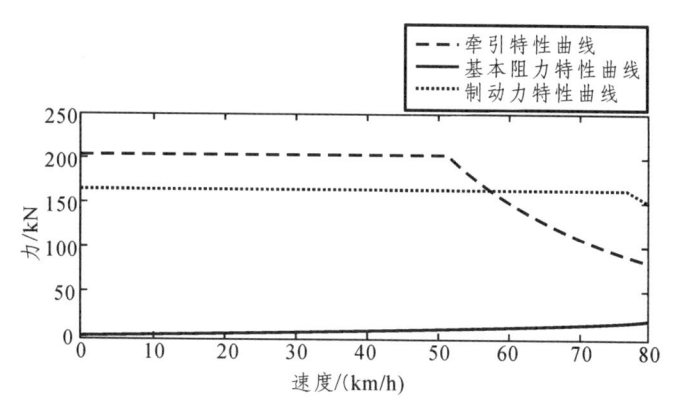

6 面向总体运输能力提升的多制式列车时刻表协同编制模型与算法研究

图 6-15 地铁列车最大牵引力、线路基本阻力、最大制动力特性曲线

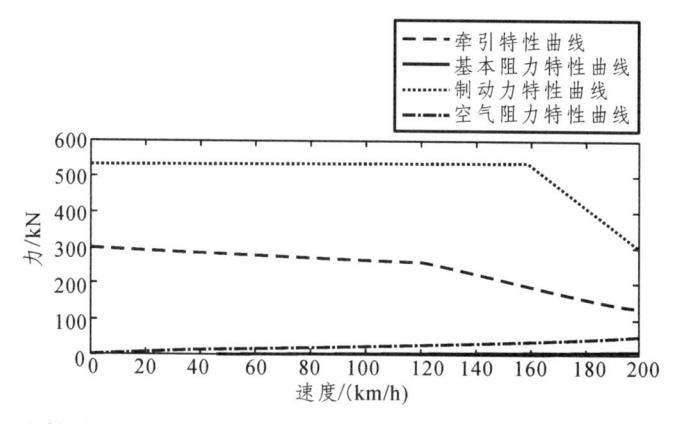

图 6-16 高铁列车最大牵引力、线路基本阻力、空气阻力、最大制动力特性曲线

表 6-7 其他主要参数的数值

参数	符号	数值
地铁列车区间最大运行速度，km/h	$v_{m_1}^{\lim}$	80
地铁列车区间最小追踪间隔时间，s	$H_{m_1}^{\min}$	180
地铁列车区间最大追踪间隔时间，s	$H_{m_1}^{\max}$	460
地铁列车质量，10^3 kg	M_{m_1}	196
高铁列车质量，10^3 kg	M_r	479.36
每列地铁列车的最大载客量，人	$Q_{m_1}^{\max}$	1 468
每列高铁列车的最大载客量，人	$Q_r^{\max}$	601

续表

参数	符号	数值
地铁列车最大加速度，m/s²	$a_{m_1,tr}^{max}$	1
地铁列车最大减速度，m/s²	$a_{m_1,br}^{max}$	1
高铁列车最大加速度，m/s²	$\hat{a}_r^{caa}$	0.5
高铁列车最大减速度，m/s²	$\hat{a}_r^{dec}$	1
地铁列车最大牵引力，kN	$F_{m_1,tr}^{max}$	203
地铁列车最大制动力，kN	$F_{m_1,br}^{max}$	166
高铁列车最大牵引力，kN	F_r^{max}	296
高铁列车最大制动力，kN	B_r^{max}	534
地铁列车单位时间内最大上车人数，(人/min)	$b_{k_{m_1}i_{m_1}t(t+\tau)}^{max}$	300
在时刻 $t_{m,o}$ 时，在车站 i_m 的等待人数	$n_{i_m t_m,o}$	0
换乘时间，s	$T^{transfer}$	20
最后一趟高铁列车的出发时刻与停止检票时间之差，s	t^{check}	30
成都地铁2号线每列列车由车站 M_1 开到车站 M_{12} 花费的平均成本，元	$C_{m_1}^{single}$	334.01
成都地铁2号线每列列车在车站 M_1 至车站 M_{12} 运行区间内的平均载客量，人次	$Q_{m_1}^{single}$	390

6.5.2 非支配遗传排序算法的稳定性验证

考虑到NSGA-Ⅱ算法是一种典型的启发式搜索算法，会使得优化结果产生不确定性，因此，需要测试该算法的稳定性，只有在NSGA-Ⅱ算法稳定性满足本节要求的前提下，使用NSGA-Ⅱ算法求解出的优化解才能满足决策者的需求。因此，本节对不同案例不同权重系数比下的多目标优化模型各计算了20次，分别得到20组优化结果，如图6-17和图6-18所示。然后，根据以上优化结果，绘制其对应的箱线图，如图6-19所示，可以看出所有优化结果

6 面向总体运输能力提升的多制式列车时刻表协同编制模型与算法研究

均以可接受的区间间隔分布。此外，本节还分别计算了所有优化结果的标准差系数（又称离散系数），其计算公式见式（6-73）。其中，案例 A 三个优化目标：单制式旅客总等待时间、跨制式换乘旅客总等待时间和列车运营成本的标准差系数分别为 0.015、0.039 5 和 0.011 2。案例 B 三个优化目标：单制式旅客总等待时间、跨制式换乘旅客总等待时间和运营成本的标准偏差系数分别为 0.012 1、0.026 1 和 0.010 3。计算结果表明，优化结果的波动性较小，算法稳定性强，满足本节要求。

$$\begin{cases} V_\sigma = \dfrac{\sigma}{\bar{X}} \cdot 100\% \\ \sigma = \sqrt{\dfrac{\sum_{i=1}^{n}(X_i - \bar{X})^2}{n-1}} \\ \bar{X} = \dfrac{\sum_{i=1}^{n} X_i}{n} \end{cases} \quad (6\text{-}73)$$

式中，V_σ 为标准差系数；σ 为所有样本 X_i 的标准差；$\bar{X}$ 为所有样本 X_i 的均值。

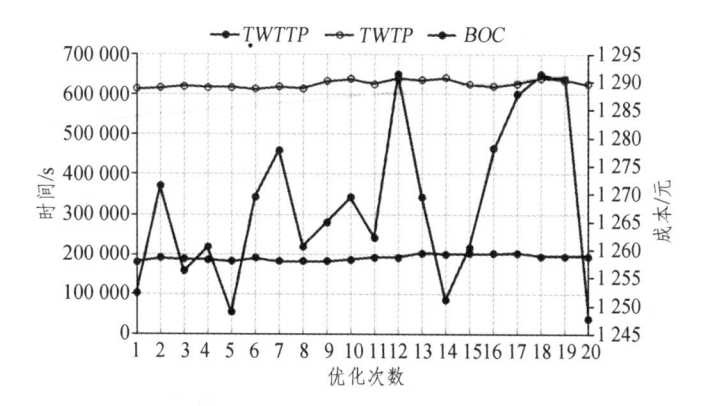

图 6-17 案例 A 不同权重系数比下的多目标优化模型的 20 次计算结果

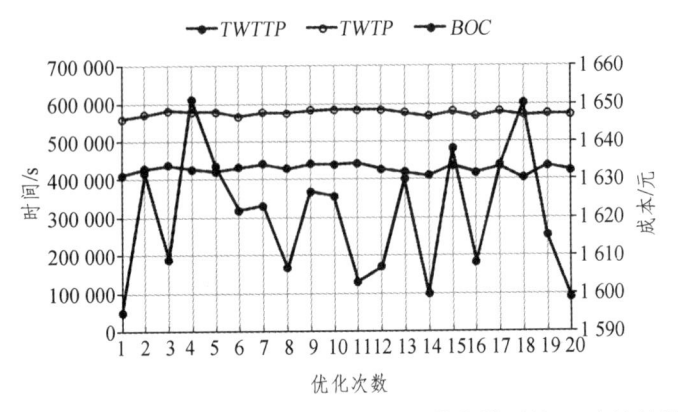

面向总体运能提升的区域多制式轨道交通系统协同运输方法研究

图 6-18 案例 B 不同权重系数比下的多目标优化模型的 20 次计算结果

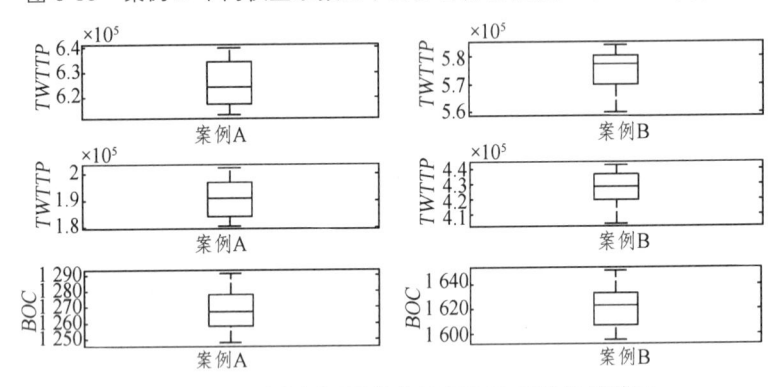

图 6-19 不同案例不同优化目标下计算结果箱线图

6.5.3 计算结果

本节使用笔记本式计算机[CPU：Inter（R）Core（TM）i5-6100@3.7GHz；8GB 内存]，借助 MATLAB 软件带有的 NSGA-Ⅱ算法功能的求解函数对构建的多目标优化模型进行求解，具体参数设置：最优个体系数为 0.3，种群大小为 500，代数为 200，停止迭代的代数为 200，适应度函数的误差为 1×10^{-100}。为表明算法优化过程中的非支配解集的迭代过程，本节绘制了不同案例不同权重系数比下优化后的两两目标函数非支配解集-帕累托解，如图 6-20～图 6-25 所示。其中，图 6-20～图 6-22 所示为案例 A 不同权重系数比下的最优目标函数帕累托解集，而图 6-23～图 6-25 所示为案例 B 不同权重系数比下的最优目标函数帕累托解集。综上可知，案例 A 中 *TWTP* 的最优解为 613 220 s，

$TWTTP$ 的最优解为 180 539 s，BOC 的最优解为 1 247 元；案例 B 中 $TWTP$ 的最优解为 559 891 s，$TWTTP$ 的最优解为 403 710 s，BOC 的最优解为 1 594 元。

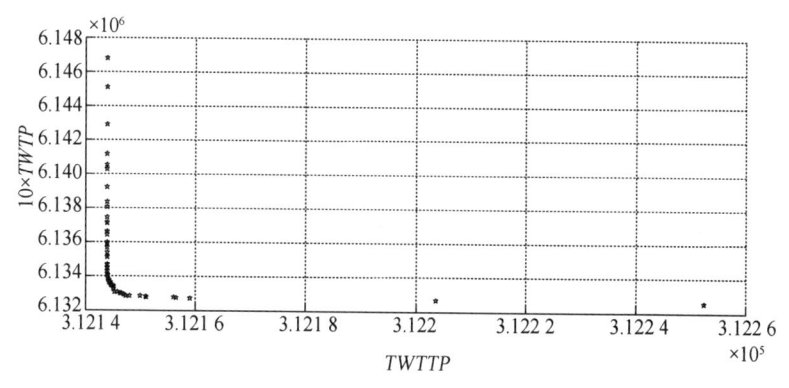

图 6-20 案例 A 在 $TWTP$ 最优下的帕累托解集

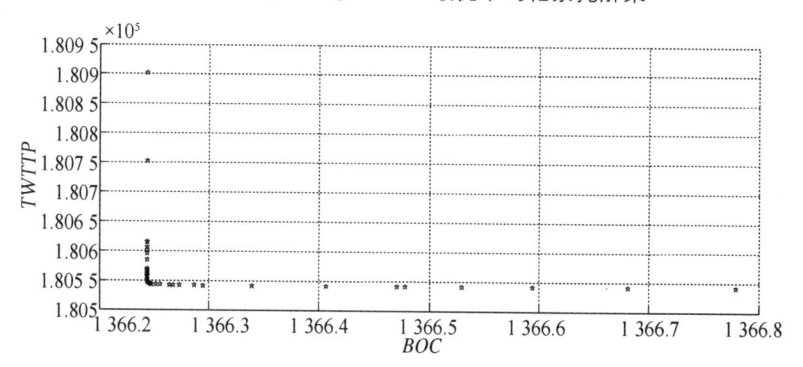

图 6-21 案例 A 在 $TWTTP$ 最优下的帕累托解集

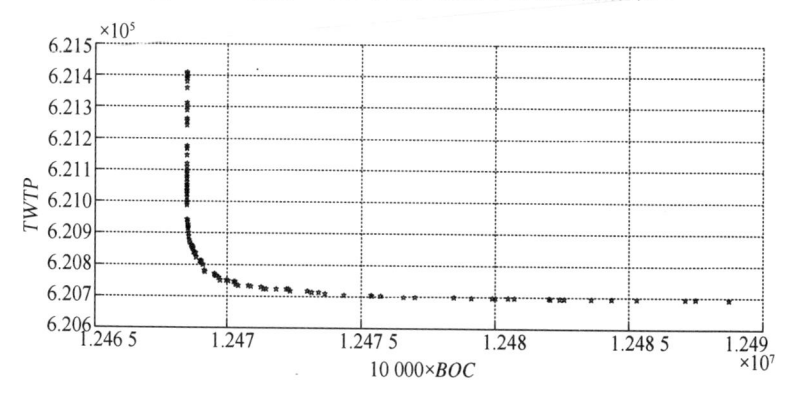

图 6-22 案例 A 在 BOC 最优下的帕累托解集

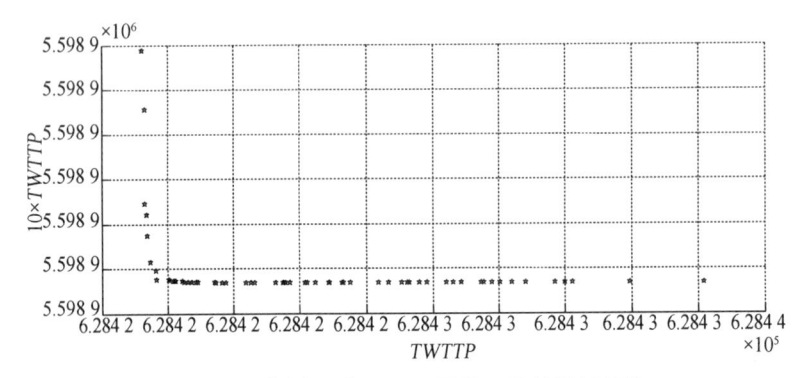

面向总体运能提升的区域多制式轨道交通系统协同运输方法研究

图 6-23 案例 B 在 TWTP 最优下的帕累托解集

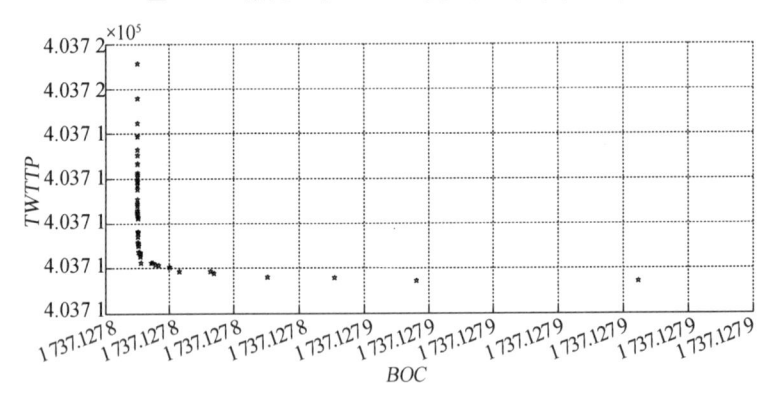

图 6-24 案例 B 在 TWTTP 最优下的帕累托解集

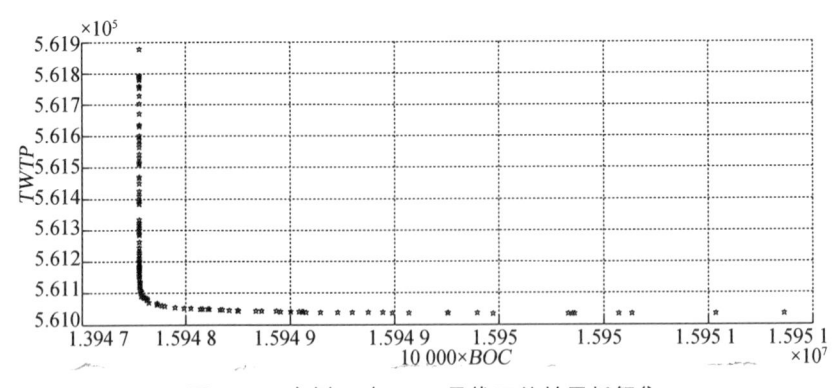

图 6-25 案例 B 在 BOC 最优下的帕累托解集

此外，由于每一个帕累托解集都包含一定数量的近似最优解，而其中 TWTP 最优情况下对应的所有输出变量构成的协同优化时刻表称为 WT-时刻

6 面向总体运输能力提升的多制式列车时刻表协同编制模型与算法研究

表;*TWTTP* 最优情况下对应的所有输出变量构成的协同优化时刻表称为 TWT-时刻表;*BOC* 最优情况下对应的所有输出变量构成的协同优化时刻表称为 BOC-时刻表。图 6-26~图 6-28 给出了案例 A 的三种协同优化时刻表,即 WT-时刻表、TWT-时刻表和 BOC 时刻表,而图 6-29~图 6-31 则给出了案例 B 的三种协同优化时刻表。

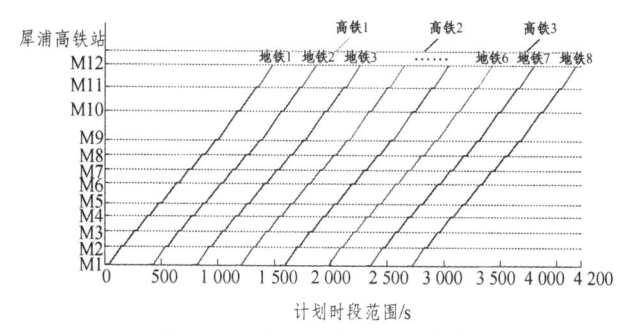

图 6-26 案例 A 的 WT-时刻表

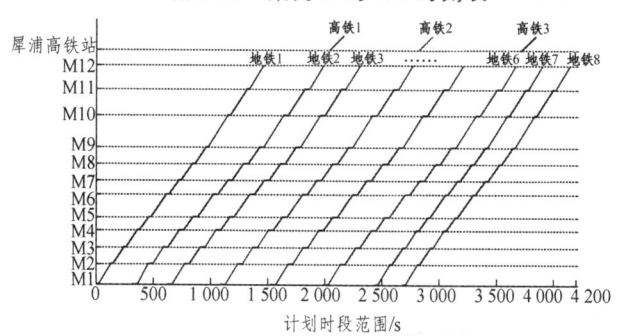

图 6-27 案例 A 的 TWT-时刻表

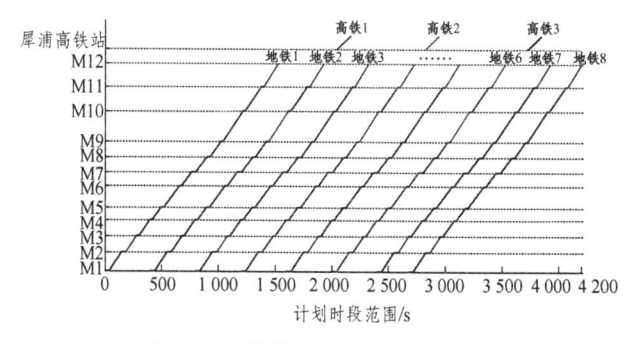

图 6-28 案例 A 的 BOC-时刻表

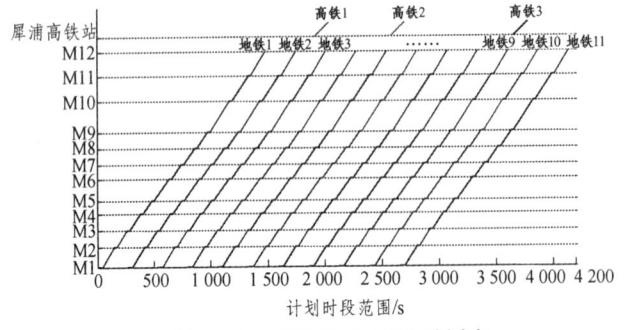

面向总体运能提升的区域多制式轨道交通系统协同运输方法研究

图 6-29 案例 B 的 WT-时刻表

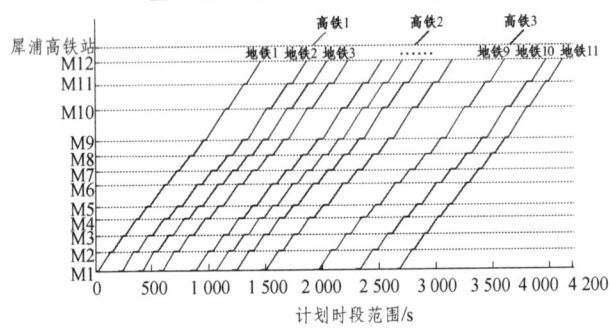

图 6-30 案例 B 的 TWT-时刻表

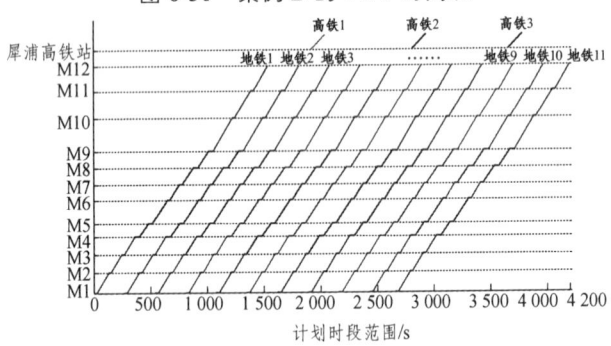

图 6-31 案例 B 的 BOC-时刻表

6.5.4 计算结果综合分析

根据以上计算结果，本节将分析不同协同优化时刻表对系统动态总体运能的综合影响。表 6-8 和表 6-9 给出了不同案例下的 WT、TWT 和 BOC 三种协同优化时刻表分别对多目标优化模型的三个优化目标和系统动态总体运能

6 面向总体运输能力提升的多制式列车时刻表协同编制模型与算法研究

的性能分析，以体现不同协同优化时刻表对系统动态总体运能的影响程度。

（1）时刻表协同编制对多目标优化模型的影响分析。

首先从表6-8可以分析出不同案例下WT、TWT和BOC三种协同优化时刻表对多目标优化模型中三个优化目标的影响。

对于案例A，WT、TWT和BOC时刻表的单制式旅客总等待时间 $TWTP$ 分别是当前时刻表的96.85%、101.27%和98.09%，其中WT-时刻表在计划时段内的单制式旅客总等待时间最低，分别比TWT-时刻表和BOC-时刻表的 $TWTP$ 低4.37%和1.27%。WT、TWT和BOC时刻表的跨制式换乘旅客总等待时间分别是当前时刻表的130.68%、75.59%和113.72%，其中TWT-时刻表在计划时段内跨制式换乘旅客总等待时间 $TWTTP$ 最低，分别比BOC-时刻表和WT-时刻表的 $TWTTP$ 低33.53%和42.15%。WT、TWT和BOC时刻表的列车运营成本分别是当前时刻表的97.89%、98.45%和89.86%，其中BOC-时刻表在计划时段内的列车运营成本最低，分别比WT-时刻表和TWT-时刻表的 OC 低8.20%和8.72%。

对于案例B，WT、TWT和BOC时刻表的单制式旅客总等待时间 $TWTP$ 分别是当前时刻表的95.33%、106.60%和96.01%，其中WT-时刻表在计划时段内的单制式旅客总等待时间 $TWTP$ 最低，分别比TWT-时刻表和BOC-时刻表的 $TWTP$ 值低10.57%和0.71%。WT、TWT和BOC时刻表的跨制式换乘旅客总等待时间分别是当前时刻表的115.80%、74.39%和92.52%，其中TWT-时刻在计划时段内跨制式换乘旅客总等待时间 $TWTTP$ 最低，分别比BOC-时刻表和WT-时刻表的 $TWTTP$ 低19.60%和35.76%。WT、TWT和BOC时刻表的列车运营成本分别是当前时刻表的103.37%、98.37%和90.31%，其中BOC-时刻表在计划时段内的运营成本 OC 最低，分别比WT-时刻表和TWT-时刻表的 OC 低12.63%和8.19%。

显然，两个不同运营场景案例下的三种协同优化时刻表的运营成本 OC 差异很小。原因是：本节计算的运营成本 OC 是计划时段范围内所有列车的运营消耗成本，包括地铁和铁路列车的总运营成本，但是在实际优化中，考虑到铁路时刻表不宜轻易改变，因此只是对地铁时刻表进行优化，并未优化铁路时刻表，所以，优化结果只体现出了计划时段内地铁列车的总运营成本。此外，不同案例下三种协同优化时刻表的 $TWTP$ 偏差也很小。原因是：本节假定单制式地铁旅客流量是非动态的，所以时刻表的变化对 $TWTP$ 的影响相对较小。与 OC 和 $TWTP$ 不同，三种协同优化时刻表的 $TWTTP$ 差异很大。原因是：跨制式换乘旅客 OD 数据来源于实际运营，其在时空分布上并不是均匀分布，因此，当列车区间运行时间和停站时间发生变化时，其对 $TWTTP$ 的影响会比较大。

表 6-8 三种协同优化时刻表对多目标优化模型中三个优化目标的影响分析

案例	协同优化时刻表	多目标优化模型三个优化目标		
		$TWTP$/s	$TWTTP$/s	OC/元
案例 A $K_{m_1}=8$ $K_r=3$	当前时刻表	633 166	238 829	1 387.77
	WT-时刻表	613 220	312 102	1 358.46
	TWT-时刻表	641 231	180 539	1 366.24
	BOC-时刻表	621 099	271 596	1 247.08
案例 B $K_{m_1}=11$ $K_r=3$	当前时刻表	587 285	542 771	1 765.93
	WT-时刻表	559 861	628 516	1 825.38
	TWT-时刻表	626 034	403 766	1 737.13
	BOC-时刻表	563 850	502 196	1 594.88

（2）时刻表协同编制对系统动态总体运能的影响分析。

首先，从表 6-9 可以看出不同案例下三种协同优化时刻表对系统静态总体运能不产生影响。原因是：系统静态总体运能的计算模型仅跟各制式轨道交通的旅客输送人次和中转换乘人次有关，而本节实际案例中计划时段内的旅客时空运输需求给定，因此，系统时刻表协同编制的优化并不会对计划时段内旅客输出人次造成影响。

其次，将三个目标函数的优化结果代入系统动态总体运能计算模型中，得到不同案例下优化时刻表对应的系统动态总体运能。接下来，本节将进一步分析不同案例下的 WT、TWT 和 BOC 时刻表对系统动态总体运能的影响，

6 面向总体运输能力提升的多制式列车时刻表协同编制模型与算法研究

如表6-9所示。其中，$ATWTP$ 为地铁旅客平均等待时间，它由地铁旅客总等待时间 $TWTP$/地铁单制式旅客输送人次得到；$ATWTTP$ 为跨制式换乘旅客平均等待时间，它由跨制式换乘旅客总等待时间 $TWTTP$/跨制式换乘旅客输送人次得到。从表 6-9 可以看出不同案例下三种协同优化时刻表对系统动态总体运能产生较大的影响。对于 $ATWTP$，案例 A 三种优化时刻表的 $ATWTP$ 分别比当前时刻表低 3.15%、-1.28%和1.90%；案例 B 三种优化时刻表的 $ATWTP$ 分别比当前时刻表低 4.67%、-6.60%和3.99%。其中，WT-时刻表的 $ATWTP$ 是所有时刻表中最低的，说明该时刻表可以有效降低地铁旅客在站候车时间，提高旅客运输服务质量。对于 $ATWTTP$，案例 A 三种优化时刻表的 $ATWTTP$ 分别比当前时刻表低-30.68%、24.41%和-13.72%；案例 B 三种优化时刻表的 $ATWTTP$ 分别比当前时刻表低-15.80%、25.61%和7.48%。其中，TWT-时刻表的 $ATWTTP$ 是所有时刻表中最低的，说明该时刻表可以有效降低跨制式换乘旅客在换乘车站的等待时间，从而缩短跨制式换乘旅客的总旅行时间，提高区域轨道交通系统单位时间内跨制式换乘旅客输送频次，实现系统动态总体运能的提升。对于运营成本 OC，案例 A 三种优化时刻表的 OC 分别比当前时刻表低 2.11%、1.55%和10.14%；案例 B 三种优化时刻表的 OC 分别比当前时刻表低-3.37%、1.63%和9.69%。其中，BOC-时刻表的 OC 是所有时刻表中最低的，说明该时刻表可以有效降低列车的平均运营成本，因此，在不改变原有运营成本前提下，轨道交通企业可以开行更多列车车次和缩短列车发车间隔时间来有效提升系统动态总体运能。

最后，对比不同案例各协同优化时刻表的系统动态总体运能。其中，案例 A 中系统动态总体运能最高的是 BOC-时刻表，其次是 WT-时刻表，最低是 TWT-时刻表；而案例 B 中系统动态总体运能最高的是 BOC-时刻表，其次是 TWT-时刻表，最低是 WT-时刻表。因为在不同案例各优化时刻表的 $ATWTP$ 偏差较小，因此以 $ATWTP$ 为优化目标的 WT-时刻表的系统动态总体运能偏差也较小；而不同案例下各协同优化时刻表的 $ATWTTP$ 和 OC 偏差较大，因此以 $ATWTTP$ 和 OC 为优化目标的 TWT-时刻表和 BOC-时刻表的系统动态总体运能偏差也较大。其中，OC 的偏差大于 $ATWTTP$ 的偏差，造成 OC 对系统动态总体运能影响大于 ATWTTP 对系统动态总体运能影响。分析原因是：对跨制式换乘旅客而言，能否顺利实现换乘才是重中之重，因此跨制式换乘旅客对其在换乘车站等待时间的长短并不敏感，表现在优化结果上就是 ATWTTP 对系统动态总体运能的影响相对较小。显然，以上优化结果和分析仅仅是建立在本节提出的假设条件和实际案例设置的数据基础上，一旦任何条件发生改变，都会对优化结果产生影响。例如：调研的时段、线路和车站规模以及车站拥挤程度、车站服务设施设备数量、旅客自身属性（职业、年龄、收入等）和各类旅客占比（跨制式换乘旅客占比）均会对系统动态总体运能的大小产生影响。

表 6-9　不同案例下协同优化时刻表对系统总体运能的影响分析

案例	协同优化时刻表类型	系统静态总体运能/人次	ATWTP/s	ATWTTP/s	OC/元	系统动态总体运能/人次	提升率/%
案例 A	当前时刻表	4 046	198.17	280.65	1 387.77	4 046	—
	WT-时刻表	4 046	191.93	366.75	1 358.46	4 088	1.04
	TWT-时刻表	4 046	200.70	212.15	1 366.24	4 070	0.59
	BOC-时刻表	4 046	194.40	319.15	1 247.08	4 217	4.23
案例 B	当前时刻表	5 579	140.13	391.05	1 765.93	5 579	—
	WT-时刻表	5 579	133.59	452.82	1 825.38	5 506	-1.31
	TWT-时刻表	5 579	149.38	290.90	1 737.13	5 627	0.86
	BOC-时刻表	5 579	134.54	361.81	1 594.88	5 835	4.59

综上，本节采用优化时刻表协同编制方法以实现区域轨道交通系统总体运能的提升，给出如下建议：

在单制式轨道交通系统平峰运营时段，客流量相对较低，车站拥挤程度小，列车开行间隔时间较长，在保证安全运输的前提下，建议选择 BOC-时刻表来组织列车行车，以增加列车运输服务频次。这样一方面可以输送更多旅客人次，另一方面可以缩短旅客在站等待时间，提高运输服务质量。在单制式轨道交通系统高峰运营时段，客运量较大，车站拥挤程度较大，旅客在站等待过程容易产生焦虑心理，在保证安全运输的前提下，建议选择 WT-时刻表来组织列车行车，以降低和缩短旅客在站等待时间，提高旅客运输服务质量，吸引旅客继续选择轨道交通方式出行的概率和诱增新的旅客出行群体。在组织不同轨道交通制式跨制式换乘旅客运输时，在保证安全运输的前提下，建议选择 TWT-时刻表来组织列车行车，降低跨制式换乘旅客在换乘车站的等待时间，以缩短跨制式换乘旅客总旅行时间，提高旅客换乘效率和单位时间内轨道交通设施设备服务频次。

6.5.5 系统动态总体运能灵敏度分析

为了进一步研究区域轨道交通系统时刻表协同编制下不同优化目标（系统动态总体运能影响因素）对系统动态总体运能的影响程度，本节对影响系统动态总体运能的影响因素 $ATWTP$、$ATWTTP$、OC 进行灵敏度分析。本节将 3 种影响因素分为两两一组，即 $ATWTP$ 和 $ATWTTP$、$ATWTP$ 和 OC、$ATWTTP$ 和 OC，然后分别进行系统动态总体运能的灵敏度分析。此外，还需对参数变化范围和步长进行设置。在案例 A 中，影响因素 $ATWTP$ 的设置范围为 160~410 s，步长设置为 25 s；影响因素 $ATWTTP$ 的设置范围为 300~900 s，步长设置为 60 s；影响因素 OC 的设置范围为 1 200~1 400 元，步长设置为 20 元。在案例 B 中，影响因素 $ATWTP$ 的设置范围为 110~260 s，步长设置为 15 s；影响因素 $ATWTTP$ 的设置范围为 400~1 000 s，步长设置为 60 s；影响因素 OC 的设置范围为 1 550~1 850 元，步长设置为 30 元。图 6-32 ~ 图 6-37 给出了不同案例下主要影响因素 $ATWTP$、$ATWTTP$、OC 两两一组配对下分别对系统动态总体运能的灵敏度分析。

从图 6-32 ~ 图 6-37 中可以看出影响因素 $ATWTP$、$ATWTTP$、OC 的变化对系统动态总体运能演变趋势的影响。假设造成系统动态总体运能单位变化的各影响因素变化量作为各影响因素对系统动态总体运能的影响度，可以看出影响度由高到低的排序为 $ATWTP>OC>ATWTTP$，表明单制式旅客在地铁车站的平均等待时间对系统动态总体运能的影响度最大,企业运营成本对系统动态总体运能的影响度次之,跨制式换乘旅客在换乘车站的平均等待时间对系统动态总体运能的影响度最小。

结合实际情况分析,以上系统总体运能灵敏度分析结果与实际情况相符。地铁作为市域内旅客出行首选的轨道交通方式,因其运输量大、站台拥挤度高给旅客的出行带来的体验较差,并且与铁路列车不同,地铁列车的固定座位较少,而且是以"先到先得"的方式提供给旅客使用,因此大部分旅客乘坐地铁时无座可坐,更加造成了地铁系统的服务质量低于铁路系统。所以,单制式出行旅客对地铁系统服务质量的敏感度大于铁路系统,即旅客对地铁车站候车等待时间的敏感度大于旅客对铁路车站候车等待时间的敏感度。OC对系统动态总体运能的影响度主要取决于区域轨道交通系统内单列列车的平均载客量和运营成本,而列车的平均载客量和运营成本与客流量、列车车型、运行速度等因素直接相关,与旅客运输服务质量关联度较低。综上,可以得到以下结论:当优化目标为最大化系统动态总体运能时,提升城市轨道交通(地铁、轻轨等)单制式旅客的运输服务质量比提升跨制式换乘旅客的运输服务质量更加有效。

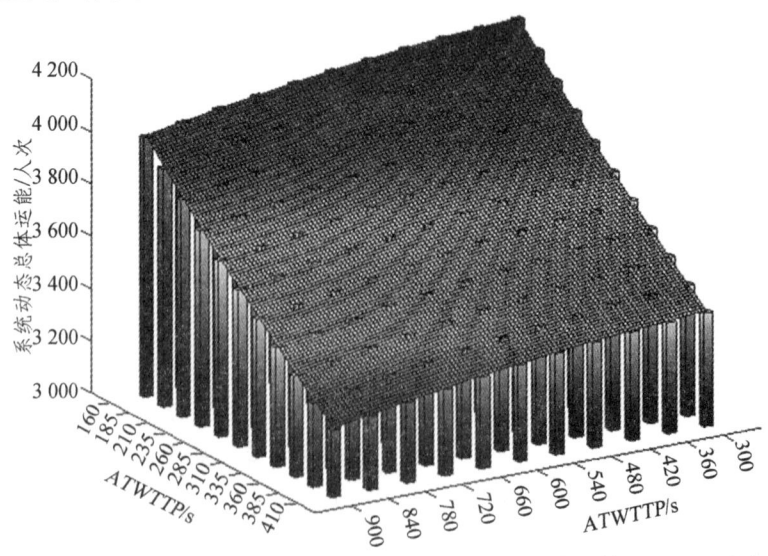

图 6-32 案例 A 下影响因素 $ATWTP$、$ATWTTP$ 对系统动态总体运能的灵敏度分析

6 面向总体运输能力提升的多制式列车时刻表协同编制模型与算法研究

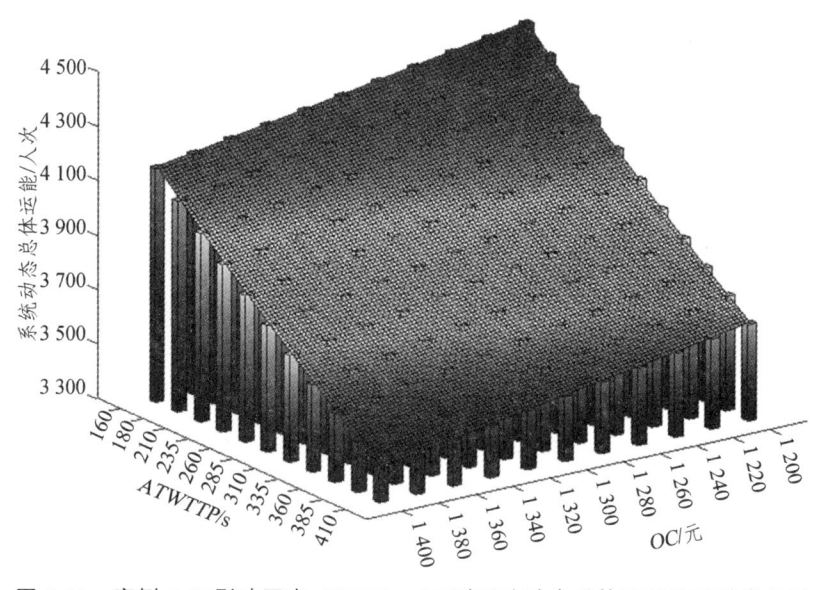

图 6-33 案例 A 下影响因素 $ATWTP$、OC 对系统动态总体运能的灵敏度分析

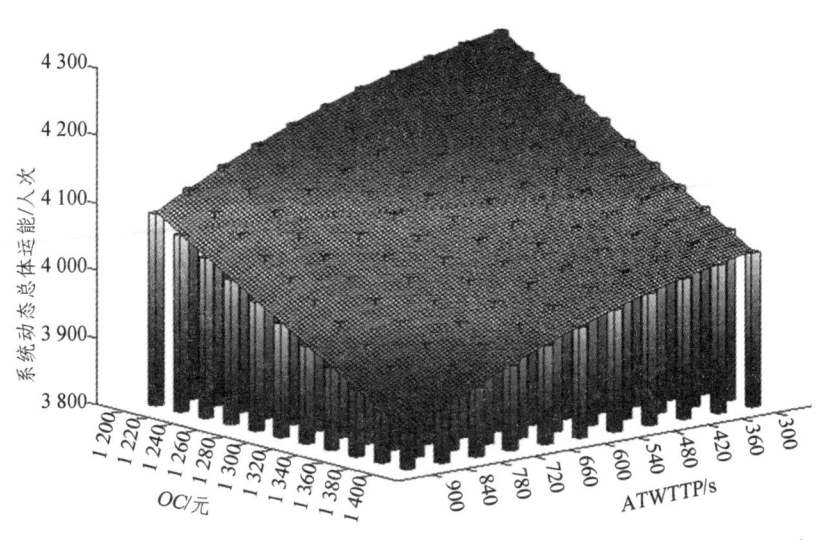

图 6-34 案例 A 下影响因素 $ATWTTP$、OC 对系统动态总体运能的灵敏度分析

面向总体运能提升的区域多制式轨道交通系统协同运输方法研究

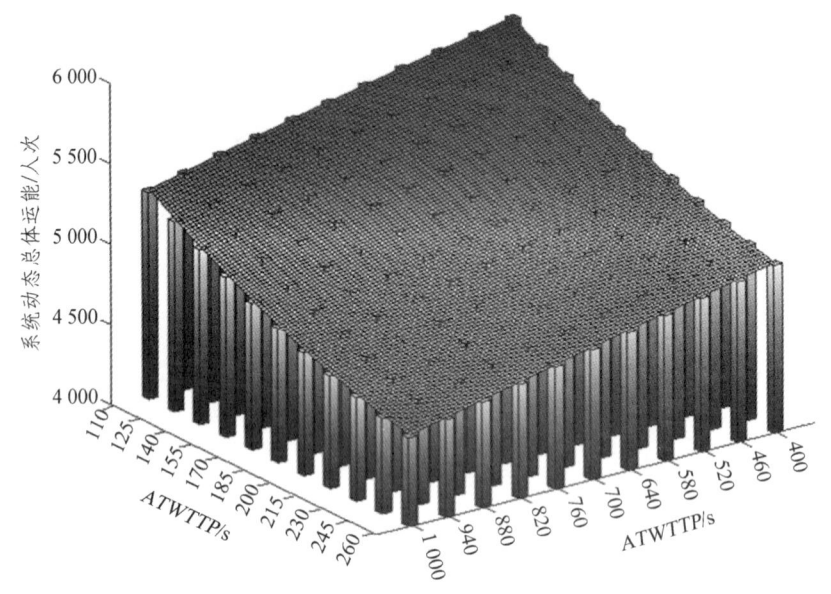

图 6-35 案例 B 下影响因素 $ATWTP$、$ATWTTP$ 对系统动态总体运能的灵敏度分析

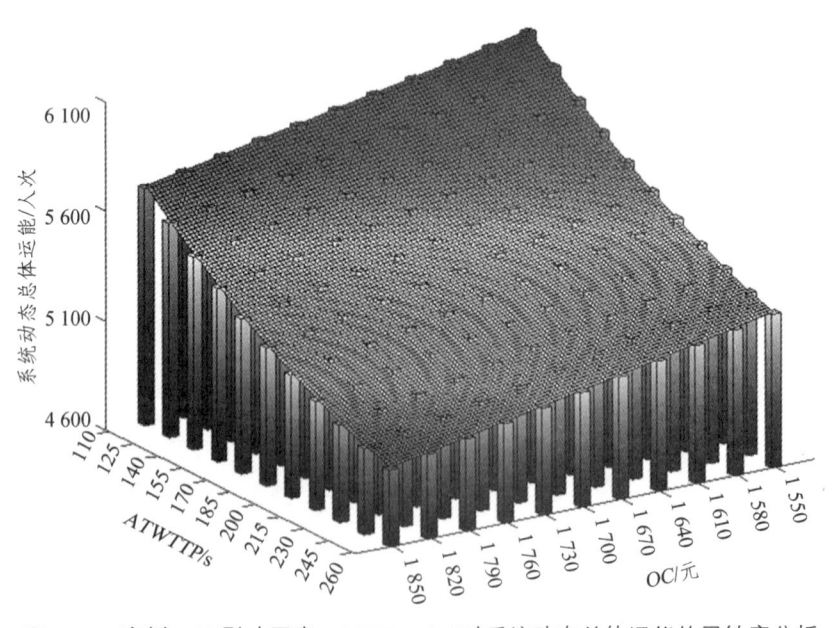

图 6-36 案例 B 下影响因素 $ATWTP$、OC 对系统动态总体运能的灵敏度分析

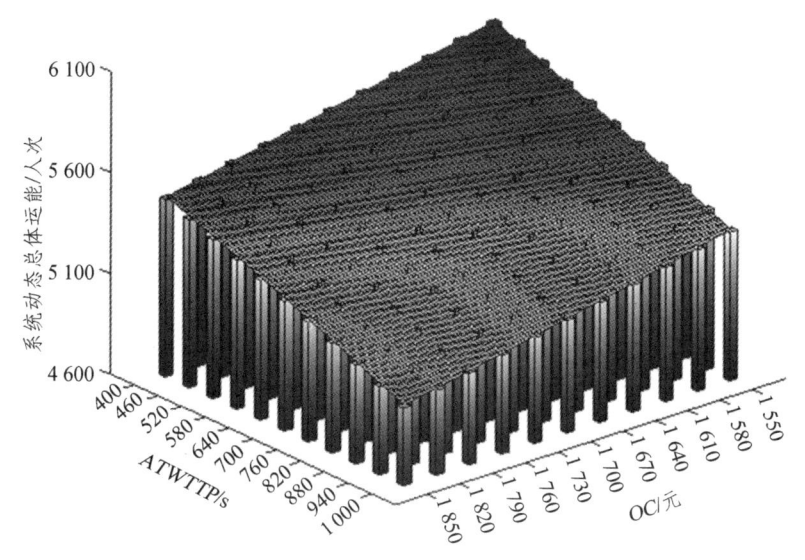

图 6-37 案例 B 下影响因素 *ATWTTP*、*OC* 对系统动态总体运能的灵敏度分析

6.6 本章小结

本章构建了基于区域多制式轨道交通系统时刻表协同编制的系统动态总体运能优化模型，包括：时刻表协同编制下的旅客运输服务质量提升优化模型和时刻表协同编制下的企业运营成本优化模型，以研究时刻表协同编制方法对系统动态总体运能影响因素的定量影响。本章提出和建立了列车-时间矩阵的数学建模方法，推导出基于旅客实际出行 OD 需求下的单制式旅客站台候车等待时间优化模型、跨制式旅客换乘等待时间优化模型和计划时段内企业运营成本优化模型三个优化目标，构成影响时刻表协同编制下的区域多制式轨道交通系统动态总体运能优化模型的三个主要变量，结合已有文献的研究成果，对三个优化目标的权重系数进行取值，用以研究不同优化目标下的时刻表协同编制对系统动态总体运能的影响。模型求解方面，考虑该问题为一种典型的 NP-hard 问题，因此采用启发式算法进行求解，比较了常用的启发式算法的优缺点，本章选取了 NSGA-Ⅱ算法构建的多目标优化模型进行求解。最后以成都地铁 2 号线中医大省医院地铁站到犀浦地铁站与犀浦高铁站—

青城山高铁站的快速铁路线路（铁路成灌线）构成的区域轨道交通系统作为实际案例进行研究，验证本章构建的多目标优化模型的实用性和算法的有效性。基于实际旅客出行数据和运营时刻表数据，计算出目标函数在不同场景下的所有优化结果，比较所有优化结果的箱线图和标准差系数，验证 NSGA-Ⅱ算法的稳定性。对所有计算结果进行综合分析，包括时刻表协同编制对多目标优化模型的影响分析和时刻表协同编制对系统动态总体运能影响分析以及系统动态总体运能的灵敏度分析，以研究时刻表协同编制方法对系统动态总体运能的影响。研究成果可用以指导系统多制式轨道交通列车运营时刻表编制并能有效提升系统动态总体运能。

7 研究总结及展望

7.1 本书主要创新点

本书围绕区域多制式轨道交通系统协同运输组织方法优化研究，以提升系统总体运能为目的，取得了一定的创新性研究成果，具体如下：

（1）本书利用旅客时空出行数据建立了区域轨道交通系统静态总体运输能力计算模型。对协同运输组织方法与系统总体运输能力间的关系进行了定量分析，构建了协同运输组织影响下的区域轨道交通系统动态总体运输能力计算模型。基于实际调研数据，采用数据拟合分析方法对模型的主要参数进行量化。

（2）本书研究多需求导向下的多制式列车时刻表协同编制问题。以历史售票数据挖掘为基础，得到跨制式出行旅客时空分布特性，构建考虑节能效率和旅客运输服务的多制式列车时刻表协同编制优化模型，提出一种权重系数比选取算法和改进的非支配排序遗传算法进行求解，得到提升路网节能效率和跨制式旅客换乘接续的列车协同编制优化时刻表。本书研究干扰持续时间不确定下的多制式列车一体化运行调整问题，以干扰列车运行历史事故数据挖掘为基础，分析干扰持续时间与列车追踪间隔时间之间的内在联系，基于时空网络，构建考虑延误调整与换乘接续的多制式列车一体化运行调整优化模型，考虑到延误干扰持续时间的不确定性，提出两阶段优化方法进行求解，得到有利于延误调整与跨制式旅客换乘接续的多制式列车一体化运行优化调整方案。

（3）本书研究不确定客流需求场景数据库和多模式旅客出行路径选择模型以及多模式不确定客流需求下列车运行图编制优化方法，考虑铁路运营费用、旅客总旅行费用等更为复杂的实际运营耦合需求，构建多模式耦合需求驱动的列车运行图编制优化模型。本书充分考虑旅客出行路径选择、列车时空路径选择、列车安全追踪间隔时间、列车区间运行时间、车站停站时间、列车载客容量等一系列约束条件，同时进一步考虑在原计划列车停站方案的邻域内对多模式路网列车运行图中的所有列车设置不同的备选停站方案集合，以提高列车运行线编制的灵活性。针对模型求解的复杂性，设计了拉格朗日松弛算法，该算法能够保证在规定的时间内获得较高质量的可行解，以最大化列车运行图的供需匹配效能，提升路网整体运输能力，为旅客提供高效、便捷、舒适的区域出行服务。

（4）本书以列车车次序号为纵轴，时间为横轴，列车运行阶段的时间为矩阵元素，通过构建列车-时间矩阵的数学建模方法推导和建立出基于时刻表协同编制的系统动态总体运能优化模型，包括：单制式旅客站台候车等待时间优化模型、跨制式旅客换乘等待时间优化模型和计划时段内企业运营成本优化模型，降低了该优化问题的数学建模难度，并运用有效的启发式算法进行求解。同时采用真实案例对本书构建的多目标优化模型的实效性进行验证，并对算法的稳定性进行了测试。此外，对计算结果进行综合分析以及对时刻表协同编制下的系统动态总体运输能力进行了灵敏度分析，得到不同运营场景下限制系统动态总体运能提升的关键因素，并提出系统动态总体运能提升的相关建议。

7.2 研究工作展望

本书从区域多制式轨道交通系统协同运输组织方法优化对系统总体运能的影响进行了深入定量研究，但由于作者精力和能力有限，本书的研究工作还存在一些不足，需在今后的研究中不断完善：

（1）本书研究的区域多制式轨道交通系统协同运输方法主要从时刻表协同编制、跨制式换乘车站旅客中转换乘组织等方面对系统动态总体运能的定量影响进行分析。在未来的研究中，应考虑更多的协同运输组织方法对系统动态总体运能的影响，如：开行方案设计、协同调度指挥等，还应拓展研究列车运行调整、车站作业计划等协同运输组织方法对系统总体通过能力的定量影响，使研究更加完善。

（2）在今后研究中，作者将研究由更多制式和更加复杂线网情况构成的区域轨道交通系统，考虑更多影响因素对系统总体运能计算模型的影响，进一步完善本书构建的系统静态总体运能和动态总体运能计算模型。此外，在未来的研究中，还将深入研究动态总体运能与静态总体运能的比值对区域轨道交通系统总体运输能力弹性的影响。

（3）在未来的研究中，作者将进一步扩大案例研究的线网规模以及收集更多的旅客时空运输需求数据，并在此基础上扩大样本量的采集，包括时间维度和空间维度两个方面，增加样本采集车站的数量和时间域的跨度（工作日、双休日、节假日及一些特殊时间节点等），以进一步改进本书的模型和算法，使之能够与更大规模的数据优化相匹配。

参考文献

[1] 向蕾，叶霞飞，蒋叶. 东京都市圈轨道交通直通运营模式的分析与启示[J]. 城市轨道交通研究，2018，21（3）：93-97.

[2] 陈敏，缪磊磊，张奕. 德国轨道交通发展的借鉴与启示[J]. 浙江经济，2014（3）：38-39.

[3] 王学亮，李树典. 国外城际轨道交通发展现状[J]. 国外铁道车辆，2018，55（4）：1-5.

[4] 南敬林. 京津冀区域轨道交通功能层次分析[J]. 铁路工程造价管理，2016，31（2）：5-8.

[5] 孙霁. 上海市轨道交通网络规划建设思考与建议[J]. 中国市政工程，2018（1）：73-75.

[6] 胡安洲. 铁路运输方案编制自动化的若问题初探[J]. 铁道学报，1986，18（3）：11-15.

[7] 施其洲. 铁路网络运输系统运输能力与车流路径模型[J]. 铁道学报，1996，18（4）：1-9.

[8] 张一梅. 基于路的城市轨道交通系统运输能力研究[D]. 北京：北京交通大学，2005.

[9] 何世伟，宋瑞，戴新鋆，等. 路网运输能力及计算方法的研究[J]. 铁道学报，2003，25（2）：5-9.

[10] 徐瑞华. 城市交通列车共线运营的通过能力和延误[J]. 同济大学学报，2005，33（3）：301-305.

[11] 雷中林. 铁路路网系统运输能力理论与计算方法研究[D]. 北京：北京交通大学，2006.

[12] HELBING D, FARKAS I, VICSEK T. Simulating dynamical features of escape panic[J]. Nature, 2000, 407(603): 487-490.

[13] HOOGENDOORN S P, DAAMEN W, BOVY P H L. Microscopic pedestrian traffic data collection and analysis by walking experiments[C]//Pedestrian and evacuation dynamics 2003. Greenwich: CMS Press, 2003: 89-100.

[14] KHOLSHEVNIKOV V, SHIELDS T, BOYCE K, et al. Recent developments in pedestrian flow theory and research in Russia[J]. Fire Safety Jouenal, 2008, 43(2): 108-118.

[15] SETTI J R A. Passenger terminal simulation mode[J]. Journal of Transportation Engineering, 1994, 120(4):517-535.

[16] TAKAKUWA S, OYAMA T. Simulation analysis of international-departure passenger flows in an airport terminal[C]//Proceedings of the 2003 Winter Simulation Conference, 2003. IEEE, 2003, 2: 1627-1634.

[17] AYALA G A S, CENTENO V A. Modal analysis applied to dynamic reduction of power system models[J]. IEEE Latin America Transactions, 2016, 14(1): 220-224.

[18] NIJKAMP P, VEUGEL, A M, KREUTABERGER E. Assessment of Capecity in Infrastructure Networks: A Multidimensional View[J]. Transportation Planning and Technology, 1993, 17(4): 301-310.

[19] 李兴华. 考虑运能匹配度约束的运能协调优化模型[J]. 黑龙江交通科技，2016, 39（4）: 136-138.

[20] 陈春安，荣建，李伴儒，等. 基于系统动力学的枢纽换乘系统运能匹配研究[J]. 城市交通，2017，15（2）：48-55.

[21] 南天伟. 铁路综合客运枢纽衔接方式运营匹配性评价及优化[D]. 北京：北京交通大学，2015.

[22] 明瑞利，叶霞飞. 东京地铁与郊区铁路直通运营的相关问题研究[J]. 城市轨道交通研究，2009，12（1）：21-25.

[23] 李依庆，吴冰华. 巴黎轨道交通市域线（RER）的发展历程[J]. 城市轨道交通研究，2004（3）：77-81.

[24] 五一. 巴黎 RER 线与上海 R 线的对比研究[J]. 城市轨道交通研究，2005

（4）：15-18.

[25] 杨耀. 国外大城市轨道交通市域线的发展及其启示[J]. 城市轨道交通研究，2008（2）：17-21

[26] 周建军，顾保南. 国外市域轨道交通共线运营方式的发展和启示[J]. 城市轨道交通研究，2004（6）：75-77.

[27] 宋键，徐瑞华，缪和平. 市域快速轨道交通线开行快慢车问题的研究[J]. 城市轨道交通研究，2006（12）：23-27.

[28] 王粉线，边晓春. 上海轨道交通市域线列车运行交路及相关问题研究[J]. 城市轨道交通研究，2006（6）：29-31.

[29] 徐瑞华，马兴峰，宋键. 上海轨道交通明珠线共线运营方案[J]. 同济大学学报（自然科学版），2003（6）：682-686.

[30] 郭吉安，石红国. 客运专线与既有线衔接车站到发线运用优化研究[J]. 交通运输工程与信息学报，2012，10（2）：132-136.

[31] 程明君. 带多重交通网络的联盟运输调度问题蚁群算法研究[D]. 广州：广东工业大学，2009.

[32] 赵鹏. 基于复杂网络理论的多方式城市交通网络的协同研究——城市道路交通网络与城市轨道交通网络[D]. 北京：北京交通大学，2014.

[33] 吴明. 区域综合交通运输网络规划理论与方法研究[D]. 南京：东南大学，2011.

[34] 费雪. 综合交通网络模型构建技术研究[D]. 南京：东南大学，2016.

[35] 王叶. 综合交通枢纽中高速铁路与城市轨道交通换乘衔接研究[D]. 兰州：兰州交通大学，2019.

[36] 秦国斌. 区域城际铁路综合枢纽布局一体化与运能协调研究[D]. 长沙：中南大学，2012.

[37] 刘俊伯. 高速铁路与城市轨道交通换乘设施通过能力匹配研究[D]. 北京：北京交通大学，2014.

[38] 张琦琳，姜志侠，刘东晓，等. 综合客运枢纽接驳运能协调调度的多目标优化问题[J]. 长春理工大学学报(自然科学版),2018,41(1):138-142.

[39] 梁英慧，张喜. 铁路大型综合交通客运站接运能力协调配置方案研究[J]. 铁路计算机应用，2009，18（9）：11-15.

[40] 宗芳，王琳虹，贾洪飞. 综合客运枢纽内各方式协调调度模型[J]. 华南理工大学学报（自然科学版），2010，38（3）：53-57.

[41] 王萍. 综合客运枢纽集散服务网络与外部运送系统运送能力匹配研究[J]. 城市建设理论研究（电子版），2012（21）.

[42] 李莹. 高速线与既有线运输组织协调研究[D]. 上海：同济大学，2008.

[43] 胡秀婷. 不同阶段高速铁路与既有线分工方案[D]. 成都：西南交通大学，2012.

[44] 杨柳燕. 兰新高铁与既有线不同时期客流合理分工方案[D]. 兰州：兰州交通大学，2016.

[45] 高丽. 客运专线与既有线衔接点的选择问题研究[D]. 成都：西南交通大学，2008.

[46] 罗建. 客运专线与既有线合理分工及协调优化研究[D]. 成都：西南交通大学，2010.

[47] 姚金奕. 基于区域理论的京沪高速铁路开行方案研究[D]. 北京：北京交通大学，2010.

[48] MARTINS C L, PATO M V. Search strategies for the feeder bus network design problem[J]. European journal of operational research, 1998, 106(2-3): 425- 440.

[49] SHRIVASTAVA P, DHINGRA S L. Development of coordinated schedules using genetic algorithms[J]. Journal of Transportation Engineering, 2002, 128(1): 89-96.

[50] 陈佳列. 基于有限理性的多模式交通网络配流研究[D]. 重庆：重庆交通大学，2017.

[51] 郑力祥. 基于出行信息的城市多模式出行交通分配研究[D]. 北京：北京交通大学，2013.

[52] 周艳芳. 城市轨道交通网络列车运行计划一体化编制理论与方法研

究[D]. 北京：北京交通大学，2012.

[53] 左婷. 多模式交通条件下城市道路动态网络均衡研究[D]. 北京：北京交通大学，2013.

[54] 郑力祥，四兵锋. 基于超网络的多模式交通的随机网络加载问题[J]. 山东科学，2013，26（5）：78-83.

[55] 帅斌，丁冬，祝进城，等. 限速条件下多模式交通均衡分配模型与算法[J]. 计算机应用研究，2015，32（7）：1949-1952.

[56] 欧阳展. 大型综合客运枢纽交通协调模型与评价方法研究[D]. 北京：北京交通大学，2008.

[57] 何丹. 铁路客运枢纽旅客换乘模式研究[D]. 武汉：武汉理工大学，2008.

[58] MCCORMACK J E, ROBERTS S A. Exploiting object oriented methods for multi- modal trip planning systems[J]. Information and Software Technology, 1996, 38(6): 409-417.

[59] HORN M E T. Procedures for planning multi-leg journeys with fixed-route and demand-responsive passenger transport services[J]. Transportation Research Part C: Emerging Technologies, 2004, 12(1): 33-55.

[60] DAVIS D G, BRAAKSMA J P. Level-of-service standards for platooning pedestrians in transportation terminals[J]. ITE journal, 1987, 57(4): 31-35.

[61] HALL R W. Vehicle scheduling at a transportation terminal with random delay en route[J]. Transportation Science, 1985, 19(3): 308-320.

[62] DICKINS I S J. Park and ride facilities on light rail transit systems[J]. Transportation, 1991, 18: 23-36.

[63] GUO S, YU L, CHEN X, et al. Modelling waiting time for passengers transferring from rail to buses[J]. Transportation Planning and Technology, 2011, 34(8): 795-809.

[64] SUBPRASOM K, SENEVIRATNE P N, KILPALA H K. Cost-based space estimation in passenger terminals[J]. Journal of transportation engineering, 2002, 128(2): 191-197.

[65] SENEVIRATNE P N, MORRALL J F. Level of Service on Pedestrain Facilities[J]. Transportation Quarterly, 1985, 39(1): 109-112.

[66] BELL D. Multimodal terminals-an approach to modal cooperation (Canadian transport) [J]. Ite Journal, 1984, 54(10):27-28.

[67] LEE K K T, SCHONFELD P .Optimal Slack Time for Timed Transfers at a Transit Terminal[J]. Journal of Advanced Transportation, 2010, 25(3):281-308.

[68] 张述能. 城市轨道交通多制式协调发展问题研究[C]//综合轨道交通工程建设与城市化协同发展学术交流会.中国铁道学会，中国中铁股份有限公司，2014.

[69] 蒋永康. 城市轨道交通换乘方式探讨[J]. 城市轨道交通研究，2000（3）：45-48.

[70] 于慧东. 综合交通枢纽中高速铁路和城市轨道交通的换乘研究[D]. 成都：西南交通大学，2012.

[71] 陈璐如. 太原市区域轨道交通与地铁网衔接模式研究[D]. 北京：北京交通大学，2016.

[72] 王克豹. 客运专线与既有线衔接站到发线运用优化研究[D]. 成都：西南交通大学，2011.

[73] 王琳. 兼顾普速列车的高铁客运站能力及适应性研究[D]. 成都：西南交通大学，2014.

[74] 赵茜芮，张琦. 基于同站台换乘的高铁车站作业计划优化编制[J]. 铁道科学与工程学报，2016，13（1）：20-27.

[75] 黄航飞. 城市轨道交通列车运行图优化模型与算法研究[D]. 北京：北京交通大学，2018.

[76] WANG Y, TANG T, NING B, et al. Passenger-demands-oriented train scheduling for an urban rail transit network[J]. Transportation Research Part C: Emerging Technologies, 2015, 60: 1-23.

[77] FENG S, TANGJIAN W, WENLIANG Z, et al. Optimization Method for

Train Diagram of High-Speed Railway Considering the Turnover of Multiple Units and the Utilization of Arrival-Departure Tracks[J]. China Railway Science, 2012, 33(2):107-114.

[78] NACHTIGALL K. Periodic network optimization with different arc frequencies[J]. Discrete Applied Mathematics, 1996, 69(1-2):1-17.

[79] CANCA D, BARRENA E, ALGABA E, et al. Design and analysis of demand-adapted railway timetables[J]. Journal of Advanced Transportation, 2014, 48(2): 119-137.

[80] ROBENEK T, MAKNOON Y, AZADEH S S, et al. Passenger centric train timetabling problem[J]. Transportation Research Part B: methodological. 2016; 107-126.

[81] 彭其渊，朱松年，王培. 网络列车运行图的数学模型及算法研究[J]. 铁道学报，2001，1：1.

[82] 史峰，邓连波，霍亮. 旅客列车开行方案的双层规划模型和算法[J]. 中国铁道科学，2007，28（3）.

[83] 倪少权，吕红霞，张杰，等. 基于群体协同的铁路列车运行图编制系统并发控制方法研究[J]. 中国科技著作在线，2009（10）：44-47.

[84] 郭富娥，柳进，杨旭辉，等. 高速线与既有线列车运行图衔接问题的研究[J]. 中国铁路. 2000（7）：25-27.

[85] 陈慧. 客运专线跨线运输衔接相关问题研究[D]. 北京：北京交通大学，2008.

[86] 李小波. 计算机编制高中速共线旅客列车运行图[D]. 长沙：中南大学，2008.

[87] YIN J, YANG L, TANG T, et al. Dynamic passenger demand oriented metro train scheduling with energy-efficiency and waiting time minimization: Mixed- integer linear programming approaches[J]. Transportation Research Part B: Methodological, 2017, 97: 182-213.

[88] WANG Y, DE SCHUTTER B, VAN DEN BOOM T J J, et al. Efficient

bilevel approach for urban rail transit operation with stop-skipping[J]. IEEE Transactions on Intelligent Transportation Systems, 2014, 15(6): 2658-2670.

[89] YIN J, TANG T, YANG L, et al. Energy-efficient metro train rescheduling with uncertain time-variant passenger demands: An approximate dynamic programming approach[J]. Transportation Research Part B: Methodological, 2016, 91: 178-210.

[90] D'ARIANO A, PACCIARELLI D, PRANZO M. A branch and bound algorithm for scheduling trains in a railway network[J]. European journal of operational research, 2007, 183(2): 643-657.

[91] CORMAN F, D'ARIANO A, PACCIARELLI D, et al. Bi-objective conflict detection and resolution in railway traffic management[J]. Transportation Research Part C: Emerging Technologies, 2012, 20(1): 79-94.

[92] MENG L, ZHOU X. Simultaneous train rerouting and rescheduling on an N-track network: A model reformulation with network-based cumulative flow variables[J]. Transportation Research Part B: Methodological, 2014, 67: 208-234.

[93] YANG L, ZHOU X, GAO Z. Credibility-based rescheduling model in a double-track railway network: a fuzzy reliable optimization approach[J]. Omega, 2014, 48: 75-93.

[94] YANG X, CHEN A, LI X, et al. An energy-efficient scheduling approach to improve the utilization of regenerative energy for metro systems[J]. Transportation Research Part C: Emerging Technologies, 2015, 57: 13-29.

[95] 傅维新. 运输协同实务研究[D]. 武汉：武汉理工大学，2004.

[96] ZENINA N, ROMANOVS A, MERKURYEV Y. Transport simulation model calibration with two-step cluster analysis procedure[J]. Information Technology and Management Science, 2015, 18(1): 49-56.

[97] 王涛，王俊峰，罗积玉，等. 基于时空分析的复杂交通流数据挖掘算法[J]. 四川大学学报（工程科学版），2011，43（5）：153-158.

[98] 林国顺, 陈燕, 李丽丽, 等. 高速公路安全事故时间关联聚类分析[J]. 交通信息与安全, 2011, 29（5）: 83-88.

[99] VLAHOGIANNI E I, PARK B B, VAN LINT J W C. Big data in transportation and traffic engineering[J]. Transportation Research Part C, 2015 (58): 161.

[100] WANG C, Li X, ZHOU X, et al. Soft computing in big data intelligent transportation systems[J]. Applied Soft Computing, 2016, 38: 1099-1108.

[101] YANG J, Ma J. A big-data processing framework for uncertainties in transportation data[C]// IEEE International Conference on Fuzzy Systems. IEEE, 2015:1-6.

[102] ZHAO X, Xu W. Mining spatio-temporal association rules in bus IC card databases[C]//2009 2nd International Conference on Power Electronics and Intelligent Transportation System. IEEE, 2009, 1: 125-128.

[103] BAI S B, WANG J, LU G N, et al. GIS-based logistic regression for landslide susceptibility mapping of the Zhongxian segment in the Three Gorges area, China[J]. Geomorphology, 2010, 115(1-2): 23-31.

[104] FACCHINELLI A, SACCHI E, MALLEN L. Multivariate statistical and GIS-based approach to identify heavy metal sources in soils[J]. Environmental pollution, 2001, 114(3): 313-324.

[105] AYALEW L, YAMAGISHI H. The application of GIS-based logistic regression for landslide susceptibility mapping in the Kakuda-Yahiko Mountains, Central Japan[J]. Geomorphology, 2005, 65(1-2): 15-31.

[106] SANG C P, RYOO S Y. An empirical investigation of end-users' switching toward cloud computing: A two factor theory perspective[J]. Computers in Human Behavior, 2013, 29 (1):160-170.

[107] CHEN T. On cloud computing theory and its technique[J]. Journal of Chongqing Jiaotong University, 2009.

[108] CHENG C, LI J, WANG Y. An energy-saving task scheduling strategy

based on vacation queuing theory in cloud computing[J]. Tsinghua Science and Technology. 2015, 20 (1):28-39.

[109] 卢志平. 基于过程交互的复杂动态群体决策方法研究[D]. 合肥：合肥工业大学，2013.

[110] MONNIKHOF R A H, BOTS P W G. On the application of MCDA in interactive spatial planning processes: lessons learnt from two stories from the swamp[J]. Journal of Multi-Criteria Decision Analysis, 2000, 9(1-3): 28-44.

[111] 张欣莉. 基于目标满意度的交互式多目标决策改进方法[J]. 系统工程，2004，22（9）：10-13.

[112] 张发明，郭亚军，易平涛. 基于密度算子的多阶段群体评价信息集结方法及其应用[J]. 控制与决策，2010（7）：993-997

[113] 郑文婷，刘红美，余真. 多阶段群体满意决策最优算法[J]. 数学的实践与认识，2008，8（16）：44-48.

[114] 张莉艳. 基于云计算的铁路信息共享平台及关键技术研究[D]. 北京：中国铁道科学院，2013.

[115] 容芷君. 基于群体决策的协同设计过程研究[D]. 武汉：华中科技大学，2007.

[116] JENNINGS N R. On agent-based software engineering[J]. Artificial intelligence, 2000, 117(2): 277-296.

[117] BONABEAU E. Agent-based modeling: Methods and techniques for simulating human systems[J]. Proceedings of the national academy of sciences, 2002, 99(suppl_3): 7280-7287.

[118] FREY J, TANNENBAUM T, LIVNY M, et al. Condor-G: A computation management agent for multi-institutional grids[J]. Cluster Computing, 2002, 5: 237-246.

[119] 严建峰. 智能群体决策支持系统的多库协同管理研究与实现[D]. 西安：西北工业大学. 2005.

[120] YANG S, WU J, YANG X, et al. Energy-efficient timetable and speed profile optimization with multi-phase speed limits: Theoretical analysis and application[J]. Applied Mathematical Modelling, 2018, 56: 32-50.

[121] MO P, YANG L, WANG Y, et al. A flexible metro train scheduling approach to minimize energy cost and passenger waiting time[J]. Computers & Industrial Engineering, 2019, 132: 412-432.

[122] 彭其渊，李文新，王艺儒，等. 基于再生制动的地铁列车开行策略研究[J]. 铁道学报，2017，39（3）：7-13.

[123] HE D, LU G, YANG Y. Research on optimization of train energy-saving based on improved chicken swarm optimization[J]. IEEE Access, 2019, 7: 121675-121684.

[124] MO P, YANG L, D'Ariano A, et al. Energy-efficient train scheduling and rolling stock circulation planning in a metro line: a linear programming approach[J]. IEEE Transactions on Intelligent Transportation Systems, 2019, 21(9): 3621-3633.

[125] YANG G, WANG J, ZHANG F, et al. A real-time timetable rescheduling method for metro system energy optimization under dwell-time disturbances[J]. Journal of advanced transportation, 2019, (9): 1-11.

[126] LIAO J, ZHANG F, ZHANG S, et al. Energy-saving optimization strategy of multi-train metro timetable based on dual decision variables: A case study of Shanghai Metro line one[J]. Journal of Rail Transport Planning & Management, 2021, 17(1): 100234.

[127] ZHANG C, GAO Y, YANG L, et al. Joint optimization of train scheduling and maintenance planning in a railway network: A heuristic algorithm using lagrangian relaxation[J]. Transportation Research Part B: Methodological, 2020, 134: 64-92.

[128] SHI J, YANG L, YANG J, et al. Service-oriented train timetabling with collaborative passenger flow control on an oversaturated metro line: An

integer linear optimization approach[J]. Transportation Research Part B: Methodological, 2018, 110: 26-59.

[129] LIU R, LI S, YANG L. Collaborative optimization for metro train scheduling and train connections combined with passenger flow control strategy[J]. Omega, 2020, 90: 101990.

[130] HASSANNAYEBI E, ZEGORDI S H, AMIN-NASERI M R, et al. Demand-oriented timetable design for urban rail transit under stochastic demand[J]. International Journal of Industrial and Systems Engineering, 2016, 9: 28-56.

[131] LI S, DESSOUKY M M, YANG L, et al. Joint optimal train regulation and passenger flow control strategy for high-frequency metro lines[J]. Transportation Research Part B: Methodological, 2017, 99: 113-137.

[132] YIN J, YANG L, TANG T, et al. Dynamic passenger demand oriented metro train scheduling with energy-efficiency and waiting time minimization: mixed-integer linear programming approaches[J]. Transportation Research Part B: Methodological, 2017, 97: 182-213.

[133] FENG J, LI X, LIU H, et al. Optimizing the energy-efficient metro train timetable and control strategy in off-peak hours with uncertain passenger demands[J]. Energies, 2017, 10(4): 1-20.

[134] SUN H, WU J, MA H, et al. A bi-objective timetable optimization model for urban rail transit based on the time-dependent passenger volume[J]. IEEE Transactions on Intelligent Transportation Systems, 2019, 20(2): 604-615.

[135] XU P, CORMAN F, PENG Q, et al. A train rescheduling model integrating speed management during disruptions of high-speed traffic under a quasi-moving block system[J]. Transportation Research Part B: Methodological, 2017, 104: 638-666.

[136] ZHAN S, KROON L G, ZHAO J, et al. A rolling horizon approach to the

high speed train rescheduling problem in case of a partial segment blockage[J]. Transportation Research Part E: Logistics and Transportation Reviews, 2016, 95: 32-61.

[137] LUSBY R M, HAAHR J T, LARSEN J, et al. A branch-and-price algorithm for railway rolling stock rescheduling[J]. Transportation Research Part B: Methodological, 2017, 99: 228-250.

[138] 雷明, 孟学雷. 基于协同进化遗传算法的高速铁路运行调整研究[J]. 铁道科学与工程学报, 2017, 14（6）: 1137-1145.

[139] 高如虎, 牛惠民, 江雨星. 基于多维网络的增开列车条件下高速铁路列车运行图调整[J]. 铁道学报, 2020, 271（5）: 1-8.

[140] 庄河, 何世伟, 戴杨铖. 高速铁路列车运行调整的模型及其策略优化方法[J]. 中国铁道科学, 2017, 38（2）: 118-126.

[141] VEELENTURF L P, KROON L G, MARÓTI G. Passenger oriented railway disruption management by adapting timetables and rolling stock schedules[J]. Transportation Research Part C: Emerging Technologies, 2017, 80: 133-147.

[142] HOU Z, DONG H, GAO S, et al. Energy-saving metro train timetable rescheduling model considering ATO profiles and dynamic passenger flow[J]. IEEE Transactions on Intelligent Transportation Systems, 2019, 20(7): 2774-2785.

[143] GAO Y, KROON L, SCHMIDT M, et al. Rescheduling a metro line in an over-crowded situation after disruptions[J]. Transportation Research Part B: Methodological, 2016, 93: 425-449.

[144] HUANG Y, MANNINO C, YANG L, et al. Coupling time-indexed and big-m formulations for real-time train scheduling during metro service disruptions[J]. Transportation Research Part B: Methodological, 2020, 133: 38-61.

[145] ZHU Y, GOVERDE R M. Railway timetable rescheduling with flexible

stopping and flexible short-turning during disruptions[J]. Transportation Research Part B: Methodological, 2019, 123: 149-181.

[146] BINDER S, MAKNOON Y, BIERLAIRE M. The multi-objective railway timetable rescheduling problem[J]. Transportation Research Part C: Emerging Technologies, 2017, 78: 78-94.

[147] 霍世每. 高铁枢纽站列车接续优化技术研究[D]. 成都：西南交通大学，2019.

[148] 李天琦，聂磊，谭宇燕. 基于换乘接续优化的高铁周期性列车运行图编制研究[J]. 铁道学报, 2019（3）: 10-19.

[149] YAN F, BEŠINOVIĆ N, GOVERDE R M P. Multi-objective periodic railway timetabling on dense heterogeneous railway corridors[J]. Transportation Research Part B: Methodological, 2019, 125: 52-75.

[150] SPARING D, GOVERDE R M. A cycle time optimization model for generating stable periodic railway timetables[J]. Transportation Research Part B: Methodological, 2017, 98: 198-223.

[151] 周文梁，李鹏，田俊丽，等. 基于多节拍组合的城际铁路列车运行图优化[J]. 西南交通大学学报，2019，54（4）: 831-839.

[152] 徐涵，聂磊，谭宇燕. 基于灵活接续的周期性列车运行图加线模型[J]. 铁道科学与工程学报，2018，9: 2439-2447.

[153] ZHANG C, GAO Y, YANG L, et al. Joint optimization of train scheduling and maintenance planning in a railway network: A heuristic algorithm using lagrangian relaxation[J]. Transportation Research Part B: Methodological, 2020, 134: 64-92.

[154] SHI J, YANG L, YANG J, et al. Service-oriented train timetabling with collaborative passenger flow control on an oversaturated metro line: An integer linear optimization approach[J]. Transportation Research Part B: Methodological, 2018, 110: 26-59.

[155] LIU R, LI S, YANG L. Collaborative optimization for metro train

scheduling and train connections combined with passenger flow control strategy[J]. Omega, 2020, 90: 101990.

[156] 乔俊. 基于换乘的大型枢纽高铁列车接续优化[D]. 兰州：兰州交通大学，2020.

[157] 张婷婷. 高速铁路列车衔接方案优化研究[D]. 北京：北京交通大学，2020.

[158] YIN J, D ARIANO A, WANG Y, et al. Timetable coordination in a rail transit network with time-dependent passenger demand[J]. European Journal of Operational Research, 2021, 295(1): 183-202.

[159] 黄鉴, 彭其渊. 基于分时客运需求的客运专线列车运行图优化[J]. 铁道科学与工程学报，2012，9（6）：66-71.

[160] 李得伟, 丁世顺, 张琦, 等. 基于客流需求的城际列车时刻表模型改进研究[J]. 交通运输系统工程与信息，2017，17（3）：157-164.

[161] 周文梁, 张先波, 屈林影, 等. 基于客流均衡分析的城际铁路列车运行图优化[J]. 铁道科学与工程学报，2019，16（1）：231-238.

[162] NIU H, ZHOU X, GAO R. Train scheduling for minimizing passenger waiting time with timedependent demand and skip-stop patterns: Nonlinear integer programming models with linear constraints[J]. Transportation Research Part B: Methodological, 2015, 76: 117-135.

[163] BURGGRAEVE S, BULL S H, VANSTEENWEGEN P, et al. Integrating robust timetabling in line plan optimization for railway systems[J]. Transportation Research Part C: Emerging Technologies, 2017, 77: 134-160.

[164] SUN H, WU J, MA H, et al. A bi-objective timetable optimization model for urban rail transit based on the time-dependent passenger volume[J]. IEEE Transactions on Intelligent Transportation Systems, 2019, 20(2): 604-615.

[165] BARRENA E, CANCA D, COELH L C, et al. Single-line rail transit

timetabling under dynamic passenger demand[J]. Transportation Research Part B: Methodological, 2014, 70:134-150.

[166] LI X, LO H K. An energy-efficient scheduling and speed control approach for metro rail operations[J]. Transportation Research Part B: Methodological, 2014, 64:73-89.

[167] SCHEEPMAKER G M, Goverde R M P, Kroon L G. Review of energy-efficient train control and timetabling[J]. European Journal of Operational Research, 2017, 257(2): 355-376.

[168] KHMELNITSKY E. On an optimal control problem of train operation[J]. IEEE transactions on automatic control, 2000, 45(7): 1257-1266.

[169] LI W, PENG Q, LI Q, et al. Joint operating revenue and passenger travel cost optimization in urban rail transit[J]. Journal of Advanced Transportation, 2018, 2018: 1-15.

[170] WANG P, GOVERDE R M P. Multi-train trajectory optimization for energy efficiency and delay recovery on single-track railway lines[J]. Transportation Research Part B: Methodological, 2017, 105: 340-361.

[171] YANG S, LIAO F, WU J, et al. A bi-objective timetable optimization model incorporating energy allocation and passenger assignment in an energy-regenerative metro system[J]. Transportation Research Part B: Methodological, 2020, 133: 85-113.

[172] DEB K, PRATAP A, AGARWAL S, et al. A fast and elitist multiobjective genetic algorithm: NSGA-II[J]. IEEE transactions on evolutionary computation, 2002, 6(2): 182-197.

[173] JEMAI J, ZEKRI M, MELLOULI K. An NSGA-II algorithm for the green vehicle routing problem[C]//Evolutionary Computation in Combinatorial Optimization: 12th European Conference, EvoCOP 2012, Málaga, Spain, April 11-13, 2012. Proceedings 12. Springer Berlin Heidelberg, 2012: 37-48.